ESSENER BEITRÄGE

Beiträge zur Geschichte
von Stadt und Stift Essen

117. Band 2005

Historischer Verein
für Stadt und Stift Essen e.V.
gegründet 1880

Gefördert
durch einen Zuschuss
der Allbau Stiftung.

Titelbild: Das dritte Essener Rathaus (Mitte der 1920er Jahre)
Bildnachweis: Stadtbildstelle Essen (Fotograf unbekannt)
Herausgeber: Historischer Verein für Stadt und Stift Essen
Schriftleitung: Dr. Klaus Wisotzky
Für die einzelnen Beiträge sind die Verfasser verantwortlich.

1. Auflage 2005
Gestaltungskonzept: Kommunikationskontor_Düsseldorf
Satz und Realisation: Klartext Medienwerkstatt GmbH, Essen
Druck: Aalexx Druck, Großburgwedel
© Klartext Verlag, Essen 2005
ISBN 3-89861-593-6
ISSN 1432-6531
www.klartext-verlag.de
www.hv-essen.de

Inhaltsverzeichnis

125 Jahre Historischer Verein für Stadt und Stift Essen

von Klaus Wisotzky

VORWORT

Jubiläen – und seien es auch so krumme wie das 125jährige Bestehen des Historischen Vereins für Stadt und Stift Essen – sind willkommene Gelegenheiten zum Feiern und für Wir-Inszenierungen, bei denen mit Selbstlob nicht gespart wird. Unser Verein hat sich dem nicht verschlossen, sondern am 22. Oktober 2005 seinen Geburtstag in der Aula des Burggymnasiums und im Foyer der Volkshochschule mit vielen Gästen – unter ihnen der Oberbürgermeister Dr. Wolfgang Reiniger – gefeiert. Zum Gelingen des Festtages trugen nicht allein der Vortrag von Prof. Dr. Jürgen Reulecke, die Grußworte und die Aufführungen des Mädchenchores am Essener Dom bei, sondern auch die Vorführung von Filmdokumenten zur Essener Stadtgeschichte, ausgewählt und kommentiert von Paul Hofmann von der Kinomathek im Ruhrgebiet und die Präsentationen der anderen Essener Geschichtsvereine und -initiativen, des Stadtarchivs und des Steeler Antiquariats. Wer an dem Festtag anwesend war, wird ihn sicherlich in bester Erinnerung behalten.

Jubiläen sind zumeist auch der Anlaß, Rückschau zu halten. In der Regel wird eine Festschrift herausgegeben, in der die Erfolge der zu feiernden Institution geschildert werden. Dunkle Kapitel der Geschichte werden schnell übergangen, wenn sie überhaupt Erwähnung finden. Der Historische Verein weicht bewußt ab von dieser Art der Vergangenheitsschilderung. Er will keine Jubelschrift vorlegen, sondern will seine Geschichte kritisch betrachtet wissen.

Im Vordergrund der Darstellung steht die Vereinsarbeit, die ein Journalist des Essener Tageblatts etwas überspitzt auf den Punkt gebracht hat: »Man kommt zusammen, hört wissenschaftliche Vorträge, über die diskutiert wird, oder macht Ausflüge in Stadt und Umgebung, um heimatgeschichtlich wertvolle Bauten zu besichtigen.« Zu ergänzen ist die Herausgabe des historischen Jahrbuches »Beiträge zur Geschichte von Stadt und Stift Essen« (seit 1993 kurz: Essener Beiträge). Zu untersuchen ist, wer was vorgetragen bzw. publiziert hat. Welche Schwerpunkte wurden gesetzt, welches Geschichtsbild wurde vermittelt? Zu fragen ist ferner, welches Selbstverständnis der Vereinsarbeit zugrunde lag. Welche Ziele wurden verfolgt und wie verhielt sich der Verein politisch? Dabei ist davon auszugehen, daß sich die Zielsetzung und die politische Verortung in den vergangenen 125 Jahren, die an Systemumbrüchen wahrlich nicht arm waren, gewandelt haben. Doch wo gab es Kontinuitäten, wann lassen sich Veränderungen ausmachen?

Die Ausrichtung der Vereinsarbeit, die sich natürlich nicht in der Trias Vorträge, Ausflüge und Herausgabe der Essener Beiträge erschöpft, war entscheidend geprägt von den Vorsitzenden und einigen Vorstandsmitgliedern, die daher eingehender behandelt werden müssen. Natürlich ist es nicht möglich, jede Person, die ein Vorstandsamt bekleidete, zu würdigen. Hier war eine – zugegebenermaßen subjektive – Auswahl von Nöten, die vielleicht nicht alle teilen können.

So wichtig der Vorsitzende und der Vorstand für die Vereinsaktivitäten auch sein mögen, so können sie nicht ohne die Vereinsmitglieder tätig werden. Doch wer hat sich dem Historischen Verein in Essen angeschlossen? Gab es im Laufe der Zeit Veränderungen in der Sozialstruktur der Mitgliedschaft? Auch diese Themenkomplexe, die bisher vernachlässigt worden sind, werden in der Studie zum ersten Male behandelt.

Bei einem Verein, der es sich seit seiner Gründung zur Aufgabe gemacht hat, Quellen zur Geschichte zu sammeln, sollte man voraussetzen dürfen, daß die Vereinsüberlieferung bestens erhalten ist. Doch der Verfasser wurde, als er seine Arbeit begann, sogleich enttäuscht. Abgesehen von dem ersten Protokollbuch für die Jahre 1880 bis 1900 und einigen wenigen Korrespondenzakten gab es keine Vereinsunterlagen. Erst als Frau von Waldthausen die Akten ihres Mannes, der von 1967 bis 1985 Vorsitzender des Vereins war, und Frau Inge Schröder die von ihr als Schriftführerin gefertigten Protokolle zur Verfügung stellten, ließen sich die jüngsten vierzig Jahre darstellen. Doch noch klaffte eine Lücke von beinahe siebzig Jahren. Diese konnte partiell geschlossen werden durch einen Hinweis von Frau Elisabeth Mews, daß der Nachlaß ihres Großvaters, Vorsitzender von 1930 bis 1967, an das Ruhrlandmuseum abgegeben worden sei. Auf Nachfrage überließ das Museum den Bestand, in dem sich auch eine aussagekräftige Akte zum Historischen Verein befindet, dem Stadtarchiv. Des weiteren gewährte Frau Mews dem Verfasser Einsicht in zwei Tagebücher von Karl Mews. Frau von Waldthausen, Frau Schröder, Frau Mews und Herrn Prof. Dr. Ulrich Borsdorf – allen sei für ihre Unterstützung herzlichst gedankt.

Dank schulde ich Frau Dr. Renate Köhne-Lindenlaub und Herrn Prof. Dr. Heinrich Wefelscheid, die bereitwillig Auskunft erteilten über ihre Zeit im Vorstand, Herrn Rolf Dahlmann, der mehrere Zeitungsjahrgänge in der Stadtbibliothek durchgesehen und alle Angaben zum Historischen Verein aufgelistet hat, Herrn Alfred Peter von der Stadtbibliothek, der stets hilfreich bei der Literatursuche war, Herrn PD Dr. Ralf Stremmel für die Hinweise auf die Aktenüberlieferung im Historischen Archiv Krupp und den Mitarbeiterinnen des Stadtarchivs, die mir alle neuen Funde umgehend mitteilten. Für die kritische Durchsicht des Manuskriptes möchte ich Dank sagen bei Herrn Hermann Hartwich, Frau Inge Schröder und Herrn PD Dr. Michael Zimmermann.

Last but not least gilt der Dank auch der Allbau Stiftung und der Sparkasse Essen, die die Drucklegung der Vereinsgeschichte großzügig unterstützt haben.

1. Die Vereinsgründung und die ersten Aktivitäten

Die Idee, in Essen einen Geschichtsverein zu gründen, wurde in der »Literarischen Gesellschaft«, einem von dem Rechtsanwalt Hans Niemeyer[1] gegründeten und geleiteten Kreis Essener (Bildungs-)Bürger geboren, der sich monatlich traf, um wissenschaftliche und literarische Fragen zu erörtern und neu erschienene Bücher zu besprechen. Es war Niemeyer selbst sowie der Amtsrichter Dr. Franz Büscher, die den Anstoß zur Vereinsgründung gaben. Ihre Anregung griff Otto Seemann, Oberlehrer am Burggymnasium[2], auf, der zusammen mit dem Apotheker Wilhelm Grevel eine erste vorbereitende Sitzung zum 19. April 1880 einberief. Dem konstituierenden Ausschuß, der im Hotel Hoeltgen tagte, gehörten neben den bereits genannten Personen als Vertreter der Verwaltung der Oberbürgermeister Gustav Hache und der Landrat August Freiherr von Hövel an. Die katholische Kirche war durch die Kapläne Jüngling und Müllers, die evangelische durch die Pfarrer Karl Wächtler und Johannes Karsch vertreten. Weitere Mitglieder waren u. a. die Lehrer Dr. Anton Fischer und Prof. Dr. Julius Heidemann sowie der Gewerke Albert Waldthausen.

Der Ausschuß arbeitete das Statut des Vereins aus und wandte sich dann in einem Aufruf an die Öffentlichkeit. »Die Unterzeichneten beabsichtigen nach dem Beispiele anderer namhafter rheinischer und westfälischer Orte einen Lokalverein für die Erforschung der heimischen Geschichte und Konservirung der vorhandenen Denkmäler in das Leben zu rufen, und wenden sich behufs Ausführung dieses Vorhabens an den Patriotismus ihrer Mitbürger. Wenn irgend ein Ort Rheinlands und Westfalens, so hat wahrlich Essen, das auf eine mehr als tausendjährige Geschichte zurückblicken darf, Ursache, sich auf seine Vergangenheit zu besinnen, und die jetzt lebende Generation würde sich selbst ein Ehrendenkmal setzen, wenn sie, nachdem leider unendlich Vieles durch die Sorglosigkeit und Gleichgültigkeit früherer Geschlechter für immer zu Grunde gegangen ist, retteten, was noch zu retten ist.«[3]

Dem Aufruf folgten 32 Herren, die sich am 27. Oktober 1880 im Lokale des Herrn Bovensiepen am Kopstadtplatz, dem traditionellen Versammlungsort der damaligen Zeit, trafen. Die Anwesenden nahmen das vorgeschlagene Sta-

---

1 Zu Niemeyer siehe Erwin Dickhoff, Essener Köpfe, Essen 1985, S. 175.
2 Historisch korrekt wäre die Bezeichnung Königliches Gymnasium bzw. Gymnasium am Burgplatz, doch soll im folgenden die Kurzform Burggymnasium Verwendung finden.
3 Aufruf in Stadtarchiv (StA) Essen 412–2. Siehe Abb. 1.

Aufruf
zur
Gründung eines historischen Vereins
für Stadt und Stift Essen.

Die Unterzeichneten beabsichtigen nach dem Beispiele anderer namhafter rheinischer und westfälischer Orte einen **Lokalverein für die Erforschung der heimischen Geschichte und Konservirung der vorhandenen Denkmäler** in das Leben zu rufen, und wenden sich behufs Ausführung dieses Vorhabens an den Patriotismus ihrer Mitbürger. Wenn irgend ein Ort Rheinlands und Westfalens, so hat wohrlich Essen, das auf eine mehr als **tausendjährige** Geschichte zurückblicken darf, Ursache sich auf seine Vergangenheit zu besinnen, und die jetzt lebende Generation würde sich selbst ein Ehrendenkmal setzen wenn sie, nachdem leider unendlich Vieles durch die Sorglosigkeit und Gleichgültigkeit früherer Geschlechter für immer zu Grunde gegangen ist, rettete, was noch zu retten ist. Essen besitzt keine seiner reichen Vergangenheit würdige Darstellung seiner Geschichte. Die verschütteten Quellen derselben wieder aufzugraben, sowie Alles, was für die Geschichte der Stadt und des Stiftes von Wichtigkeit ist, zu erhalten, soll die würdige Aufgabe des zu begründenden Vereins sein, den wir uns daher dem freundlichen Wohlwollen unserer Mitbürger zu empfehlen erlauben. Wie unsere Nachbarstadt **Dortmund**, wo ein solcher Lokalverein mit fast zweihundert Mitgliedern besteht, zu leisten vermocht hat, wird auch Essen leisten können. — Wir laden demgemäß alle unsere Mitbürger, welche sich für das Zustandekommen eines historischen Vereins für Stadt und Stift Essen interessiren, behufs Konstituirung desselben auf

Mittwoch den 27. Oktober, Abends 8 Uhr,
im Lokale des Herrn Bovensiepen (Parterre rechts)
ergebenst ein.

Der konstituirende Ausschuß:
Dr. Büscher. Fischer, Religionslehrer. W. Grevel (Steele). Hache, Oberbürgermeister. Prof. Dr. Heidemann. v. Hövel, Landrath. G. Humann. Jüngling, Kaplan. Karsch, Pfarrer (Rellinghausen). Müllers, Kaplan. Niemeyer, Rechtsanwalt. v. Dietmann, Oberst. Ctl. Schröder (Steele). Dr. Seemann. Wächtler, Pfarrer. Alber' Waldthausen. Dr. Werther.

Abb. 1: Aufruf zur Gründung eines historischen Vereins

10

tut »unter unwesentlichen Abänderungen« an und wählten den neunköpfigen Vorstand, der wiederum den Vorsitzenden ernannte.[4]

Die Gründung eines Historischen Vereins war zu diesem Zeitpunkt kein außergewöhnliches Ereignis mehr. Sie gehörte vielmehr – nach den von Hermann Heimpel für Geschichtsvereine aufgestellten Kategorien – zu den »Selbstverständlichkeiten«.[5]

Geschichtsgesellschaften existierten in Deutschland seit Beginn des 19. Jahrhunderts.[6] Die im Krieg gegen Napoleon angefachten nationalen Leidenschaften, die Mittelalter-Begeisterung der Romantiker, das zunehmende Interesse an den Überresten der Antike führten an vielen Orten zur Gründung von Vereinen, die sich mit der Vergangenheit beschäftigten. Während Westfalen dem allgemeinen Trend folgte – die Gründung des Vereins für Geschichte und Altertumskunde Westfalens erfolgte in Paderborn 1824 und in Münster ein Jahr später –, organisierte sich das historisch interessierte Bürgertum im Rheinland verhältnismäßig spät. Erst 1854 konstituierte sich der – katholisch geprägte – Historische Verein für den Niederrhein, neun Jahre später folgte das evangelische Pendant, der Bergische Geschichtsverein.[7]

Eine Vielzahl von Neugründungen zumeist lokal ausgerichteter Vereine läßt sich dann für die 1870er und 1880er Jahre ausmachen: 1871 – Dortmund; 1876 – Bielefeld; 1879 – Aachen, 1880 – Düsseldorf, 1881 – Soest; 1890 – Werden, um nur einige zu nennen.[8]

---

4 StA Essen 412–1, Protokoll der Gründungsversammlung. Die Wahl des Vorsitzenden durch den Vorstand und nicht durch die Mitgliederversammlung legte das Statut § 6 fest. Diese Bestimmung blieb bis zum Jahre 2001 in Kraft.

5 Hermann Heimpel, Geschichtsvereine einst und jetzt, Göttingen 1963.

6 Allgemein siehe Heimpel, Geschichtsvereine; Klaus Pabst, Deutsche Geschichtsvereine vor dem Ersten Weltkrieg, in: Geschichtsvereine. Entwicklungslinien und Perspektiven lokaler und regionaler Geschichtsarbeit, hrsg. v. der Thomas-Morus-Akademie Bensberg, Bensberg 1990, S. 9–32; Gabriele B. Clemens, *Sanctus amor patriae*. Eine vergleichende Studie zu deutschen und italienischen Geschichtsvereinen im 19. Jahrhundert, Tübingen 2004.

7 Zu Rheinland-Westfalen siehe Max Braubach, Landesgeschichtliche Bestrebungen und Historische Vereine im Rheinland, Düsseldorf 1954; Manfred Rasch, Zur Entstehung von Geschichts- und Heimatvereinen in den preußischen Provinzen Rheinland und Westfalen zwischen Wiener Kongreß und Ende des Ersten Weltkrieges, in: 900 Jahre Mülheim an der Ruhr 1093–1993, Mülheim 1993, S. 333–361; Klaus Pabst, Landesgeschichte und Geschichtsvereine im Rheinland, in: Geschichte im Westen 7 (1992), S. 28–39; Der Historische Verein für den Niederrhein 1854–2004. Festschrift zum 150jährigen Bestehen = Annalen des Historischen Vereins für den Niederrhein 207 (2004); Georg Kunz, Historische Vereine im 19. Jahrhundert zwischen regionaler Geschichtskultur und Provinzintegration, in: Westfalen 39 (2001), S. 9–31.

8 Übersicht bei Rasch, Entstehung (1993), S. 350.

Fragen wir nach den Ursachen für diese Gründungswelle, so lassen sich unterschiedliche Momente anführen.

Allgemein lösten der erfolgreiche Krieg gegen Frankreich und die Gründung des Deutschen Reiches ähnlich wie sechzig Jahre zuvor die Befreiungskriege eine Woge nationaler Begeisterung aus und verstärkten das Interesse an der Vergangenheit. »Die deutsche Geschichte schien in einer ersten Phase der Vollendung, die Zeit reif für Ehrung und Gedenken. Damit wuchs auch das Bestreben, historische Rückschau zu halten, um den Weg und die Kräfte kennenzulernen, die zur Realisierung des Traums von der deutschen Einheit und Stärke geführt hatten.«[9]

Hinzu kamen, und als Impuls für die Beschäftigung mit der Lokalgeschichte wichtiger, die gewaltigen Veränderungen der Lebenswelt durch die rasant fortschreitende Industrialisierung.

Essen, das zu Beginn des 19. Jahrhunderts nach den Worten des Historikers Eugene McCeary »*a city with a great past, little present and no foreseeable future*« war,[10] erlebte vor allem in den 1850er und 1860er Jahren einen grundlegenden Wandlungsprozeß.[11] Aus dem unscheinbaren Kleinstädtchen, durch dessen Straßen der städtische Hirte die Schweine auf die Weide trieb, war eine industriell geprägte Stadt geworden. Dem Aufstieg lagen drei sich gegenseitig verstärkende Entwicklungen zugrunde. Der Bergbau erlebte nach der Durchstoßung der stark Wasser führenden Mergeldecke in den 1830er Jahren einen enormen Aufschwung. Wie Pilze nach einem warmen Regen schossen die Schachtanlagen und Kokereien aus dem Boden. Der beginnende Eisenbahnbau sorgte nicht nur für den Abtransport der Kohle, die Eisenbahn war zugleich Abnehmer und Verbraucher von Kohle und Stahlerzeugnissen. Letztere lieferte die Firma Fried. Krupp, die besonders in den 50er und 60er Jahren des 19. Jahrhunderts in einem rasanten Tempo expandierte. Dank der Erfolge im Eisenbahn-Geschäft – Krupp produzierte Schienen, Maschinenteile für die Lokomotiven, Achsen und die nahtlosen Radkränze – und der Ausweitung der Rüstungsproduktion stieg die kleine Fabrik zu einem Großbetrieb auf. Der Aufschwung läßt sich auch an den Beschäftigungszahlen ablesen. Die Belegschaft vergrößerte sich von 241 (1850) über 1785 (1860) und 7172 (1870) auf 9092 Personen (1880).[12]

---

9 Karl Ditt, Vom Heimatverein zur Heimatbewegung. Westfalen 1875–1915, in: Westfälische Forschungen 39 (1989), S. 232–255, S. 232.

10 Essen 1860–1914, Diss. Yale 1963 (MS), S. 4.

11 Siehe Klaus Tenfelde, 1850–1873. Essen wird Industriestadt, in: Ulrich Borsdorf/Heinrich Theodor Grütter/Oliver Scheytt (Hrsg.), Gründerjahre. 1150 Jahre Stift und Stadt Essen, Essen 2005, S. 65–87.

12 Lothar Gall, Krupp. Der Aufstieg eines Industrieimperiums, Berlin 2000, S. 370.

Der Bedarf der Schwerindustrie an Arbeitskräften war längst nicht mehr innerstädtisch zu decken. Angelockt durch die guten Beschäftigungsmöglichkeiten, kamen immer mehr Fremde nach Essen, für die der Wohnraum erst noch geschaffen werden mußte. Schmucklose zwei- und dreigeschossige Mehrfamilienhäuser entstanden auf den Freiflächen am Rande des Stadtkerns, und das nördliche Segeroth wurde bald zum Synonym für defiziente Arbeiterwohnviertel.

Der Wandlungsprozeß, der unorganisch und ungeplant verlief, hinterließ erste Spuren im Stadtbild. Die idyllischen Mühlenteiche, im Osten und Westen der Altstadt gelegen, verschwanden ebenso wie das alte Hospital mit den evangelischen Predigerhäusern und den dazugehörigen Gärten, die einem neuen Marktplatz, dem heutigen Kopstadtplatz, weichen mußten. Während sich in der Innenstadt erste Vorboten der Gründerzeit bemerkbar machten, wucherte im Westen der Komplex der Kruppschen Betriebsstätten, die schon bald mehr Fläche beanspruchten als die Altstadt.

Die Veränderungen waren nicht nur zu sehen, sondern auch zu hören und zu riechen. Über den Dächern der Stadt lag »drückend und schwelend« der Rauch der Industriebetriebe. »Tag und Nacht erschütterte dazu der Anschlag des Riesenhammers [»Fritz«] die Luft«, und »vom Schulz-Knaudtschen Blechwalzwerk ging ein merkwürdig anschwellendes und abschwellendes, sich immer wiederholendes Getöse 24 Stunden über die Stadt«.[13]

Abb. 2: Stadtpanorama 1895, aufgenommen vom Rathausturm

13 Victor Niemeyer, Lebenserinnerungen eines Siebzigjährigen, Berlin 1937, S. 46 f.

Die alteingesessenen Essener und Essenerinnen waren verunsichert von den Veränderungen in der vertrauten Umgebung und von dem Wandel der gesellschaftlichen Strukturen, sie fühlten sich bedroht von dem massenhaften Zuzug von Fremden, und ihre Sorgen und Zukunftsängste wuchsen in den 1870er Jahren, als die Gründerkrise ihre Wirkung auch in Essen zeitigte. Die Kohlenförderung stagnierte, und Krupp konnte nur dank eines staatlich abgesicherten Kredits vor dem Konkurs gesichert werden. Nicht nur die Essener Handelskammer befürchtete, daß sich »das Werk der Zerstörung des allgemeinen Wohlstandes in bedenklicher Weise« fortsetzte.[14]

In solchen Zeiten suchen die Menschen nach einem seelischen Halt. Sie besinnen sich auf die Vergangenheit ihrer Stadt und sind bestrebt, »durch die Bewahrung von Identifikationspunkten ein Stück Sicherheit und Kontinuität zu schaffen«.[15] Es ist sicherlich kein Zufall, sondern entsprach den Zeitströmungen, daß fast zur gleichen Zeit lokale Geschichtsvereine in Aachen, Düsseldorf und Essen entstanden sind.

Ob es noch eines konkreten Anlasses bedurfte, der die verspürte Verunsicherung bündelte und auf die Vergangenheit lenkte – in Essen soll die Diskussion über die anstehende Renovierung der Münsterkirche »den schlummernden geschichtlichen Sinn« geweckt haben[16] –, sei dahingestellt. Ein weiteres Motiv für die Gründung des Historischen Vereins sah Maßner im Wachstum der umliegenden Industriegemeinden. Sie bedrohten die zentrale Stellung Essens, so daß es für die »Lebensfrage der Stadt« eine zwingende Notwendigkeit gewesen sei, sich auf die reiche Geschichte zu besinnen.[17] Wenn Konkurrenzdenken eine Rolle bei den Vereinsgründern gespielt haben sollte, dann war es sicherlich nicht der Kampf um die Vorrangstellung mit den »Industriedörfern«, sondern eher die Rivalität mit den anderen aufsteigenden Großstädten wie Düsseldorf oder Dortmund. Gegenüber diesen Nachbarn wollte man nicht als industrieller Aufsteiger dastehen, sondern sich mit dem Verweis auf die Vergangenheit als freie Reichsstadt oder als Sitz eines bedeutenden Reichsstiftes Vorteile im Konkurrenzkampf der Kommunen verschaffen.

---

14 Wolfram Fischer, Herz des Reviers. 125 Jahre Wirtschaftsgeschichte des Industrie- und Handelskammerbezirkes Essen – Mülheim – Oberhausen, Essen 1965, S. 206.

15 Jürgen Reulecke, Die Zukunft der Geschichtsvereine, in: Forum Industriedenkmalpflege und Geschichtskultur 2000/2, S. 13–21, S. 14.

16 Konrad Ribbeck, 25 Jahre der Tätigkeit des Historischen Vereins für Stadt und Stift Essen 1880–1905, in: EB 26 (1905), S. 183–202, S. 186.

17 Hanns-Joachim Maßner, Hundert Jahre Historischer Verein für Stadt und Stift Essen 1880–1980, in: EB 95 (1980), S. 11–24, S. 12 f.

Daß ein Bedürfnis, sich mit der Essener Geschichte zu befassen, vorhanden war, beweist der Mitgliederzuwachs im Gründungsjahr. Dank eines Zeitungsaufrufes im November 1880 und dank der vielen persönlichen Kontakte stieg die Mitgliederzahl von 32 auf 175 an, so daß der Vorsitzende Seemann voller Freude verkünden konnte, »daß der Gedanke, ... auch hierorts einen Lokalverein zur Erforschung der heimischen Geschichte zu begründen, in Essen sowohl wie in dem ganzen Stiftsbezirke einen so fruchtbaren Boden gefunden hat. Ein Verein, wie der unsrige, kann nur Wurzel fassen und gedeihen in dem Sonnenlichte freundlichen Wohlwollens.«[18]

Wer waren nun die Personen, die sich dem Historischen Verein anschlossen? Auskunft gibt die erste Mitgliederliste, veröffentlicht in den Essener Beiträgen.[19] Zum Stichtag 1. Oktober 1881 gehörten ihm 168 Männer an. Eine Frau sucht man vergebens. Die stärkste Gruppe stellten mit einem Drittel (56 Personen) die Kaufleute und Industriellen, einschließlich der Bergwerksdirektoren und Gewerken, gefolgt von den Beamten (43 = 26%) in Verwaltung (9), Justiz (16) und Schule (18). Die Freien Berufe (20) übertrafen die Geistlichen (11) und die Rentiers (9). Kaum vertreten sind die Gutsbesitzer/Landwirte (4), die Handwerker (3), die technischen Berufe (2), das Militär (2) und die Akademiker (1). Letzteres ist insofern erklärlich, als es in Essen weder eine Hochschule, noch ein Museum oder ein Archiv gab. Wie in anderen Geschichtsvereinen[20] fehlten auch im Historischen Verein der Industriestadt Essen die Arbeiter. Vermerkt sind lediglich zwei Küster.

---

18 1. Jahresbericht, in: EB 4 (1881), S. 5.
19 EB 4 (1881), S. 53 ff.
20 Pabst, Geschichtsvereine, S. 28.

Tabelle 1: Sozialstruktur der Mitglieder 1881[21]

Beruf	Anzahl	Prozent	Anzahl	Prozent
1. Beamte	25	15		
Verwaltung			9	5
Justiz			16	10
2. Militär	2	1		
3. Geistliche	11	7		
4. Lehrer	18	11		
5. Akademiker	1	1		
Universität				
Archivare/Bibliothekare				
6. Freie Berufe	20	12		
Notare/Rechtsanwälte			4	2
Ärzte/Apotheker			12	7
Architekten			1	1
Journalisten/Schriftsteller			13	3
sonstige			–	
7. Kaufleute/Industrielle	56	33		
Kaufleute			27	16
Bankiers			5	3
Fabrikanten			4	2
Manager			8	5
Gewerken			9	5
Bauunternehmer			3	2
8. Gutsbesitzer/Landwirte	4	2		
9. Rentiers	9	5		
10. Handwerker	3	2		
11. Wirte	3	2		
12. Technische Berufe	2	1		
13. Arbeiter	2*	1		
14. sonstige	1	1		
15. ohne Angabe	9	5		
insgesamt	168			

* Es handelt sich um zwei Küster.

21 EB 4 (1881), S. 53 ff.

Die Auswertung der Mitgliederliste unterstreicht den bürgerlichen Charakter des Vereins, der sich aus dem Wirtschafts- und dem Bildungsbürgertum zusammensetzte, während der Mittelstand nur sehr schwach repräsentiert ist. Namentlich finden wir als Mitglieder Angehörige der alteingesessenen Familien Baedeker, Huyssen, Krupp, Sölling und Waldthausen, die Gewerken Friedrich Funke und Ernst Honigmann, die Bergwerksdirektoren Emil Krabler und Arnold Steingröver, die Bankiers Moritz Beer und Isaak Hirschland, um nur einige zu nennen.

Die Mitglieder stammten zum größten Teil aus Essen (123). Steele wurde 19mal als Wohnsitz genannt, während die übrigen Gemeinden des Landkreises nur ein oder zwei Mal aufgeführt sind. Bezeichnend ist, daß Werden völlig fehlte. Drei Mitglieder wohnten auswärts und zwar in Dresden, Köln und Wiesbaden.

Abb. 3: Schulkollegium des Burggymnasiums (1867) mit Otto Seemann (sitzend, ganz rechts) und Julius Heidemann (sitzend, 2. von links)

Ebenso wie die Mitgliedschaft setzte sich der erste Vorstand zusammen aus geschichtsinteressierten Wirtschaftsbürgern, Lehrern, Geistlichen und Verwaltungsbeamten. Zum ersten Vorsitzenden des Vereins wählte der Vorstand den Lehrer **Otto Seemann** (28. Februar 1825 – 20. September 1901)[22], der bereits die organisatorischen Vorarbeiten für die Vereinsgründung geleistet hatte. Seemann stammte aus Herford und war seit 1855 Lehrer am Burggymnasium.[23] Viktor Niemeyer beschrieb ihn als einen Wissenschaftler, der »auf einem akademischen Lehrstuhl fruchtbarer gewirkt haben [würde] als auf dem Katheder vor Halbwüchsigen. Aber seine tiefe Bildung und Vornehmheit flößten uns Ehrfurcht und Liebe ein. Der mehr in der Form akademischen Vortrages als schulmeisterlich uns vermittelte Reichtum seines Wissens namentlich auf dem Gebiete der ihm besonders liegenden englischen Geschichte ist lebensbefruchtend geblieben.«[24] Seemann genoß in Essen großes Ansehen. Er gehörte zu den Mitbegründern des Gewerbevereins[25], bei dem er häufiger als Referent tätig war. Auch in den Jahresberichten des Gymnasiums waren seine Abhandlungen zu finden.[26] Nur wenige Jahre nach seiner Wahl zum Vorsitzenden mußte Seemann aus gesundheitlichen Gründen den Schuldienst quittieren.[27] Er zog 1886 nach Hannover, wo er ein Pensionat begründete. Historisch hat er sich in seiner neuen Heimat nicht mehr betätigt.[28]

Zu den wichtigsten Persönlichkeiten des Vereins ist das Gründungsmitglied **Wilhelm Grevel** (13. September 1835 – 18. November 1918) zu zählen.[29] Der gebürtige Essener hatte das Gymnasium in Dortmund besucht und anschließend in Breslau Pharmazie studiert. 1860 übernahm er in Steele die Apotheke seines Onkels Jansen. Grevel gehörte von 1863 bis 1890 der dortigen Stadtverordnetenversammlung an, er war Beigeordneter und Kreistagsabgeordneter. Da er zudem noch weitere Ehrenämter ausübte, wollte ihm die Stadt Steele 1890 die Ehrenbürgerschaft verleihen, doch Grevel lehnte mit der Begründung ab, daß seine »Verdienste um die Stadt Steele nicht so hervorragend seien, um eine solche Ehre zu rechtfertigen«.[30]

---

22 Freundliche Auskunft des Stadtarchivs Hannover.
23 Festschrift Burggymnasium, S. 126.
24 Niemeyer, Lebenserinnerungen, S. 44.
25 Essener Gewerbeverein, Bericht über dessen Thätigkeit während der ersten 25 Jahre seines Bestehens 1865–1890, erstattet von A. Heinecke, Essen 1890, S. 4.
26 De primis sex bibliothecae Alexandrinae custotibus (1859) und Über den Unterricht in Geschichte auf Gymnasien (1875). Festschrift Burggymnasium, S. 210 u. 211.
27 Rheinisch-Westfälische Zeitung v. 14.8.1886.
28 Freundliche Auskunft des Stadtarchivs Hannover.
29 Zum folgenden siehe Konrad Ribbeck, Zu Wilhelm Grevels 80. Geburtstag, in: EB 36 (1917), S. I-VIII; Ferdinand Schmidt, Wilhelm Grevel zum Gedächtnis, in: Heimatblätter 1 (1919/20), S. 3 f.; Wilhelm Sellmann, Wilhelm Grevel, in: Heimatstadt Essen – Jahrbuch 1988, S. 37-40; Dickhoff, Köpfe, S. 272.
30 Zit. nach Friedrich Meisenburg, Die Ehrenbürger der Stadt Essen, in: Heimatkalender der Stadt Essen 1 (1939), S. 87-101, S. 101.

Grevel, der frühzeitig die Ent-
wicklungsmöglichkeiten der Industrie im Ruhrgebiet erkannt
hatte, investierte in den Bergbau
und beteiligte sich an der Schwerindustrie. Er war lange Zeit Reprä-
sentant der Zeche Johann Deimels-
berg bei Steele und Mitglied des
Aufsichtsrats der Gutehoffnungshütte. Auf seinem industriellen
Engagement gründete sich sein
Reichtum, der ihm den Aufbau
einer Bibliothek erlaubte, die »eine,
wenn nicht die größte Privatbü-
chersammlung auf dem Gebiete
der rheinischen und westfälischen
Geschichte« war.[31]

Abb. 4: Wilhelm Grevel

Grevel hatte trotz seiner zahlreichen Ämter und Funktionen
noch die Zeit, sich der Heimatgeschichte zu widmen, und er avan-
cierte bald zum besten Kenner der Geschichte Steeles und der ganzen Umgebung. Erste Aufsätze erschienen in den späten 1870er Jahren regelmäßig in der
Essener Zeitung (u. a. über den Bochumer Arzt und Jobsiaden-Dichter Kortum)
und im Steeler »Ruhrbote«. Weitere Abhandlungen veröffentlichte er in Pick's
Monatsschrift für rheinisch-westfälische Geschichtsforschung. Natürlich war
Grevel ein fleißiger Mitarbeiter der Essener Beiträge, in denen er auch nach seinem Umzug nach Düsseldorf weiterhin publizierte.[32]

Grevel war ein Geschichtsliebhaber im besten Sinne, der nicht nur seine
Exzerpte und Abschriften, seine Sammlung und Bibliothek den anderen Forschern bereitwillig zur Auswertung zur Verfügung stellte, sondern der auch
die Aktivitäten des Historischen Vereins finanziell unterstützte. Der Verein
zeichnete den »verdienstvollen Förderer«[33] 1890 mit der Ehrenmitgliedschaft
aus.[34]

---

31 Ribbeck, Zu Wilhelm Grevels 80. Geburtstag, S. II.
32 Liste seiner Veröffentlichungen in: Ribbeck, Grevels 80. Geburtstag, S. III–VIII; Wilhelm Sell-
    mann, Essener Bibliographie, Bd. 3: Namen- und Titelverzeichnis, Essen 1991, Sp. 394–404.
33 Ribbeck, Grevels 80. Geburtstag, S. I.
34 StA Essen 412–1, Vorstandssitzung 3.10.1890, Protokollbuch, S. 64.

Grevel, der im hohen Alter von 83 Jahren in Düsseldorf verstarb, hatte die Bande zu seinem Geburtsort nie gelöst. Ihm vermachte er testamentarisch die wertvolle Bibliothek.[35]

Abb. 5: Albert von Waldthausen

Weitere Mitglieder des Gründungsvorstandes waren **Albert von Waldthausen** (24. Mai 1834 – 12. Januar 1924) und **Dr. Franz Büscher** (22. September 1848 – 13. Februar 1828). Ersterer gehörte der bekannten weit verzweigten Essener Familie an. Sein Vater Martin Wilhelm war der Besitzer einer großen Wollhandlung. Der Sohn wurde aber nicht im väterlichen Geschäft tätig, sondern er gründete 1859 ein Bankhaus, das sich vor allem dem Handel von Kuxen, den Anteilscheinen der bergbaulichen Unternehmen, widmete, und er war an zahlreichen Bergwerksunternehmen beteiligt, deren Vorständen er angehörte.[36] Sein Vermögen wies – so berichtete es der Beigeordnete Paul Brandi – »außer der ersten Zahl sieben Nullen« auf.[37] Dies verschaffte von Waldthausen die finanzielle Unabhängigkeit, um seinen historischen Neigungen zu frönen.[38] Denn – so ist in dem Nachruf zu lesen – »Seine Liebe gehörte der Vergangenheit, in ihr fühlte er sich heimisch, zu ihr kehrten seine Gedanken am liebsten

35 Siehe Wilhelm Sellmann, Das Schicksal der Grevel-Sammlung, in: Heimatstadt Essen – Jahrbuch 1990, S. 53–57.
36 Siehe EB 42 (1924), S. 68 ff.; Dickhoff, Köpfe, S. 241.
37 Paul Brandi, Essener Arbeitsjahre, in: EB 75 (1959), S. 5–110, S. 17. Brandi schrieb weiter: »Als er mir sein Vermögensverzeichnis übergab, antwortete er mir auf meine Frage, ob er nicht noch weiteres mobiles Vermögen, z. B. Bankguthaben, besitze: ›Ach ja, das hatte ich nicht erwähnt, ich unterhalte immer bei der Disconto-Gesellschaft in Berlin ein täglich verfügbares Guthaben von etwa zwei Millionen, damit ich immer in der Lage bin, eine günstige Anlagemöglichkeit in der Industrie auszunutzen.«
38 Zu seinen Schriften siehe Sellmann, Essener Bibliographie, Bd. 3, Sp. 1446–1448. Seine wichtigsten Veröffentlichungen waren: Beiträge zur Geschichte der Familie Waldthausen (1884); Geschichte des Steinkohlenbergwerks Vereinigte Sälzer und Neuak (1902); Beiträge zur Geschichte der Familie Huyssen (1906).

zurück, ihr widmete er seit vielen Jahren seine beste Arbeitskraft.«[39] Dem Historischen Verein diente er von 1880 bis 1894 als Schatzmeister, und von 1900 bis 1909 war er der stellvertretende Vorsitzende. Seiner zahlreichen Verdienste wegen ernannte der Verein ihn 1909 zum Ehrenmitglied. Zu Recht rühmte der Essener Anzeiger den »ausgesprochenen Heimat- und Familiensinn« als den »hervorstechendsten Charakterzug« von Albert von Waldthausen. »Wohl selten hat einer seiner Mitbürger so an seiner Vaterstadt gehangen wie er.«[40]

Franz Büscher stammte aus Westönnen im Kreise Soest.[41] Er hatte Jura in Bonn studiert, und seine Dissertation zum Dr. jur. über die Offizialatsgerichte im ehemaligen Herzogtum Westfalen dokumentiert bereits seine historischen Interessen. Diesen ging er auch in Essen nach, wohin es ihn 1875 als Gerichtsassessor verschlagen hatte. Eine erste Arbeit über die Statuten der früheren Gilden, Ämter und Zünfte erschien 1884 in den Essener Beiträgen, doch damit endete vorerst die aktive Mitarbeit im Verein, denn Büscher wurde 1883 als Landrichter nach Duisburg versetzt. Die weitere Karriere führte ihn im Jahre 1900 nach Essen zurück, als er zum Landgerichtspräsidenten ernannt wurde. Umgehend wählten ihn die Mitglieder erneut in den Vorstand, und Büscher nahm seine historischen Forschungen wieder auf. Zur Einweihung des neuen Justizgebäudes 1913 erschien eine von ihm herausgegebene Festschrift, die Ribbeck in höchsten Tönen lobte: »Es ist ein Denkmal nicht nur einer großen, geschichtlichen Entwicklung, sondern auch der ungewöhnlichen Arbeitskraft und der gewissenhaften Arbeitsweise seines Verfassers.«[42] In den 1920er Jahren veröffentlichte Büscher in den Essener Beiträgen 43 bis 45 unter der Rubrik »Mitteilungen aus Archiven« für die Stadtgeschichte wichtige Dokumente aus dem Stadtarchiv Essen und dem Staatsarchiv Düsseldorf. Auch ihn ernannte der Verein 1925 zum Ehrenmitglied.

Oberbürgermeister **Gustav Hache** (24. April 1835 – 11. Januar 1886)[43] und Landrat **August Freiherr von Hövel** (24. November 1842 – 23. März 1917)[44] gehörten nicht nur dem konstituierenden Ausschuß an, sondern sie waren auch Mitglieder des ersten Vorstandes. Die Mitarbeit der Verwaltungsspitzen unterstrich die Wertschätzung, die sie der Arbeit des Vereins beimaßen. Das enge Verhältnis von Stadtverwaltung und Historischem Verein im Kaiserreich, das weiter unten näher thematisiert wird, hielten auch die Nachfolger

---

39 EB 42 (1924), S. 69.
40 Essener Anzeiger v. 15.1.1924.
41 Siehe EB 46 (1928), S. 427 ff.; Dickhoff, Köpfe, S. 36 f.
42 EB 46 (1928), S. 428.
43 Dickhoff, Köpfe, S. 79.
44 Ebd., S. 96.

Haches aufrecht. Alle nachfolgenden Oberbürgermeister bis hin zu Theodor Reismann-Grone waren Mitglieder des Vorstandes.

Als Vertreter der katholischen Kirche – und damit dem Namensteil »für das Stift Essen« Rechnung tragend – waren der Kaplan der Münsterkirche **Friedrich Müllers**[45] und der Religionslehrer **Anton Fischer** (30. Mai 1840 – 30. Juli 1912)[46] in das Leitungsgremium des Vereins gewählt worden. Sowohl Müllers, der bis 1883 2. Vorsitzender war, als auch Fischer schieden recht schnell aus ihren Funktionen aus,[47] allerdings blieb ersterer dem Verein sein Leben lang treu und wurde kurz vor seinem Tode zum Ehrenmitglied ernannt.[48]

Die Austritte erzwangen Neuwahlen für den Vorstand, in den 1883 der Altendorfer Bürgermeister **Wilhelm Kerckhoff** (30. Dezember 1824 – 17. Juni 1900)[49], der Pfarrer Johannes Karsch und Georg Humann nachrückten. Während Kerckhoff nur repräsentative Aufgaben wahrnahm, zählten Karsch und Humann zu den aktiven Mitgliedern des Vereins.

Johannes Karsch (4. Februar 1848 – 11. Januar 1913)[50], der aus Rheydt stammte, absolvierte sein Studium in Halle, Tübingen und Jena. 1873 kam er als Hilfsprediger nach Borbeck, wo er auch ordiniert wurde. Karsch verweilte nur ein Jahr in der Gemeinde, dann wechselte er als Pastor nach Rellinghausen. Als er 1891 einen Ruf als Pastor und Direktor der Anstalt Düsselthal erhielt, zögerte er eine Weile, ehe er die neue Herausforderung annahm.[51] Seine Gemeinde und ihre Geschichte waren ihm doch sehr ans Herz gewachsen, davon zeugen nicht zuletzt seine Aufsätze in den Essener Beiträgen.[52]

---

45 Zu Müllers siehe den Nachruf in Essener Volks-Zeitung v. 5.7.1910.

46 Siehe Johann Schmitz, Antonius Kardinal Fischer. Erzbischof von Köln. Sein Leben und Wirken, Köln 1915; Dickhoff, Köpfe, S. 59.

47 Schmitz, Fischer, S. 35 f. vermerkte: »Als aber Strömungen, die er nicht billigen konnte, anfingen, sich im Verein breitzumachen, sah er sich veranlaßt, aus demselben auszuscheiden.« Leider erläuterte Schmitz nicht, was Fischer so gestört hatte. Möglicherweise war er aber auch nur schlecht unterrichtet, denn ein Richtungswechsel in der Vereinspolitik ist nicht zu erkennen. Schmitz irrte auch, indem er die Gründung des Vereins in die sechziger Jahre verlegte. – Fischer wurde 1888 Domkapitular in Köln, ein Jahr später Weihbischof und am 19. März 1903 Erzbischof von Köln.

48 Jahresbericht 1907/09, in: EB 30 (1909), S. 239.

49 Dickhoff, Köpfe, S. 119.

50 Siehe Zum Gedächtnis an Herrn Pastor Johannes Karsch, Düsseldorf 1913.

51 Zu seiner Düsseldorfer Zeit siehe Gerlinde Viertel, Vom Rettungshaus zum Unternehmen. Die Düsselthaler Anstalten unter Johannes Karsch (1891–1913), in: Theodor Strohm/ Jörg Thierfelder (Hrsg.), Diakonie im deutschen Kaiserreich (1871–1918), Heidelberg 1995, S. 273–292.

52 Zur Geschichte des Stiftes Rellinghausen im Zeitalter des Dreißigjährigen Krieges, in: EB 4 (1881), S. 24–43; Geschichte der evangelischen Gemeinde Rellinghausen, in: EB 10 (1886),

Georg Humann (8. Dezember 1847 – 18. Januar 1932)[53], nicht verwandt mit dem berühmten Namensvetter, dem Archäologen Carl Humann, Entdecker des Pergamon-Altars, gehörte schon zu den Mitbegründern des Historischen Vereins. Der Architekt, Sohn des Generalbevollmächtigten auf Schloß Schellenberg, widmete sich intensiv der Baugeschichte des Essener Münsters und dessen Kunstschätzen.[54] Seine langjährigen Forschungen krönte das Hauptwerk »Die Kunstwerke der Münsterkirche zu Essen« (Düsseldorf 1904), das – so Karl Mews – »von der wissenschaftlichen Gründlichkeit und staunenswerten Belesenheit Humanns Zeugnis« gibt.[55] In Anerkennung seiner Forscherleistung verlieh ihm die Universität Münster 1908 den Doktortitel. Auch der Historische Verein ehrte 1927 sein Mitglied, das schon seit längerer Zeit im Aachener Vinzenzstift lebte, mit der Ernennung zum Ehrenmitglied. »Durch Ihre mütterlichen Vorfahren selbst in der Vergangenheit des ehrwürdigen Stiftes Essen wurzelnd, durch das Vorbild des Vaters früh zur Vertiefung in die Geschichte der Heimat angeleitet, durch Neigung, Begabung und Fachstudium auf das Gebiet der bildenden Kunst und insbesondere Architektur hingewiesen, haben Sie den würdigsten Gegenstand für Ihre Lebensarbeit in den Denkmälern gefunden, die noch heute in unserer Stadt von alter deutscher Kaiserherrlichkeit, von dem frommen und auf edle Schönheit gerichteten Sinn eines unserer alten Herrschergeschlechter Zeugnis ablegen. Der Bau des Essener Münsters verriet Ihrem unablässig eindringenden Spürsinn die Geheimnisse seiner Entstehung und seiner wechselvollen Schicksale; die Kleinode des Münsterschatzes eröffneten Ihnen den weiten Horizont weltgeschichtlicher Kulturzusammenhänge. – Indem Sie den Essener Denkmälern ihren Platz in der allgemeinen Entwicklung anwiesen, warfen Sie ein Licht in bisher wenig bekannte und gewürdigte Abschnitte der Kunstgeschichte und lenkten die Augen der wissenschaftlichen Welt auf die gleichfalls früher unbeachtet gebliebene bedeutende Vergangenheit Ihrer Vaterstadt.« – lautete die Begründung.[56]

S. 3–109; Das Stift Rellinghausen in den letzten Jahrzehnten des 16. Jahrhunderts, in: EB 14 (1892), S. 3–35.

53 Karl Mews, Georg Humann, in: EB 50 (1932), S. I-V; Karl Mews, Georg Humann, der Entdecker des Essener Münsters, in: Münster am Hellweg (MaH) 2 (1949), S. 6 f.; Dickhoff, Köpfe, S. 105.

54 Siehe die Literaturliste in: EB 50 (1932), S. VI-VIII. In den Essener Beiträgen sind erschienen: Die ehemaligen Abteigebäude zu Essen, in: EB 15 (1894), S. 75–85; Gegenstände orientalischen Kunstgewerbes im Kunstschatze des Münsters zu Essen, in: EB 18 (1898), S. 3–17; Ein Schwert mit byzantinischen Ornamenten im Schatz des Münsters zu Essen, in: EB 20 (1900), S. 3–28.

55 Mews, Humann (1932), S. I.

56 Jahresbericht 1926, in: EB 44 (1927), S. 190.

Durch den Wegzug von Otto Seemann war auch ein Wechsel an der Spitze des Vereins erforderlich geworden. Zum neuen Vorsitzenden wählte 1886 der Vorstand **Prof. Dr. Julius Heidemann**, ebenfalls Lehrer am Burggymnasium.[57] Heidemann, geboren am 11. Juli 1818 in Tecklenburg, hatte in Halle Theologie und Philologie studiert. Der Schuldienst, den er in Herford begann, führte ihn über Essen (1844–1848) nach Wesel und 1868 wieder zurück nach Essen. Bereits in Wesel begann er mit seinen historischen Studien, die er in Essen fortsetzte. 1871 erschien in der Zeitschrift des Bergischen Geschichtsvereins ein Aufsatz über das »Hofesrecht im Stift Essen und Rellinghausen«[58], und in der Festschrift des Gymnasiums zum 50jährigen Bestehen behandelte er die Geschichte der Stiftsschule.[59] Für seine wissenschaftlichen Leistungen wurde ihm am 22. Februar 1877 der Professoren-Titel verliehen. Heidemann, ein angesehener Forscher, der zugleich das städtische Archiv betreute, konnte als Vereinsvorsitzender keine Akzente setzen. Bereits nach kurzer Amtszeit verstarb er am 5. Juni 1888.

Wiederum übernahm ein Lehrer den Vorsitz. **Prof. Dr. Franz Geuer**, geboren am 28. November 1839 in Düsseldorf, war im Schuljahr 1869/70 als wissenschaftlicher Hilfslehrer am Realgymnasium, aus dem 1893 das Helmholtz Realgymnasium und die Humboldt Oberrealschule hervorgingen, angestellt worden.[60] Er war ein beliebter und tüchtiger Pädagoge, davon zeugt seine Ernennung zum Oberlehrer im Oktober 1881. Dem Vorstand des Historischen Vereins gehörte Geuer, dessen Leipziger Dissertation »Die Kirchenpolitik des Kanzlers Michel de L'Hospital« 1877 erschienen war, seit 1883 an. Warum die Vorstandskollegen gerade ihn ausgewählt hatten, ist den Quellen nicht zu entnehmen. Es war aber insofern eine etwas unglückliche Entscheidung, als Geuer an einer schweren Lungenkrankheit litt. Mehrfach mußte er sich von der Unterrichtserteilung befreien lassen, ehe er 1893 endgültig aus dem Schuldienst ausschied und nach Wiesbaden verzog. Hier starb er wenig später, am 29. Juni 1894. Obwohl von der Erkrankung stark behindert, war Geuer bemüht, seine Pflicht gewissenhaft zu erfüllen. In seiner kurzen Amtszeit referierte er fünfmal[61], und drei Aufsätze aus seiner Feder[62] sind in den Essener Beiträgen

---

57 Zum folgenden siehe Rheinisch-Westfälische Zeitung 159, 9.6.1888 (Morgen-Ausgabe); Zeitschrift des Bergischen Geschichtsvereins 24 (1888), S. 150 f.; EB 26 (1905), S. 189.
58 Zeitschrift des Bergischen Geschichtsvereins 7 (1871), S. 289–306.
59 In: Festschrift zur fünfzigjährigen Gedenkfeier der am 1. Mai 1824 erfolgten öffentlichen Anerkennung des Königlichen Gymnasiums zu Essen, Essen 1874, S. 19–58.
60 Zum folgenden siehe StA Essen 141-5455.
61 Zu den Vortragsveranstaltungen siehe die Aufstellung im Teil C dieses Bandes.
62 Der Kampf um die essendische Vogtei, in: EB 13 (1889), S. 103–144; Ein Äbtissinnenstreit im Stift Essen, in: EB 14 (1892), S. 47–68; Zur Geschichte des Stadtrates von Essen, in: ebd., S. 69–97.

erschienen. Doch zum Schluß fehlte die Kraft. Zum letzten Mal sprach Geuer am 19. Februar 1892 vor den Vereinsmitgliedern zur »Geschichte des Essener Stadtrats«. Nach diesem Vortrag trat eine Unterbrechung von zwei Jahren bei den Abendveranstaltungen ein, da niemand im Vorstand die Arbeit übernehmen konnte oder wollte, ehe durch Konrad Ribbeck ein neues Kapitel in der Vereinsgeschichte aufgeschlagen wurde.

Mit großem Elan ging der Vorstand ans Werk. Die Aufgaben des Vereins waren im Gründungsaufruf kurz genannt worden: »Die Erforschung der heimischen Geschichte und Konservirung der vorhandenen Denkmäler«. Das verabschiedete Statut präzisierte dann die Arbeitsfelder und umriß das Untersuchungsgebiet, nämlich die Stadt und das engere Stiftsgebiet. Im einzelnen wollte der Verein

»1) die Quellen der älteren und neueren Geschichte sammeln und möglichst zugänglich machen;

2) die Altertümer erhalten resp. deren Gedächtnis durch Abbildung oder Beschreibung bewahren;

3) Arbeiten, welche der Geschichte und Altertumskunde des Bezirks dienen, fördern und deren Ergebnisse veröffentlichen«.[63]

Zudem sollten jährlich mindestens drei Versammlungen abgehalten werden. (§ 5)

Bereits am 16. Dezember 1880 fand die erste, sehr gut besuchte Versammlung statt, auf der die Vorstandsmitglieder Otto Seemann (Der Bauernsturm von 1662), Wilhelm Grevel (Das Gerichtswesen im Stift Rellinghausen) und Kaplan Friedrich Müllers (Die Marmorsäule in der Münsterkirche) referierten.[64] Es folgten – wie im Statut vorgesehen – zwei weitere Veranstaltungen am 3. Februar und 18. März 1881, die sich ebenfalls eines zahlreichen Besuches erfreuten. Von besonderem Interesse ist die zweite Versammlung, in der zunächst Julius Heidemann »über die Verhältnisse der Juden im Mittelalter, speziell im Stift Essen« berichtete, und dann Wilhelm Grevel über die »Anfänge der Gußstahlfabrikation im Kreise Essen« sprach. Mit diesem Vortrag wollte der Verein dokumentieren, daß er nicht nur die ältere Geschichte von Stadt und Stift erforsche, sondern daß er auch neuere Ereignisse und Entwicklungen berücksichtige. Der »Geschichte der Industrie, speziell des Kohlenbergbaues und der Eisen-Gewinnung und Bearbeitung, ... in ihren Anfängen nachzuspüren, ihre allmähliche Entwicklung zu verfolgen und dabei der

63 Statut § 1
64 1. Jahresbericht, in: EB 4 (1881), S. 6.

Männer zu gedenken, welche unter den größten Schwierigkeiten und mit den schwersten Opfern die ersten Bausteine zu den Fundamenten der jetzt so angestaunten Werke herbeischafften und zusammenfügten, ist gewiß eine würdige Aufgabe des historischen Vereins. Vor allem Anderen tritt für uns hervor die Gußstahlfabrikation; sie hat den Weltruf der Firma Krupp und damit der Stadt und des Kreises Essen begründet.«[65]

Doch trotz der großen Bedeutung von Krupp löste der Verein das Versprechen Grevels nicht ein. In den Anfangsjahren gab es keine weitere Vorträge mehr über die Industrialisierungsphase. Erst am Ende des Jahrhunderts, am 13. Dezember 1899, ließ Ribbeck in einem Rückblick die Entwicklung Essens im 19. Jahrhundert Revue passieren.

Die Referate in den Jahren 1880 bis 1893 befaßten sich zumeist mit der Stiftsgeschichte, wobei umfassende Themen (Das Militärwesen im Stift), Institutionen (Das Kapitel des Stifts) als auch einzelne Ereignisse (Der Festzug der Schützen nach Welheim; Hexenprozesse) behandelt wurden. Natürlich beschäftigten sich die Referenten auch mit den Äbtissinnen. Biographische Studien wechselten mit der Darstellung von besonderen Begebenheiten (Die strittige Äbtissinnenwahl von 1426; der Einzug der Äbtissin Franziska Christina 1726) ab. Daß die Geschichte der Stadt demgegenüber sehr stiefmütterlich behandelt wurde, erklärt sich nicht aus mangelndem Interesse. Die Ursache lag vielmehr im sehr schlechten Erschließungszustand des Stadtarchivs begründet. Erst mit dem Fortschreiten der Verzeichnungsarbeiten mehrten sich die stadtgeschichtlichen Vorträge.

Dem persönlichen Anliegen des Pfarrers Karsch war es zu danken, daß Rellinghausen verhältnismäßig häufig, nämlich dreimal 1881, 1886 und 1889, berücksichtigt wurde. Andere Teile des Stiftsgebiets sind in den Anfangsjahren des Vereins nicht bearbeitet worden, wenn man von dem Vortrag von Grevel über den »Reichstag zu Steele unter Otto d. Gr. 938« absieht.

Gab es 1880 und 1881 noch jeweils einen kunsthistorischen Vortrag – Friedrich Müllers informierte über die Marmorsäule, und Anton Fischer legte die Baugeschichte der Münsterkirche dar –, so beschränkte man sich in der Folgezeit auf rein geschichtliche Referate. Als dem Vorstand ein Vortrag über Peru angeboten wurde, lehnte er diesen mit Hinweis auf das Statut ab.[66]

In den ersten 14 Jahren fanden insgesamt 26 Versammlungen statt, d. h. die vorgesehene Zahl von jährlich mindestens drei Veranstaltungen wurde nicht

---

65 Wilhelm Grevel, Die Anfänge der Gußstahlfabrikation im Kreise Essen, in: EB 2,2 (1881), S. 3.
66 StA Essen 412–1, Vorstandssitzung 25.10.1886, Protokollbuch S. 28.

annähernd erreicht. 1882, 1884, 1885, 1887 und 1892 gab es nur einen, 1893 gar keinen Vortragsabend.

Ob für diese Reduzierung das Fehlen qualifizierter Referenten ursächlich war oder ob dies eine Reaktion auf ein geringer werdendes Interesse bei den Mitgliedern war, vermögen wir nicht zu klären. Festzuhalten ist aber, daß der Zuspruch drastisch nachließ. Die erste allgemeine Versammlung am 16. Dezember 1880 war »sehr zahlreich besucht«,[67] während ein Jahr später lediglich 30 Mitglieder anwesend waren.[68] Auch in der Folgezeit war der Umstand zu beklagen, »daß der historische Sinn bei der Bürgerschaft der altehrwürdigen Stadt Essen [nicht] zu einer besonders hohen Entwickelung gediehen ist«.[69] Der Vorstand tröstete sich vorerst damit, daß ein »achtungswerter Stamm« übrig geblieben sei, der ein wirkliches Interesse für die historische Forschung habe und sich zudem lebhaft an den Debatten im Anschluß an die Vorträge beteilige.[70] Auf Dauer aber war die fehlende Resonanz enttäuschend. So beschlossen die Vorstandsmitglieder am 8. Oktober 1885, in einem Artikel in der Rheinisch-Westfälischen Zeitung »darauf hinzuweisen, daß der Vorstand einen regeren Besuch der Vorträge von Seiten der Vereinsmitglieder erwarten müsse, wenn nicht die Vortragenden alle Lust verlieren sollten, ihre Zeit und Mühe auf die Ausarbeitung von Vorträgen zu verwenden«.[71] Doch alle Appelle verhallten ungehört. 1891 hatte sich noch nichts geändert. Wiederum wurde der spärliche Besuch beklagt.[72]

Die Ursachen für die geringe Resonanz der Veranstaltungen waren vielfältig. Zum einen ließen sich die Vorträge »ohne vorangegangene Ausbildung an einem Gymnasium oder an vergleichbaren höheren Schulen nicht oder nur in Teilen« rezipieren,[73] zum anderen mußten die Zuhörer viel Zeit und Sitzfleisch mitbringen. Auf der zweiten Versammlung des Historischen Vereins am 3. Februar 1881 sprach Heidemann mehr als 1 3/4 Stunde über die Geschichte des Judentums, und übergab dann das Wort an Grevel, der über die Anfänge der Gußstahlfabrikation referierte.[74] Des weiteren ist festzuhalten, daß die

---

67 Protokollbuch, S. 7 f.
68 Protokollbuch, S. 13.
69 Rheinisch-Westfälische Zeitung v. 7.3.1885.
70 Rheinisch-Westfälische Zeitung v. 5.1.1884.
71 StA Essen 412–1, Vorstandssitzung 8.10.1885, Protokollbuch S. 23.
72 Protokollbuch, S. 65 u. 67.
73 Gabriele B. Clemens, Katholische Traditionsbildung und Geschichtskultur. Der Historische Verein für den Niederrhein im preußischen König- und deutschen Kaiserreich, in: Der Historische Verein für den Niederrhein 1854–2004. Festschrift zum 150jährigen Bestehen = Annalen 207, S. 81–124, S. 89.
74 Essener Zeitung v. 8.2.1881.

Zielgruppe des Historischen Vereins, das Bürgertum, vor allem das Bildungsbürgertum, in der Industriestadt Essen im Vergleich zu Verwaltungs- und/oder Universitätsstädten unterrepräsentiert war. Erst als sich Essen in den 1890er Jahren auch zur Verwaltungsmetropole des Ruhrgebiets hin entwickelte und sich damit die Zahl derjenigen, die sich für historische Vorträge interessierten, vergrößerte, verstummten die Klagen über eine zu geringe Beteiligung an den Vortragsveranstaltungen.

Wenngleich die Versammlungen nicht den Zuspruch erfuhren, den sich der Vorstand erhoffte, so darf ihre Bedeutung für das Vereinsleben nicht unterschätzt werden. Auf der Jahreshauptversammlung legte der Vorsitzende Rechenschaft über das abgelaufene Jahr ab und stellte dann die zukünftigen Vereinsaktivitäten vor. Zudem berichtete er oder der Schatzmeister über den Kassenstand, und es fanden die turnusmäßigen Wahlen statt. Fester Bestandteil jeder Jahreshauptversammlung war die Ehrung der verstorbenen Mitglieder. Gabriele Clemens hat aber zu Recht darauf hingewiesen, daß es nur bedingt zulässig ist, »diese Versammlungen als Forum demokratischer Entscheidungsprozesse zu beschreiben, wie dies in der Vereinsforschung immer wieder vorkommt«.[75] Sowohl über das Programm als auch über neu zu wählende Mitglieder hatte sich der Vorstand bereits ein abschließendes Urteil gebildet, das die Mitgliederversammlung in der Regel nur zustimmend zur Kenntnis nahm. Ein Dissens oder gar einen handfesten Streit können wir in den ersten hundert Jahren der Vereinsgeschichte nicht ausmachen.

Die Mitglieder kamen zu den Abendveranstaltungen nicht nur, um sich einen gelehrten Vortrag anzuhören, sondern ebenso wichtig, wenn nicht gar noch wichtiger waren die sich anschließenden Gespräche bei Wein und Bier. Daher fanden die Versammlungen zunächst in den stadtbekannten Lokalen, bei Bovensiepen, bei Hoeltgen oder im Malapertus, statt. Dieses gesellige Beisammensein stärkte das Zusammengehörigkeitsgefühl und war für den Historischen Verein in Essen besonders wichtig, da er ansonsten keine Jahresfeiern oder andere Festivitäten organisierte. Die Zurückhaltung auf diesem Gebiete erklärt sich aus der Zugehörigkeit vieler Vereinsmitglieder zu den beiden bürgerlichen Gesellschaften »Verein« und »Erholung«, deren Zweck nicht zuletzt darin lag, einen glänzenden Jahresball zu veranstalten.

Eine der wichtigsten, wenn nicht die wichtigste Aufgabe eines Geschichtsvereins ist die Herausgabe seiner Zeitschrift. Sie wird benötigt als Publikations-

---

75 Clemens, Sanctus amor patriae, S. 159.

organ für die Forschungsergebnisse, aber auch für dem Schriftentausch mit anderen Vereinen.

Der Vorstand setzte alle Energie darin, die »Beiträge zur Geschichte von Stadt und Stift Essen«, wie sie bis Band 104 offiziell hießen, so schnell wie möglich erscheinen zu lassen. Noch im Gründungsjahr erhielten die Mitglieder das erste Heft, das die drei Vorträge der ersten Vereinsversammlung beinhaltete. Die nächsten drei Hefte, allesamt schmale Bändchen von weniger als 50 Seiten, kamen 1881 in rascher Folge heraus. Sie brachten ebenfalls Vorträge zum Abdruck.

Die Essener Beiträge entwickelten sich zu Beginn nicht zu einem regelmäßig erscheinenden Jahrbuch. Die Herausgabe erfolgte sehr unregelmäßig. So gab es 1883 und 1884 jeweils zwei Bände, während die Mitglieder in den Jahren 1885, 1890, 1891 und 1893 vergeblich auf ihre Jahresgabe warteten.

Die ersten 14 Hefte enthalten insgesamt 30 Beiträge. 29 davon hatten Vorstandsmitglieder verfaßt. Lediglich der Aufsatz von Heinrich Goossens »Geschichte der spanischen Einfälle in Stadt und Stift Essen am Ende des 16. und am Anfange des 17. Jahrhunderts und ihr schließlicher Einfluß auf die Essener Gegenreformation«[76] stammte aus fremder Feder. Noch deutlicher als bei den Vorträgen bestätigt sich hier der Spruch: »Der Vorstand ist der Verein.« Am produktivsten war in der Anfangszeit Wilhelm Grevel, der 12 Beiträge lieferte, gefolgt von Johannes Karsch (4) und den drei Vorsitzenden Seemann (4), Heidemann (2) und Geuer (3).

Da in dieser Zeit in der Regel die Vorträge anschließend in den Essener Beiträgen zum Druck gelangten, deckte sich das Themenspektrum der Zeitschrift mit dem der Vortragsabende und muß nicht im einzelnen aufgeführt werden.

Die Qualität war der Zeit gemäß. Die ersten Forscher der Lokalgeschichte zeichneten sich nicht durch Methodenbewußtsein aus, sondern sie wollten im antiquarischen Sinne Fakten sammeln und darlegen. Besonders den Aufsätzen von Grevel sieht man an, daß sie ein engagierter Laie geschrieben hat. Sie halten heutiger kritischer Forschung nicht mehr stand.[77] Dennoch sollten wir nicht zu streng mit dem Urteil sein, liegt es doch in der Natur der Wissenschaft, daß sie sich ständig erneuert.

Die Essener Beiträge veröffentlichten nicht allein die Vorträge, sie dienten auch zur Publikation von Dokumenten. Franz Büscher edierte in Band 8 (1884)

---

76 EB 12 (1888), S. 3–91.
77 So urteilte Hans Theodor Hoederath, Das Rellinghauser Land- und Stoppelrecht, in: EB 46 (1928), S. 334 Anm. 1: »Die Abhandlung von W. Grevel, Das Gerichtswesen ... EB 1 mit ihren phantasievollen Ausführungen und vielen Angaben, die einer quellenmäßigen Nachprüfung nicht standhalten, ist für wissenschaftliche Zwecke unbrauchbar.«

die »Statuten der früheren Gilden, Ämter und Zünfte binnen der Stadt Essen«, während Julius Heidemann eine umfassende, aus den Quellen erarbeitete Abhandlung über die Essener Beginenkonvente mit einem umfangreichen Urkundenanhang bot.[78] Beide Arbeiten sind für die Forschung trotz all ihrer Schwächen noch immer unverzichtbar, da es keine neuere Edition der Texte gibt.

Finanziert wurde die Vereinszeitschrift durch die Beiträge der Mitglieder. Der kostenbewußte Vorstand holte aber stets mehrere Angebote ein und vergab danach den Auftrag, so daß die Essener Beiträge in unterschiedlichen Druckereien produziert wurden.[79]

Die Kosten konnten auch dadurch niedrig gehalten werden, daß die Redaktionsarbeit ehrenamtlich geleistet wurde – ein Zustand, an dem sich bis heute nichts geändert hat – und daß die Autoren – in der Regel – auf ihr Honorar verzichteten. Auch dies besitzt heute noch Gültigkeit.

Die Auflagenhöhe lag in den 1880er Jahren bei 350 Exemplaren. Da aber so viele Bände nicht abgesetzt werden konnten, beschloß der Vorstand 1890 »aus ökonomischen Rücksichten« eine Reduzierung auf 250 Exemplare.[80]

Die Essener Beiträge wurden, obwohl sie nur lokalgeschichtliche Themen behandelten, nicht allein in Essen und Umgebung rezipiert. Durch den Schriftentausch mit anderen Vereinen gelangten sie in ganz Deutschland zur Verbreitung, und sie wurden auch von der Fachwelt wahrgenommen. Das Literarische Centralblatt (Leipzig) wertete die Arbeit von Heidemann über die Beginenkonvente als »beachtenswerten Beitrag«, und in der gleichen Zeitschrift wurde Heft 12 mit dem Aufsatz von Goossens gelobt: »Es zeigt sich an diesem Beispiel, wie sehr die Lokalforschung der Geschichtswissenschaft helfend zur Seite treten kann und wie der gegenseitige Austausch des Erarbeiteten dem Fortschritt unserer Wissenschaft zum Nutzen gereicht.«[81] Diese Anerkennung in der Gelehrtenwelt erfüllte den Vorstand mit Stolz, und sie war Antrieb für weitere Anstrengungen.

Bei der Vereinsgründung hatte sich der Vorstand zwei weitreichende Ziele gesetzt: die Herausgabe eines Essener Urkundenbuches und die Herausgabe einer Geschichte der Stadt und des Stiftes Essen. Letzteres wurde als notwendig erachtet, da es in der vorhandenen Stadtgeschichte von Funcke und

---

78 EB 9 (1886).
79 Die meisten Ausgaben erschienen bei Baedeker (2, 3, 7–10, 12, 13). Daneben wurden berücksichtigt: Fredebeul u. Koenen (1, 5), A. Werther (11) und Hesse & Becker in Leipzig (14).
80 StA Essen 412–1, Vorstandssitzung 19.2.1890, Protokollbuch S. 58.
81 Zit. nach Rheinisch-Westfälische Zeitung 18.2.1889 in: Protokollbuch S. 50.

Pfeiffer[82] nur so von »Unrichtigkeiten, Ungenauigkeiten und Flüchtigkeiten« wimmele. Zwar sah der Vorstand in einer neuen Stadtgeschichte »das Hauptziel aller unserer Bestrebungen«, doch es war ihm durchaus bewußt, daß noch »eine Reihe von Jahren darüber hingehen« werde, »ehe an die Lösung dieser wichtigsten Aufgabe gedacht werden kann«. Zuvor müßten viele einzelne Monographien als Bausteine für die Stadtgeschichte geschrieben werden und vor allem müsse ein Urkundenbuch vorliegen.[83]

Mit dieser als vordringlich angesehenen Aufgabe betraute der Vorstand eine dreiköpfige Kommission, bestehend aus den Herren Heidemann, Seemann und Grevel.[84] Vor allem Heidemann wollte sich der Tätigkeit mit »besonderer Aufmerksamkeit« widmen.[85] Als er 1886 einen ersten Zwischenbericht erstattete, war er voller Zuversicht. Er ging davon aus, den ersten Teil des Urkundenbuches, der bis 1400 reichen sollte, im kommenden Jahr in den Druck geben zu können. Heidemann machte zugleich deutlich, welche Mühe und Arbeit er hätte, die Unterlagen zusammenzutragen. So habe er bereits 170 Urkunden gefunden, die nicht in dem vierbändigen Werk von Lacomblet[86] abgedruckt sind, und dies, obwohl er erst die Hälfte des Materials gesichtet habe.[87]

Seine Zuversicht trog. Zwar konnte Heidemann wenige Wochen vor seinem Tode dem Oberbürgermeister Erich Zweigert das Manuskript seiner Sammlung überreichen,[88] doch warum es nicht zum Druck gegeben wurde, entzieht sich unserer Kenntnis.

Da aber ein Urkundenbuch nach allgemeiner Einschätzung die Basis für die Geschichte der Stadt und des Stiftes darstellte, verloren die Nachfolger Heidemanns das Ziel nicht aus den Augen. Daß sie letztendlich alle scheiterten, lag nicht darin begründet, daß sich das Material in den verschiedensten Archiven befand, die teilweise nicht gut erschlossen waren. Diese Probleme stellten keine unüberwindlichen Hindernisse dar und lösten sich im Laufe der Zeit von selbst. Die Herausgabe eines Urkundenbuches beanspruchte vielmehr »ungeteilte Aufmerksamkeit«. Den Lehrern aber, die sich mit der Lokalgeschichte befaßten, fehlte es als Beamte im Schuldienst an der notwendigen »Mußezeit«,

---

82 F. Philipp Funcke u. Bertram Pfeiffer, Geschichte des Fürstenthums und der Stadt Essen, Mülheim 1848 (2. Aufl. Elberfeld 1851).
83 1. Jahresbericht, in: EB 4 (1881), S. 8 f.
84 StA Essen 412–1, Vorstandssitzung 4.12.1883, Protokollbuch, S. 19.
85 1. Jahresbericht, in: EB 4 (1881), S. 8.
86 Theodor Josef Lacomblet, Urkundenbuch für die Geschichte des Niederrheins, 4 Bde., Düsseldorf 1840–1857.
87 Jahresbericht 1885/86, in: EB 11 (1888), S. 122.
88 Rheinisch-Westfälische Zeitung Nr. 159, 9.6.1888 (Morgen-Ausgabe).

während es interessierten Privatleuten an der »streng fachgemäßen Vorbildung« mangelte.[89]

Da diese Schwierigkeiten nicht nur zur Kaiserzeit bestanden, sondern auch heute gelten und da sich kein wissenschaftliches Institut inzwischen der Sache angenommen hat, wartet die Öffentlichkeit noch immer auf das Essener Urkundenbuch.

Unabdingbare Voraussetzung, um eine Stadtgeschichte schreiben und ein Urkundenbuch herausgeben zu können, war ein geordnetes Stadtarchiv. Daran mangelte es in Essen.[90]

Bereits zur reichsstädtischen Zeit war die Registratur keineswegs in Ordnung, denn sie befand sich nicht wie üblich auf dem Rathause, sondern im Privathaus des jeweiligen Stadtsekretärs. Aus diesem Grunde wanderten die Unterlagen »Jahrhunderte lang von Haus zu Haus«, so daß »die Verwirrung und Unordnung ... von Jahr zu Jahr größer wurde«.[91] Als die Preußen 1802 Besitz von Essen nahmen, wollten sie das Archiv, wie sie es von anderen Städten her kannten, im Rathaus einlagern. Doch leider wurden die Urkunden, Amtsbücher und Akten nicht geordnet, sondern so wie sie angeliefert wurden, »durcheinander und aufeinander in einer Neben-Stube des Raths-Zimmers aufgethürmt. Es ist begreiflich«, so Bürgermeister Kopstadt, »daß die nun eingetretene erste Preußische Stadt-Verwaltung ebenfalls vor der ungeheuren, menschliche Kräfte fast übersteigenden Arbeit, in das vor ihr liegende Chaos Ordnung hineinzubringen, und ein Repertorium darüber sofort anzufertigen, ... zurückschreckte.«[92]

Der katastrophale Zustand blieb lange erhalten, da nach Aussage des Bürgermeisters Klein kein Beamter, kein freiwilliger Helfer in Essen bereit sei, »bei einer so in Staub und Dreck liegenden Papiermasse hilfreiche Hand zu leisten, weil keiner gern ohne Müssen seine Gesundheit auf das Spiel setze«.[93] Eine Lösung schien sich im Jahre 1828 abzuzeichnen, als der Kreis-Bureaugehilfe Carl Coutelle aus Duisburg die Ordnungsarbeiten übernehmen wollte. Nachdem die Unterlagen nach Duisburg geschafft worden waren, erlitt Coutelle kurze Zeit später einen Gehirnschlag, so daß die Verzeichnung unterblieb. 1836 kam das Archiv wieder zurück nach Essen, doch es dauerte noch einige Jahre,

---

89 Ribbeck, 25 Jahre, S. 187 f.
90 Zum folgenden siehe Robert Jahn, Das Essener Stadtarchiv, in: EB 61 (1941), S. 19–43.
91 Bericht des Bürgermeisters Kopstadt an den Landrat Stemmer, 29.3.1822, zit. nach ebd., S. 28.
92 Ebd., S. 29.
93 Ebd., S. 33.

ehe der Gerichtsaktuar Petersen, unterstützt vom Bürgermeister Pfeiffer und dem Dechanten Butzon, begann, die alten Papiere zu ordnen und zu registrieren. Wenngleich er mit Fleiß die Sache anging, so waren die »offensichtlichen Mängel« nicht zu übersehen.[94]

Die Benutzung bereitete angesichts des schlechten Ordnungszustandes große Schwierigkeiten. Weil der Historische Verein zudem in den Unterlagen noch viele ungehobene Schätze vermutete, sah er es als eine seiner Hauptaufgaben an, hier eine Änderung herbeizuführen. Auf die Unterstützung seitens der Stadtverwaltung konnte man zählen, denn der Oberbürgermeister war Mitglied des Vorstandes und hatte kein Veto eingelegt.

Während die Stadt einen Raum im neuen Rathaus zur Verfügung stellte, wo die Urkunden und das alte Ratsarchiv gelagert wurden,[95] übernahm der Vorsitzende Julius Heidemann, der nach seiner Pensionierung als Lehrer über genügend Zeit verfügte, die Ordnungsarbeiten, zumal er bereits an seinem früheren Dienstsitz in Wesel im dortigen Archiv gearbeitet hatte.[96] Dennoch entsprach seine Arbeit nicht den archivischen Anforderungen, weshalb sie der spätere Stadtarchivar Robert Jahn heftig kritisierte. Heidemann hatte nicht nur nach »zufälligen Sachbetreffen« geordnet, sondern zugleich »eine Numerierung nach Schrank und Gefach« eingeführt. Die Folge: Das »Repertorium, das außerdem in der Ausführung unübersichtlich und unpraktisch« war, wurde »automatisch mit seinen Schränken und Gefachen hinfällig«.[97]

Als Heidemann nach kurzer Amtszeit verstarb, war die Stadtverwaltung bereit, die Stelle des Stadtarchivars wieder nebenamtlich zu besetzen und dieselbe mit einem Jahresgehalt von 600 Mark zu dotieren. Oberbürgermeister Zweigert bat den Historischen Verein, ihm eine geeignete Kraft zu benennen. Als der Vorstand die Angelegenheit beriet, beantragte Leopold Contzen zur Auswahl des Kandidaten eine Zettelwahl. So schrieben die anwesenden Vorstandsmitglieder den Namen ihres Favoriten auf Stimmzettel, die dem Oberbürgermeister ungeöffnet übergeben wurden.[98] Da in der Folgezeit der neue Vorsitzende des Vereins, Franz Geuer, auch als Stadtarchivar amtierte – ohne daß wir etwas Genaueres über seine Tätigkeit wissen –, hatte er augenscheinlich bei der geheimen Wahl die meisten Stimmen erhalten.

---

94 Ebd., S. 40.
95 Ribbeck, 25 Jahre, S. 189.
96 Ribbeck, 25 Jahre, S. 189; Rheinisch-Westfälische Zeitung Nr. 159, 9.6.1888 (Morgen-Ausgabe).
97 Jahn, Stadtarchiv, S. 42
98 StA Essen 412–1, Vorstandssitzung 27.11.1888, Protokollbuch S. 47.

Eine weitere Voraussetzung für die lokalgeschichtliche Forschung war und ist eine gut ausgestattete Bibliothek. Im Gegensatz zu den alten Residenz- oder Universitätsstädten besaß Essen in den 1880er Jahren keine öffentliche Bücherei. Den Mitgliedern des Historischen Vereins fiel es sehr schwer, sich über den Gang der Forschung zu informieren. Sie empfanden es daher als »dringende Notwendigkeit«, eine vereinseigene historische Bibliothek aufzubauen.[99]

Die Vorstandsmitglieder erfüllten den erhaltenen Auftrag, indem sie den antiquarischen Markt genau beobachteten und »alles Wertvolle« kauften, »was über die ältere Geschichte unserer Gegend« angeboten wurde. Die manchmal recht hohen Ausgaben rechtfertigte Heidemann in seinem Rechenschaftsbericht für die Jahre 1885/86: »Und da darf selbstredend, so weit unsere Mittel es gestatten, auf den Preis nicht gesehen werden, da solche Sachen aus früheren Jahrhunderten oft nur noch in sehr wenigen Exemplaren existieren und sofort vergriffen sind, wenn man nicht augenblicklich dahinter ist.« Die Bücher seien nun einmal das Handwerkszeug des Historikers.[100]

Innerhalb weniger Jahre war die Sammlung auf 245 Bände angewachsen, die Heidemann in den Schulferien 1886 ordnete und katalogisierte.[101] Aufgestellt waren die Bücher in einem Raum des Rathauses, den die Stadt dem Verein zur Verfügung gestellt hatte.

Zuwachs erhielt die Bibliothek auch durch den regen Schriftentausch mit anderen Geschichtsvereinen. Gleich nach der Vereinsgründung und der Herausgabe des ersten Bandes der Essener Beiträge begann der Tausch mit den Geschichtsvereinen in Aachen, Arnsberg, Altena und Dortmund sowie mit den regional ausgerichteten Vereinen (Historischer Verein für den Niederrhein; Bergischer Geschichtsverein; Ravensberger Geschichtsverein).[102] Die Zahl der Tauschpartner stieg fortwährend, und 1893/94 stand Essen mit 29 Vereinen im Austausch.[103]

Gleich anderen Geschichtsvereinen hatte auch der Historische Verein zu Essen begonnen, die Zeugnisse der Vergangenheit zu sammeln und zu dokumentieren. Kurz nach der Vereinsgründung erschien in der Lokalpresse ein Aufruf, der an die Heimatliebe der Essener appellierte und sie um Abgabe von »Altertümern« bat: »Es liegt gewiß noch viel unbenutztes Material für die Geschichte der Stadt und der Abtei namentlich in alten Bürgerhäusern verborgen, wo es

99 Jahresbericht 1894/96, in: EB 17 (1896), S. 150.
100 Jahresbericht 1885/86, in: EB 11 (1887), S. 121.
101 Ebd., S. 121.
102 Siehe StA Essen 412–1, Vorstandssitzung 10. 12. 1880, Protokollbuch, S. 7.
103 Liste der Tauschpartner in: EB 15 (1894), S. 118 f.

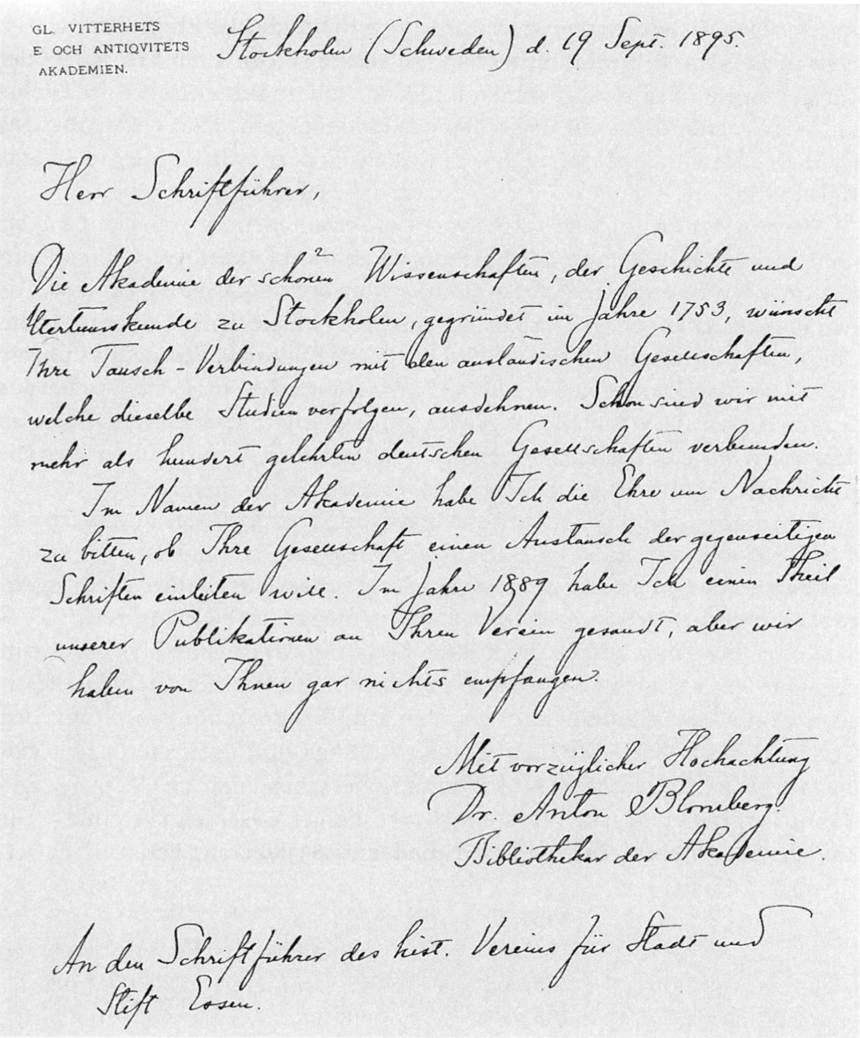

GL. VITTERHETS
E OCH ANTIQVITETS
AKADEMIEN.

Stockholm (Schweden) d. 19 Sept. 1895.

Herr Schriftführer,

Die Akademie der schönen Wissenschaften, der Geschichte und
Alterthumskunde zu Stockholm, gegründet im Jahre 1753, wünscht
Ihre Tausch-Verbindungen mit den ausländischen Gesellschaften,
welche dieselbe Studien verfolgen, ausdehnen. Schon sind wir mit
mehr als hundert gelehrten deutschen Gesellschaften verbunden.
Im Namen der Akademie habe Ich die Ehre um Nachrichte
zu bitten, ob Ihre Gesellschaft einen Austausch der gegenseitigen
Schriften einleiten will. Im Jahre 1889 habe Ich einen Theil
unserer Publikationen an Ihren Verein gesandt, aber wir
haben von Ihnen gar nichts empfangen.

Mit vorzüglicher Hochachtung
Dr. Anton Blomberg
Bibliothekar der Akademie.

An den Schriftführer des hist. Vereins für Stadt und
Stift Essen.

Abb. 6: Anfrage der Stockholmer Akademie, ob der Historische Verein an einem Schriftentausch
interessiert sei.

35

in staubigen Kisten vermodert. Möchte doch Niemand, der im Besitze solcher Schätze ist, zögern, dieselben zu revidiren, oder wenn ihm selbst Zeit und Lust dazu mangeln, eins der Vorstandsmitglieder zur Vornahme dieser Durchsicht, die selbstverständlich mit der größten Diskretion geschehen würde, in sein Haus zu bitten. Das scheinbar Unwichtigste ist hier oft von der größten Wichtigkeit.«[104]

Obwohl der Verein sich Jahre später nochmals mit der gleichen Bitte an die Mitbürger wandte, war das Ergebnis mehr als unbefriedigend.[105] Die vom Historischen Verein angelegte Sammlung war »über die allerbescheidendsten Anfänge« nicht hinausgekommen. Sie umfaßte einige Silbermünzen und eine Goldmünze, Bruchstücke von Säulen und Kapitellen, die beim Abbruch des alten Gerichtsgebäudes aufbewahrt worden waren, sowie ein Pastellporträt der letzten Fürstäbtissin Maria Kunigunde von Sachsen. Insgesamt war »das, was der Verein bis jetzt zusammen gebracht« hatte, »nach Quantität und Qualität so geringfügig, daß es auf den Namen einer ›Sammlung‹ wohl kaum Anspruch machen darf« – so das selbstkritische Urteil des Vereinsvorsitzenden Geuer.[106]

Der Vorstand war nach der Vereinsgründung voller Elan an die Arbeit gegangen. Er hatte die Vortragsabende organisiert, die Essener Beiträge herausgegeben, eine Bibliothek aufgebaut, mit der Ordnung des Stadtarchivs begonnen und eine – wenn auch bescheidene – Sammlung zusammengetragen. Bei all seinen Projekten wurde er aber von den Mitgliedern kaum unterstützt. Im Gegenteil. Nach dem Aufschwung im Gründungsjahr folgte ein stetiger Niedergang. Die Mitgliederzahl sank langsam, aber kontinuierlich.[107]

Tabelle 2: Mitglieder 1880–1886

1880/81	173
1881/82	154
1882/83	149
1883/84	140
1884/85	134
1885/86	123

104 Zeitungsartikel, Nov. 1880, in: StA Essen 412-2.
105 Jahresbericht 1885/86, in: EB 11 (1887), S. 119.
106 StA Essen 412-14, Geuer an OB, o.D. [1888/89].
107 Jahresbericht 1885/86, in: EB 11 (1887), S. 118.

Der Vorstand erkannte die Gefahr, daß der Verein, wenn ihm »mehr und mehr die Mittel entzogen« würden, seine Tätigkeit aufgeben müsse, obwohl sie doch »nur den Interessen der Stadt« diene. Das geringe Interesse der Essener Bürgerschaft war für den Vorstand unverständlich. Denn »in vielen anderen Orten, die kaum eine Geschichte haben, deren ganze Bedeutung erst der Neuzeit angehört, blühen solche Vereine durch Unterstützung der ganzen Bürgerschaft, so daß sie sogar die Aufsätze ihrer Mitglieder honorieren können. Wir arbeiten nur im Interesse für die Sache, wir bekommen nichts und wollen nichts für unsere Arbeiten.«[108]

Doch alle Appelle verhallten ungehört. Die Mitgliederzahl ging weiterhin zurück und erreichte 1893 ihren Tiefststand, als nur noch 95 Mitglieder eingeschrieben waren.

Um den Mitgliederverlust aufzuhalten wurde auch erwogen, den Vereinsbeitrag von fünf auf drei Mark zu senken. Dieser Vorschlag fand im Vorstand keine Mehrheit, da von einer solchen Maßnahme kein Erfolg zu erwarten war.[109] Für die Klientel des Vereins, das Essener Bürgertum, war ein Beitrag in dieser Höhe keine Sperre für einen Beitritt bzw. kein Grund für den Austritt.

Die Gründe für den Abwärtstrend sind nur schwer auszumachen. Sicherlich hatte der mehrmalige Wechsel im Vorsitz die Vereinsarbeit geschwächt. Auch verlor der Verein zu Beginn der 1890er Jahre seinen Vorsitzenden, der krankheitsbedingt seinen Wohnsitz nach Wiesbaden verlegt hatte, und in Wilhelm Grevel und Johannes Karsch zwei seiner aktivsten Mitglieder, die nach Düsseldorf gezogen waren. Die Folgen waren spürbar. 1892 gab es nur eine Versammlung, 1893 gar keine mehr, und in dem Zeitraum 1890 bis 1893 erschien lediglich ein Heft der Essener Beiträge. Der Verein verlor durch das Ausbleiben der Zeitschrift an Attraktivität, die Mitglieder erhielten für ihren Beitrag keine Gegenleistung mehr. In dieser für den Verein lebensbedrohlichen Situation kam die Rettung in der Person von Konrad Ribbeck.

---

108 Jahresbericht 1885/86, in: EB 11 (1887), S. 118.
109 StA Essen 412–1, Vorstandssitzung 25.10.1886, Protokollbuch S. 28.

37

2. Der neue Vorsitzende Dr. Konrad Ribbeck – Der Historische Verein in den Jahren 1894–1914

Dr. **Konrad Ribbeck** (13. November 1861 – 8. Dezember 1929)[1] übernahm den Vorsitz, als sich der Verein in einer schweren Krise befand. Es ist schon erstaunlich, daß der gebürtige Berliner, der sich an seinem neuen Wirkungsort zunächst gar nicht heimisch gefühlt hatte, den Umschwung herbeiführen konnte. Aber mit der ihm eigenen eisernen Energie und großem Fleiß stieg er zur zentralen Persönlichkeit in der Essener Geschichtskultur auf.

Abb. 7: Konrad Ribbeck und Familie

Ribbeck hatte in Berlin und Leipzig Geschichte und Germanistik studiert und Vorlesungen u. a. bei Treitschke, Droysen und Schmoller belegt. 1883 wurde er mit einer Arbeit über die sogenannte *divisio* des fränkischen Kirchengutes unter Karl Martell und seinen Söhnen promoviert. Den Schuldienst begann Ribbeck in Neuwied als wissenschaftlicher Hilfslehrer. 1888 erfolgte der Wechsel nach Essen als Oberlehrer ans Burggymnasium.

---

1 Zur Biographie Ribbecks siehe Karl Mews, 50 Jahre Historischer Verein für Stadt und Stift Essen, in: EB 48 (1930), S. 1–13, S. 3–11; Dickhoff, Köpfe, S. 192 f.

Ribbeck stand wohl im engen Kontakt zu Geuer, denn dieser hatte ihn als seinen Nachfolger bei der Betreuung des Stadtarchivs vorgeschlagen und seine Ernennung tatkräftig unterstützt. Diese Wahl zeugt von der guten Menschenkenntnis Geuers, denn eigentlich sprach nichts für Ribbeck. Dieser hatte bis dahin weder etwas zur Essener Stadtgeschichte veröffentlicht noch einen Vortrag vor dem Historischen Verein gehalten. Da eine enge Verbindung zwischen Archiv und Historischem Verein seit dessen Gründung bestanden hatte und diese aufrecht erhalten werden sollte, empfahl Geuer, Ribbeck solle sich in den Vereinsvorstand aufnehmen lassen. Dies sei kein Problem, da er ja aus Gesundheitsgründen einen Platz frei mache. Geuer gab Ribbeck auch den Rat, Material für einen Vortrag zu sammeln. Mit einem Referat auf der nächsten Versammlung des Historischen Vereins »wäre Ihre Wahl in den Vorstand aufs beste eingeleitet«.[2] Ribbeck folgte den Empfehlungen und sichtete das Archiv seiner Schule. Am 30. Januar 1894 trat er erstmals ans Rednerpult und sprach über die Geschichte des Essener Gymnasiums im 16. Jahrhundert bis zur Einführung der Reformation. Wie geplant, wählte ihn die Mitgliederversammlung in den Vorstand. Daß dann Ribbeck auch zum Vorsitzenden bestimmt wurde, war zwar nicht vorgesehen gewesen, erwies sich aber als ein Glücksfall für den Historischen Verein, der unter der Führung von Ribbeck einen steten Aufstieg erlebte.

Auch wenn der persönliche Anteil Ribbecks an der erneuten Blüte des Vereins nicht hoch genug eingeschätzt werden kann, war er es nicht alleine, der diese Aufbauarbeit bewältigte. Er, der »Fremde aus Berlin«, benötigte die Unterstützung durch die alteingesessenen Essener.

Sein wichtigster Mitstreiter war zweifelsohne **Franz Arens** (30. Oktober 1849 – 19. Dezember 1920),[3] der Sohn eines Essener Bierbrauers und Gastwirtes. Arens hatte zunächst Theologie studiert, doch mußte er das Studium aus gesundheitlichen Gründen abbrechen. Statt dessen ließ er sich in Nürnberg zum Brauer ausbilden. Er trat auch noch ins väterliche Geschäft ein, doch entsprach dies keineswegs seinen Neigungen. Von daher empfand er es als Befreiung, als sein Vater das Geschäft und die dazu gehörigen Grundstücke veräußerte. Der Verkauf gab ihm die finanzielle Sicherheit für ein Leben als Rentier. Arens engagierte sich fortan noch stärker in kirchlichen Gremien und in der Zentrums-Partei, zu deren Mitbegründern er in Essen zählte.

---

2 StA Essen 45–138, Geuer an Ribbeck, 6.6.1893.
3 Zum folgenden Karlheinz Arens, Franz Arens, in: Heimatstadt Essen 1959/60, S. 85–87; Karl Mews, Franz Arens, in: MaH 2 (1949), S. 162–164; Konrad Ribbeck, Zum Gedächtnis von Franz Arens, in: EB 39 (1921), S. 36–40; Dickhoff, Köpfe, S. 5 f.

Arens, ein glaubensstrenger Ultramontaner, der auch schon mal gegen die »unschöne Nuditätenmalerei« auf dem neuen Vorhange des Theaters kämpfte,[4] war einer der profiliertesten Stadtpolitiker. Der Stadtverordnetenversammlung gehörte er von 1891 bis 1908 an. Seine Karriere als Stadtrat endete, als er im Segeroth bei der Stichwahl zweimal hintereinander einem Kandidaten der SPD unterlag.[5]

Arens »innerste Neigung galt der Erforschung der heimatlichen Vergangenheit«,[6] doch zunächst blieb es bei gelegentlichen Aufsätzen in der Essener Volks-Zeitung. Zur wissenschaftlichen Forschung gelangte er erst Anfang der 1890er Jahre unter der Anleitung von Geuer. Als streng gläubiger Katholik genoß Arens das Vertrauen der Pfarrgeistlichkeit, so daß er freien Zugang zum reichhaltigen Archiv der Münsterkirche erhielt. Mit diesem »war er verwachsen wie kein anderer, das war sein Gebiet, auf dem er bis ins hohe Greisenalter rastlos geschafft hat.«[7] Zahlreiche, teils sehr umfangreiche Aufsätze sind in den Essener Beiträgen erschienen, ebenso die Edition des Heberegisters des Stiftes Essen, die Arens im Kettenbuch entdeckt hatte.[8] Weiterhin zu erwähnen ist seine zusammen mit Heinrich Schaefer erstellte Übersicht über die »Urkunden und Akten des Essener Münsterarchivs« (EB 28 – 1906) und seine Ausgabe des *liber ordinarius*[9].

Als Angehöriger einer alteingesessenen Familie, als Zentrumspolitiker, als Vereinsfunktionär – u. a. als Vorsitzender der katholisch orientierten Gesellschaft »Erholung«[10] – und als aktiver Katholik verfügte Arens – im Gegensatz zu Ribbeck – über zahlreiche gesellschaftliche Kontakte, die auch dem Historischen Verein zugute kamen. Er gehörte dem Vorstand seit 1892 an, der ihn zwei Jahre später zum 1. Schriftführer wählte. »Er hat dieses Amt nicht so aufgefaßt, daß es ihm nur auferlegte, den äußeren Schriftwechsel des Vereins zu führen. Sein Herz war ganz bei der Sache: für alle Aufgaben des Vereins, für seine wissenschaftlichen Arbeiten, seine geselligen Veranstaltungen, seine wirtschaftlichen Angelegenheiten setzte er sich ein, überall bereit, sachkundigen Rat zu erteilen und die eigene Zeit und Arbeitskraft zu opfern.«[11]

---

4 Siehe Wilhelm Henning, Geschichte der Stadtverordnetenversammlung von Essen (1890–1914), Diss. Köln 1965, S. 65.
5 Henning, Geschichte, S. 148 f.
6 Ribbeck, Arens, S. 37.
7 Essener Volks-Zeitung v. 21.12.1920.
8 Schriftenverzeichnis bei Sellmann, Bibliographie, Bd. 3, Sp. 9–15.
9 Paderborn 1908.
10 Wilhelm Haumann, Chronik der Gesellschaft Erholung e. V. in Essen 1879–1949, Essen 1949, S. 51.
11 Ribbeck, Arens, S. 37.

Arens wurde zu Recht als »der treueste und fruchtbarste Mitarbeiter« des Historischen Vereins angesehen,[12] und wegen seiner Verdienste verlieh ihm der Verein am 30. Oktober 1919 die Ehrenmitgliedschaft.[13] Als Franz Arens am 19. Dezember 1920 starb, war es für den Verein – so Ribbeck – »der schwerste Verlust«, »der ihn seit seiner Begründung betroffen hat«.[14]

Ein weiteres gewichtiges Vorstandsmitglied war der 1891 zum Bürgermeister von Stoppenberg ernannte **Carl Meyer** (26. Juli 1857 – 13. September 1925).[15] Er behauptete von sich selbst, einen »wohl mit der Muttermilch eingesogenen Sinn für Ortsgeschichte« besessen zu haben,[16] und sammelte eifrig alles aus der Vergangenheit der Bürgermeisterei und des Stiftes Stoppenberg. 1897 konnte er seine Geschichte der Öffentlichkeit präsentieren. Sie sollte den »Geist des Gemeinsinns« und der »Zusammengehörigkeit« stärken und »die Liebe und das Interesse an der Heimat und ihrer Entwicklung« kräftigen.[17] Das Buch, das innerhalb eines Monats vergriffen war, erlebte mehrere Auflagen, wobei der Umfang von Mal zu Mal zunahm. Es wurde zum Standardwerk zur Geschichte des Essener Nordens, auf das die Historiker bis heute zurückgreifen.

12 Ribbeck, Arens, S. 36; Festschrift zur Jahrhundertfeier des Gymnasiums am Burgplatz in Essen, Essen 1924 (im folgenden: Festschrift Burggymnasium), S. 155.
13 Die von Heinrich Kunolt ausgeführte Urkunde hatte folgenden Wortlaut: »Dem unterzeichneten Vorstande des Historischen Vereins für Stadt und Stift Essen ist es ein herzliches Bedürfnis, an dem Tage, an dem Sie, hochgeehrter Herr Arens, Ihr 70. Lebensjahr vollenden, öffentliches Zeugnis abzulegen von der Dankbarkeit und Verehrung, die Ihnen der Verein für Ihre langjährige hingebende und so überaus erfolgreiche Mitarbeit an seinen Aufgaben entgegenbringt. Seit seiner Begründung gehören Sie unserm Vereine als Mitglied, seit 1892 dem Vorstande des Vereins an, seit 1894, also seit nunmehr 25 Jahren, bekleiden Sie die Stelle eines Ersten Schriftführers. Und wieviel Hervorragendes haben Sie in diesen Jahren für die Erforschung der Geschichte Ihrer Vaterstadt geleistet! Die beiden wichtigsten Quellen für die Kenntnis der gottesdienstlichen und wirtschaftlichen Verfassung des ehrwürdigen Stiftes Essen haben Sie für die Wissenschaft erschlossen. In einer langen Reihe von Schriften, die fast sämtlich in den Veröffentlichungen unsres Vereins erschienen sind, haben Sie Licht verbreitet fast über alle Gebiete des katholischen kirchlichen Lebens und die älteren Wohltätigkeitsstiftungen unsrer Stadt. Vor allem aber haben Sie durch Ihr Vorbild der Liebe zur Heimat und ihrer Geschichte in den Herzen der Mitbürger eine Stätte bereitet, die die Tage Ihres eigenen Erdenlebens weit überdauern wird. In dankbarer Anerkennung dieser Verdienste bitten wir Sie, die Würde eines Ehrenmitgliedes unsres Vereins annehmen zu wollen, und hoffen, daß es Ihnen vergönnt sein möge, in unserm Kreise noch lange an dem weiteren Ausbau Ihrer gesegneten Lebensarbeit fortzuwirken.« Zit. nach Jahresbericht 1918/19, in: EB 38 (1919), S. 207 f.
14 Ribbeck, Arens, S. 36.
15 EB 43 (1926), S. 337 ff.; Dickhoff, Köpfe, S. 165.
16 Carl Meyer, Geschichte des ehemaligen freiweltlichen adligen Damenstifts und der Bürgermeisterei Stoppenberg, Essen 1925 4. erweiterte Auflage, S. 5 (Vorwort zur 1. Auflage). – Die Auflagen erschienen 1897, 1900, 1915 und 1925.
17 Ebd., S. 5 f.

Wenngleich die Amtsgeschäfte Meyer nur wenig Zeit für seine Geschichtsliebhaberei ließen, – in den Essener Beiträgen hatte er nie publiziert und auch nur zwei Mal vor den Mitgliedern referiert[18] – so war er doch im Historischen Verein stark engagiert. Von 1899 bis zu seinem Tode hatte er das Amt des Schatzmeisters inne, und aus Dank für die »Verwaltung der Vereinskasse« und in Anerkennung seiner Verdienste als Erforscher der Geschichte seines Amtsbezirks ernannte der Verein auch ihn zum Ehrenmitglied.[19]

Abb. 8: Carl Meyer

Es sollen nicht alle Mitglieder des Vorstandes aufgezählt werden, doch seien einige wegen ihrer ausgeübten Ämter erwähnt: Albert von Waldthausen, der langjährige Schatzmeister, der von 1901 bis 1909 2. Vorsitzender war; Wilhelm Kerckhoff, Bürgermeister von Altendorf (Essen-West), bis zu seinem Tode im Jahre 1900 2. Vorsitzender; Gymnasiallehrer Wilhelm Baumann (6. März 1851 – 3. Mai 1920)[20], der 1886 als Vereinsbibliothekar in den Vorstand eintrat und diesem bis 1920 angehörte, und Prof. Theodor Brockes (20. April 1853 – 22. Juni 1931)[21], Vorstandsmitglied von 1895 bis 1918. Die beiden letztgenannten waren Kollegen von Ribbeck am Burggymnasium.

18 Am 10. März 1899 und am 15. Februar 1907. Der erste Vortrag »Der Stoppenberger Schleierstreit. Eine Episode aus der Geschichte des freiweltlichen adligen Damenstiftes Stoppenberg« wurde auch separat gedruckt.
19 Jahresbericht 1923/25, in: EB 42 (1924), S. 71.
20 Zu Baumann siehe StA Essen 141–5126. – Ribbeck charakterisierte ihn als »einen treuen Freund unseres Vereins, einen fleißigen und stets anregenden Besucher unserer Zusammenkünfte, einen erfahrenen Berater im Vorstand«. Jahresbericht 1919/21, in: EB 39 (1921), S. 44.
21 Zu Brockes siehe StA Essen 141–5226. Eine kurze Würdigung auch in: Akropolis 2 (1930/31) H. 4, S. 1.

Ribbeck sah als Ursache der fehlenden Attraktivität des Historischen Vereins für die Essener Bürgerschaft die streng wissenschaftliche Ausrichtung. Dazu fehle aber in Essen das Potential. »Kleine Geschichtsvereine«, folgerte Ribbeck, »müssen, wenn sie lebensfähig sein sollen, ein mehr oder minder volkstümliches Gepräge haben.« Sie hätten die Aufgabe, »Heimatliebe und geschichtlichen Sinn bei der buntgemischten Bevölkerung Essens und seiner Umgebung zu erwecken und zu pflegen«.[22]

Welche Auswirkungen diese Ansichten auf die Arbeit des Vereins hatten, soll im folgenden untersucht werden.

Eine der Forderungen Ribbecks lautete: »Der Vereinsvorstand muß durch möglichst unterhaltende Vorträge die Teilnahme wach zu halten versuchen.«[23]

Diesen Anspruch erfüllte sicherlich die Veranstaltung am 20. November 1894, als Carl Schorn Essen in den 1830er und 1840er Jahre schilderte. Schorn war einer der bekanntesten Söhne der Stadt.[24] Er hatte in der 48er Revolution eine führende Rolle gespielt und war, seit Jakob Grimm sein Mandat niederlegte, dessen Nachfolger in der Frankfurter Nationalversammlung. Das Wirken Schorns war vielen Essenern noch in Erinnerung, so daß eine außerordentlich große Zahl an Interessenten zu seinem Vortrag erschien. Auch die Tageszeitungen berichteten ausführlich über die Veranstaltung. Schorn nutzte die Gelegenheit nicht nur zur Werbung für den Historischen Verein. Er rief auch zur Förderung des Stadtarchivs auf: »Es müsse durchaus das Geld geschafft werden, um eine Kraft zu gewinnen, welche die Schätze ordne und weiteren Kreisen zugänglich mache.«[25]

Der Auftritt Schorns war zweifelsohne sehr publikumswirksam, doch eine zweite ebenso attraktive Abendveranstaltung folgte nicht. Das Vortragsprogramm lief auch unter Ribbeck in den alten Bahnen. Bis zum Ende des Jahrhunderts gab es jährlich maximal drei Vortragsabende, bei denen immer wieder dieselben Personen auftraten: Konrad Ribbeck (4), Franz Arens (4) und Paul Borchardt (2), Carl Meyer (1), Julius Baedeker (1) und Armin Tille (1). Mit Ausnahme des historisch interessierten Lehrers Borchardt, des Direktors der Victoriaschule,[26] und Tilles waren die Referenten alle Vorstandsmitglieder.

---

22 Ribbeck, 25 Jahre, S. 187 f.
23 Ebd.
24 Dickhoff, Köpfe, S. 208. Siehe auch die Autobiographie Carl Schorn, Lebenerinnerungen, 2 Bde., Bonn 1848.
25 Ausschnitt aus dem General-Anzeiger in: StA Essen 412–1, Protokollbuch, S. 73.
26 Zu Borchardt siehe den Nachruf in Essener Anzeiger v. 7.5.1935.

Eine Neuerung war der Vortragsabend mit Armin Tille am 28. März 1899 insofern, als erstmals ein auswärtiger Redner angeworben worden war.[27] Dies hatte der Vorstand bereits 1894 erwogen, und er war auch bereit, ein Honorar von 50 Mark zu zahlen, dennoch blieb der Auftritt von auswärtigen Wissenschaftlern vor dem Ersten Weltkrieg die absolute Ausnahme. Tille sprach noch zweimal über allgemeine Themen,[28] während Conrad Matschoß aus besonderem Anlaß am 27. Oktober 1904 in Essen zu Gast war und Franz Dinnendahl würdigte.

Wie gehabt, bestritten auch nach der Jahrhundertwende in der Regel Vorstandsmitglieder die Vortragsabende. Fleißigster Redner war wiederum Konrad Ribbeck, der 17 Mal ans Rednerpult schritt, gefolgt von Theodor Imme (9), Albert von Waldthausen (5) und Heinrich Wiedemann (5).

Betrachten wir die behandelten Themen, so lassen sich in den ersten Jahren der Amtszeit von Ribbeck keine Veränderungen gegenüber früher erkennen. Bearbeitet wurden die traditionellen Bereiche: die Essener Stifts- und Stadtgeschichte des Mittelalters und der Frühen Neuzeit, die Kriegsgeschichte, bei der dem Dreißigjährigen Krieg mit seinen verheerenden Auswirkungen auf Essen besondere Aufmerksamkeit geschenkt wurde, und die Schulgeschichte, die ein spezielles Forschungsgebiet von Ribbeck darstellte. Porträtiert wurden weiterhin einzelne Äbtissinnen, während Arens weitere geistliche Einrichtungen vorstellte. Abermals behandelt wurde die Geschichte der Essener Juden am 14. Februar 1902.[29]

Neuerungen sind erst nach 1900 zu konstatieren, als das 19. Jahrhundert stärker ins Blickfeld der Forschungen rückte. Albert von Waldthausen, Autor der umfassenden Geschichte des Bergwerks Sälzer & Neuak, hatte bei seiner Darstellung die Verkehrsverhältnisse und das Postwesen in Essen mitberücksichtigt. Über seine Forschungsergebnisse referierte er in dichter Folge am 17. April 1900, 15. Januar und 15. Februar 1901. – Zweiter Referent in der Veranstaltung am 15. Februar 1901 war Otto Wiedfeldt, Leiter des Statistischen Amtes der Stadt Essen, der die Tätigkeit Friedrich Krupps als Essener Stadtrat schilderte. Es war dies der einzige Beitrag vor dem Ersten Weltkrieg, der sich mit Krupp beschäftigte. Weder Alfred Krupp noch sein Sohn fanden trotz ihrer

---

27 Tille referierte aber über »den Essener Hof in Königswinter«, also über ein Thema, das eng mit der Stiftsgeschichte zusammenhing.

28 6. November 1900: Deutsches Städtewesen im Mittelalter und 9. Dezember 1903: Über die Geschichte des Zeitungswesens, mit besonderer Rücksicht auf die Essener Zeitungen.

29 Der Rabbiner Samuel dankte Rudolf Korn »besonders für die Sachlichkeit seiner Ausführungen«. Essener Volks-Zeitung v. 18.2.1902.

stadtgeschichtlichen Bedeutung Beachtung, dagegen wurde aber am 31. Januar 1913 Friedrich Grillo von Toni Kellen gewürdigt.

Einen Zug ins Volkstümliche ist den folgenden Ankündigungen zu entnehmen: Siegfried Schellbach, Unsere deutsche Heimat heute und vor 100 Jahren (14. Dezember 1909); Franz Büscher, Aus der Kleinstadt unserer Väter und Großväter (5. April 1911); Theodor Imme, Kulturbilder aus den letzten Jahrzehnten vor dem wirtschaftlichen Aufschwung (2. Februar 1912). Auch folgte der Historische Verein dem allgemeinen Trend, indem er sich der Volkskunde zuwandte[30] und über Familienforschung informierte[31]. Letztere stieß auf größeres Interesse, was der rege Besuch der Versammlung unterstrich. Besonderen Anklang fand dabei eine kleine Ausstellung von Literatur über Familienforschung, Stammbäume und Ahnenproben, die der Verein eingerichtet hatte.[32]

Trotz aller Neuerungen unterschieden sich das Themenspektrum und der Kreis der Referenten im Großen und Ganzen nicht so sehr von denen der Anfangsjahre. Zwar nahmen populär gestaltete Rückblicke und volkstümliche Vorträge jetzt mehr Raum ein, doch können sie nicht der Grund für mehr Akzeptanz der Veranstaltungen[33] sein. Wenn die Abendveranstaltungen größeren Zuspruch fanden, muß die Ursache dafür woanders gesucht werden.

Wichtig war sicherlich der Wandel der Stadt, die 1896 in den Kreis der Großstädte aufrückte. In der Amtszeit des Oberbürgermeisters Erich Zweigert von 1886 bis 1906 wurde ein entscheidender Schritt in Richtung Verwaltungsstadt getan. Die Eisenbahndirektion ließ sich ebenso wie das Rheinisch-Westfälische Kohlensyndikat, das RWE und zahlreiche Unternehmensverwaltungen des Bergbaus in Essen nieder. Die Ansiedlung neuer Behörden und Verwaltungen ging einher mit dem Ausbau der Bildungs- und Kultureinrichtungen. Mit den dort Beschäftigten vergrößerte sich ohne Zutun des Vereins seine Klientel. So konnten wieder mehr Zuhörer gewonnen werden.

Zudem gab es eine grundlegende – für manche vielleicht sogar eine revolutionäre – Änderung. Der Vorstand entschied, Frauen zu den Vereinsabenden

---

30 Siehe unten S. 54–58.
31 5. November 1913: Olszewski, Quellen und Hilfsmittel zur Familienforschung und Ribbeck, Die Bedeutung der Familienforschung für die deutsche Geschichte im allgemeinen und die Essener Stadtgeschichte im besonderen.
32 Essener Volks-Zeitung v. 7.11.1913.
33 Allerdings gab es auch in der Ägide Ribbeck schlecht besuchte Veranstaltungen. Als am 18. Januar 1907 Ribbeck über den Haushalt des Stiftes Essen im Mittelalter und Wiedemann über die Baumwollindustrie im Stift referierten, waren nur 30 Personen erschienen. Essener Volks-Zeitung v. 21.1.1907.

zuzulassen. Nach zeitgenössischen Aussagen trug dies zu einer wohltuenden Belebung bei.[34]

Sehr schnell gewannen die Sommerausflüge an Popularität, die der Verein seit 1907 anbot. Für viele Mitglieder waren sie sogar der Höhepunkt im Vereinsjahr.

Der Essener General-Anzeiger begrüßte die Fahrten »aus einem doppelten Grunde« mit Freuden: »Erstens bringen sie die verschiedenen Bürger unserer Stadt, die oft so fremd neben einander herlaufen, in zwangsloser Weise einander näher und fördern ein gemütliches Zusammensein, das wir hier in unserer arbeitsreichen Stadt dann und wann einmal besonders gut brauchen können, und sodann lassen sie uns vor allem, den Zwecken des Vereins entsprechend, lehrreiche Einblicke in die geschichtliche Entwicklung unserer Gegend tun, verschaffen uns so erst ein rechtes Verständnis für alles das, was uns hier täglich umgibt, und kräftigen auf diese Weise, was wir in unserer unruhvollen, an einer gewissen Unrast leidenden Zeit sehr nötig haben: den treu am bewährten Alten festhaltenden Heimatsinn.«[35]

Die Fahrten führten die Teilnehmer nicht nur in die nähere Umgebung (Borbeck, Werden, Stoppenberg), sondern es gab auch Touren in die Nachbarstädte Mülheim, Düsseldorf und Dortmund. Auf dem Programm standen Besichtigungen und Museumsbesuche, Vorträge und ein geselliges Beisammensein. Der Besuch in Mülheim am 7. Juni 1913 mag stellvertretend für alle Ausflüge stehen. Zunächst besichtigte man die alte evangelische Kirche unter kundiger Führung des Pfarrers Kemper, dann das neue von Robert Rheinen geschaffene städtische Museum und Schloß Broich. Hier hielt Ferdinand Schmidt einen Vortrag über die Spanier in Broich und die Ermordung des Grafen Wirich von Daun 1598. Seinen Abschluß fand der Tag in einem gemeinsamen Abendessen, das sehr angeregt verlief.[36]

Die wichtigste Aufgabe des Vereins war und blieb die Herausgabe der Essener Beiträge. Unter der Leitung von Ribbeck entwickelten sie sich zu einem regelmäßig erscheinenden Periodikum, wenngleich nicht jedes Jahr ein Band veröffentlicht wurde. Als Ersatz erhielten die Mitglieder im darauffolgenden Jahr zwei Hefte, so 1896, 1898, 1903, 1905 und 1909.

---

34 Siehe EB 43 (1926), S. 339.
35 Essener General-Anzeiger v. 26.9.1908.
36 Jahresbericht 1912/13, in: EB 35 (1913), S. 379.

Abb. 9: Das städtische Museum Mülheim

Der Umfang der Bände betrug in der Regel 150 bis 200 Seiten, mit Ausschlägen nach unten (1902: 28 Seiten) und oben (1913: 388 Seiten).

Die Bände 15 bis 24 enthalten 29, die Bände 25 bis 35 dann 44 Beiträge. Für die ersten zehn Jahre setzte sich die Tendenz der Anfangsjahre fort, daß die meisten Aufsätze aus der Feder von Vorstandsmitgliedern – aktuellen oder ehemaligen – stammten, nämlich 25 der 29 (= 86 %). Insgesamt waren nur elf Autoren an diesen Bänden beteiligt, von denen hatte Franz Arens die meisten Beiträge (9) geliefert, gefolgt von Ribbeck (4) und Ferdinand Schroeder (4).

Es sind Zeichen fortschreitender Professionalisierung, daß an den Bänden 25 bis 35 eine größere Zahl von Historikern – 23 – mitgearbeitet hat und daß die Vorstandsmitglieder nunmehr einen verhältnismäßig geringen Platz einnehmen. Lediglich 15 Beiträge (34 %) stammen von ihnen, darunter neun von Wilhelm Grevel.

Mit der Professionalisierung einher ging eine Verwissenschaftlichung, die sich an mehreren Merkmalen fest machen läßt.
1. Die Arbeiten von Ribbeck zeichneten sich stets durch eine profunde Kenntnis der Quellen und der Literatur aus. Seine Aussagen wurden durch – teils sehr umfangreiche – Fußnoten belegt. Diesen Anspruch, den Ribbeck an sich selbst stellte, übertrug er auf die Mitarbeiter, die ihm in der Regel folgten.

2. Ab Heft 30 (1909) wurden Dissertationen veröffentlicht, die an der Universität Münster entstanden waren und die Ribbeck im Essener Stadtarchiv betreut hatte. Den Beginn machte Kurt Hüsgen[37], es folgten dann Karl Mews[38], Aloys Philipp Vollmer[39], Ernst Matthias[40] und Karl Stricker[41], wobei die Studie von Vollmer sicherlich besondere Beachtung verdient.[42]

3. Das Abdrucken der zuvor gehaltenen Vorträge reduzierte Ribbeck auf ein Minimum.

4. Grevel, dessen wissenschaftlichen Fähigkeiten – wie bereits erwähnt – begrenzt waren[43], auf dessen Mäzenatentum der Verein aber nicht verzichten wollte, wurde immer mehr auf das Feld der Veröffentlichung von Dokumenten gedrängt.[44]

Das Themenspektrum war recht breit gestreut, ohne daß sich bestimmte Schwerpunkte herauskristallisieren. Zwar wurden einzelne Fürstäbtissinnen behandelt – Meina von Oberstein, Katharina von Tecklenburg, Elisabeth vom Berge und Maria Kunigunde[45] –, doch ansonsten blieb die Verfassungs- und Verwaltungsgeschichte des Stiftes ein Stiefkind der Forschung. Lediglich ein kleiner Beitrag von Franz Arens widmete sich dem Landesgrundvergleich vom 14. September 1794 (EB 15 – 1894). Mit der Arbeit von Karl Heinrich Schäfer über

---

37 Die militärische Vertretung des Stiftes Essen durch Brandenburg-Preußen im 17. und 18. Jahrhundert, in: EB 30 (1909), S. 1–92.

38 Geschichte der Essener Gewehr-Industrie, in: EB 31 (1909), S. 3–95.

39 Handel, Industrie und Gewerbe in den ehemaligen Stiftsgebieten Essen und Werden, sowie in der Reichsstadt Essen zur Zeit der französischen Herrschaft (1806–1813), in: EB 31 (1909), S. 97–314.

40 Der Essener Oberhof Brockhausen, in: EB 33 (1911), S. 3–75.

41 Geschichte des Essener Propsteihofes Nünning unter besonderer Berücksichtigung der propsteilichen Hofesverwaltung, in: EB 35 (1913), S. 3–69.

42 So auch Ernst Schröder, Karl Mews (15.12.1884–29.7.1973). Ein Lebensbild, in: EB 89 (1974), S. 5–33, S. 10.

43 Siehe oben S. 29.

44 Vier Briefe von Nikolaus Kindlinger an den Pfarrer Joh. Friedr. Möller in Elsey, in: EB 30 (1909), S. 109–133; Dr. Karl Arnold Kortum. Beiträge zur Geschichte seines Lebens und Wirkens, in: EB 32 (1910), S. 193–212, 33 (1911), S. 153–171 u. 35 (1913), S. 161–223; Zwei Denkschriften von Dr. W. Harleß über das Verhältnis von Rellinghausen und Bifang zum Stift Essen und dessen Bergregal, in: EB 33 (1911), S. 77–132.

45 Ferdinand Schroeder, Zur Geschichte Meinas von Oberstein, in: EB 15 (1894), S. 87–110; Konrad Ribbeck, Katharina von Tecklenburg, eine Essener Äbtissin am Vorabende der Reformation, in: EB 30 (1909), S. 165–189; Ferdinand Schmidt, Die Wahl der Gräfin Elisabeth vom Berge zur Fürstäbtissin des Reichsstifts Essen im Jahre 1605, in: EB 35 (1913), S. 71–160; Ferdinand Schroeder, Maria Kunigunde von Sachsen, die letzte Äbtissin von Essen, in: EB 29 (1907), S. 1–47; Heinrich Wiedemann, Die Wahl von Prinzessin Maria Kunigunde von Sachsen zur Koadjutorin des Stiftes Essen, in: ebd. S. 49–73.

die Geschichte des Oberhofes Eickenscheidt (EB 32 – 1910) begann die Reihe der gewichtigen wirtschaftsgeschichtlichen Studien zu einzelnen Essener Höfen. Während die kirchlichen und karitativen Einrichtungen das Spezialgebiet von Franz Arens waren[46], befaßte sich der Rabbiner Salomon Samuel mit der Geschichte der Juden (EB 26 – 1905) und Konrad Ribbeck mit der Geschichte des Essener Gymnasiums in zwei quellengesättigten Beiträgen (EB 16 – 1896 und 19 – 1898). Besondere Beachtung darf auch die Auswertung der Essener Stadtrechnungen der Jahre 1564 bis 1614 durch den Oberlehrer Paul Borchardt beanspruchen.[47]

Relativ viel Aufmerksamkeit wurde der Wirtschaftsgeschichte geschenkt. Die Dissertationen von Karl Mews und Aloys Philipp Vollmer wurden bereits erwähnt. Andere Arbeiten beschäftigten sich mit der Glasindustrie, dem Buchdruck, dem Verkehr und der Post.[48]

Zwar hatte Grevel im zweiten Band der Essener Beiträge angekündigt, daß der Historische Verein auch die Geschichte der Industrie behandeln wolle, doch eine erste Untersuchung zu Krupp ließ lange auf sich warten. Thematisiert wurde zudem nicht ein Kapitel der Firmengeschichte, sondern Otto Wiedfeldt zeichnete vielmehr ein Ruhmesblatt der Aktivitäten Friedrich Krupps als Essener Stadtrat, dessen Engagement als Brandoffizier und städtischer Finanzpolitiker und dessen Einsatz beim Straßenbau er ausführlich würdigte (EB 23 – 1903).

Weitere biographische Studien finden wir zu Franz Dinnendahl und Heinrich Huyssen.[49]

---

46 Das Hospital zum hl. Geist in Essen, in: EB 17 (1896), S. 75–128; Das Essener Siechenhaus und seine Kapelle, in: EB 18 (1898), S. 42–95; Geschichte des Klosters und der Schule der Congregatio B.M.V. 1652–1902, in: EB 25 (1903), S. 1–74; Das Essener Kapuzinerkloster, in: EB 29 (1907), S. 75–125.

47 Der Haushalt der Stadt Essen am Ende des 16. und Anfang des 17. Jahrhunderts, in: EB 24 (1903), S. 1–124.

48 Wilhelm Grevel, Die Steeler und Schellenberger Glashütten, in: EB 17 (1896), S. 35–73; Julius Baedeker, Über die Anfänge des Buchdruckes und des Zeitungswesens in Essen und beider Entwickelung im 18. Jahrhundert, in: EB 18 (1898), S. 132–150; Albert von Waldthausen, Zur Geschichte der Verkehrsverhältnisse in Stadt und Stift Essen, in: EB 23 (1903), S. 107–128; ders., Zur Geschichte des Postwesens in Stadt und Stift Essen, in: ebd. S. 129–159.

49 Konrad Matschoß, Franz Dinnendahl, in: EB 26 (1905), S. 3–52; Hans von Glümer, Heinrich Huyssen, ein Essener Stadtkind als Gelehrter und Diplomat im Dienste Peter des Großen, in: EB 33 (1911), S. 133–151.

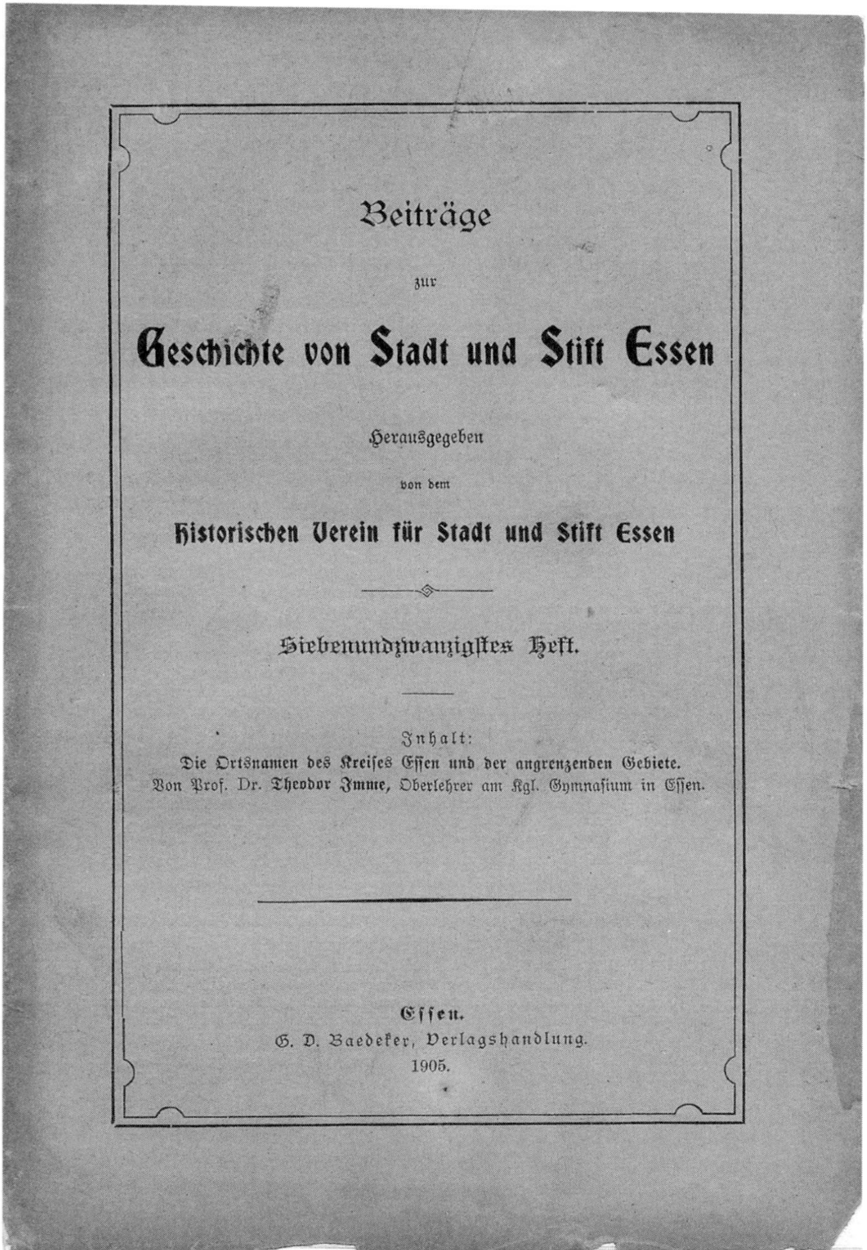

Beiträge

zur

Geschichte von Stadt und Stift Essen

Herausgegeben

von dem

Historischen Verein für Stadt und Stift Essen

———⬦———

Siebenundzwanzigstes Heft.

Inhalt:
Die Ortsnamen des Kreises Essen und der angrenzenden Gebiete.
Von Prof. Dr. Theodor Imme, Oberlehrer am Kgl. Gymnasium in Essen.

———

Essen.
G. D. Baedeker, Verlagshandlung.
1905.

Abb. 10: Umschlag der »Essener Beiträge« aus dem Jahre 1905

51

Während Theodor Imme sein Steckenpferd, die Volkskunde, ritt, wurde die Kunstgeschichte durch Georg Humann abgedeckt.[50]

Gleichwertig neben den Abhandlungen stehen die Quellenpublikationen. (Vielfach sind auch die Aufsätze mit einem Quellenanhang versehen worden.) Konrad Ribbeck erschloß ein Essener Necrologium aus dem 13. und 14. Jahrhundert (EB 20 – 1900), während Rudolf Giese die Urkunde Ottos I. vom 15. Januar 947 edierte (EB 30 – 1909). Den Reichtum des Essener Münsterarchivs legten Heinrich Schaefer und Franz Arens dar (EB 28 – 1906), aus welchem auch der *liber ordinarius* und das Heberegister des Essener Kettenbuches stammen, die Arens präsentierte.[51] Eine Übersicht über das Archiv der Familie von Düngelen hatte Wilhelm Grevel erarbeitet (EB 34 – 1912).

Die einzelnen Bände der Essener Beiträge zeichnen sich insgesamt durch ihr hohes Niveau aus, und viele ihrer Aufsätze sind bis heute Standardwerke zur Essener Stadtgeschichte geblieben.

Die Zeitschrift fand nicht nur in Essen Anerkennung. So lobte der Leiter des Düsseldorfer Staatsarchivs Otto R. Redlich die Bände 30 und 31 im Korrespondenzblatt des Gesamt-Vereins der deutschen Geschichts- und Altertumsvereine[52], und für den Rezensenten des Historischen Jahrbuchs war die Untersuchung von Borchardt »eine nicht unwillkommene Bereicherung der Wirtschaftsgeschichte der deutschen Städte«.[53]

Die Publikationsorgane der Geschichtsvereine waren zumeist Zeitschriften mit einem hohen Niveau, die keinerlei Konzessionen an die allgemeine Leserschaft machten. Sie richteten sich an die wissenschaftlich ausgerichteten Mitglieder und an die Fachwelt. Um aber den Bedürfnissen der geschichtlich interessierten Laien entgegenzukommen, gaben einige historische Vereine – wie z. B. der Bergische Geschichtsverein[54] – populär aufgemachte Zeitschriften heraus, in der kürzere Abhandlungen, teils vermischt mit Gedichten und Erzählungen, zum Abdruck kamen, oder die Vereine kooperierten mit einer Lokalzeitung,

---

50 Die ehemaligen Abteigebäude zu Essen, in: EB 15 (1894), S. 75–85; Gegenstände orientalischen Kunstgewerbes im Kirchenschatz des Münsters zu Essen, in: EB 18 (1898), S. 3–17; Ein Schwert mit byzantinischen Ornamenten im Schatze des Münsters zu Essen, in: EB 20 (1900), S. 3–28.

51 Der Liber ordinarius der Essener Stiftskirche und seine Bedeutung für die Liturgie, Geschichte und Topographie des ehemaligen Stiftes Essen, in: EB 21 (1901), S. 1–156; Das Heberegister des Stiftes Essen, in: EB 34 (1912), S. 3–111.

52 EB 58 (1910), Sp. 196 f.

53 Historisches Jahrbuch 25 (1904), S. 363 f.

54 Marie-Luise Baum, Hundert Jahre Bergischer Geschichtsverein 1863–1963, in: Zeitschrift des Bergischen Geschichtsvereins 80 (1963), S. 1–31, S. 16 u. 25 f.

der ein vom Historischen Verein gestaltetes Extrateil beilag. So erschienen von 1922 bis 1927 in den Werdener Nachrichten als kostenlose Beigabe die Werdener Heimatblätter, für die Franz Körholz, der Vorsitzende des Vereins, verantwortlich zeichnete.[55]

Die Herausgabe eines »Heimatblattes«, mit dem ein größeres Publikum hätte erreicht werden können, ist in Essen weder im Kaiserreich noch in späterer Zeit erwogen worden. Es lassen sich daher auch keine Gründe dafür angeben, warum der Historische Verein diesen Weg der Popularisierung nicht beschritten hat, warum er in seinem Elfenbeinturm der hehren Wissenschaftlichkeit verharrte.

Zur Attraktivität des Vereins trug sicherlich auch bei, daß die Mitglieder zusätzlich zu den Essener Beiträgen weitere Jahresgaben erhielten: 1899 ein Heftchen mit dem Vortrag des Bürgermeisters Carl Meyer über den Stoppenberger Schleierstreit und einen »wohlgelungenen« Abdruck der Nitribitschen Karte des Stiftes Essen aus dem Jahre 1783, den Wilhelm Grevel finanziert hatte,[56] in den Jahren 1900 bis 1903 einen Abdruck der Biestenschen Stadtansicht von 1790, den Katalog der ortsgeschichtlichen Ausstellung und den gedruckten Vortrag des Rektors Heinrich Hertzler »Haus-Inschriften mit besonderer Berücksichtigung der in der Bürgermeisterei Stoppenberg vorhandenen«.[57] In den folgenden Jahren bekamen die Mitglieder als »außerordentliche Vereinsgabe«: Johanna Arntzen, Das Essener Museum. Ein Rundgang durch die ortsgeschichtliche und die Kunstabteilung,[58] das Essener Sagenbuch, herausgegeben von Heinrich Vos und Maria Weinand,[59] Tony Kellen, Friedrich Grillo. Lebensbild eines Großindustriellen aus der Gründerzeit,[60] während die Schrift des Rektors Oscar Grimm »Aus Carnaps vergangenen Tagen« zum Sonderpreis von einer Mark abgegeben wurde.[61]

55 Franz Körholz, Geleitworte zum Erscheinen des 17. Vereinsheftes und Rückblick auf die Tätigkeit des Vereins und das Vereinsleben in dem Zeitraum von 1919–29, in: Beiträge zur Geschichte des Stiftes Werden 17 (1929), S. 65–78, S. 69 f.
56 Jahresbericht 1898/1900, in: EB 20 (1900), S. 185.
57 Jahresbericht 1900/03, in: EB 23 (1903), S. 163.
58 Jahresbericht 1907/09, in: EB 30 (1909), S. 240.
59 Jahresbericht 1911/12, in: EB 34 (1912), S. 318.
60 Jahresbericht 1912/13, in: EB 35 (1913), S. 379 f. – Dies war ein Geschenk der Familie Grillo.
61 Jahresbericht 1909/11, in: EB 33 (1911), S. 195. – Verbilligt erhielten die Mitglieder auch die von Franz Büscher herausgegebene Festschrift zur Feier der Einweihung des neuen Justizgebäudes. Jahresbericht 1912/13, in: EB 35 (1913), S. 380.

Im Kontext der Heimat- und Heimatschutzbewegung begann auch der Essener Historische Verein, sich mit der Volkskunde zu beschäftigen. Zusammen mit der Ortsgruppe Essen des deutschen Sprachvereins wollte man »nicht nur Reste eines absterbenden Lebens vor der Vergessenheit ... bewahren, sondern noch manchen lebenskräftigen Trieb zu neuem Gedeihen ... bringen«.[62]

In einem Aufruf[63] wandten sich die beiden Vereine an die Öffentlichkeit mit der Bitte um Mithilfe. Der Appell dokumentiert die konservativen, antimodernistischen Wurzeln dieser Sammlungsbewegung, denn die Pflege der Volks- und Heimatkunde wurde zur »hochwichtigen Angelegenheit« erklärt »für die Gesundung unsers vielfach von einer gewissen Überkultur angekränkelten und auf Abwege geratenen Geschlechts, insbesondere aber für eine gesunde Entwicklung unserer Jugend«. Weil die Initiatoren der volkskundlichen Sammlung eine so hohe Bedeutung zumaßen, forderten sie zugleich zum sofortigen Handeln auf, da die schnellebige Zeit »schon mit so manchen Überresten unsers alten Volkstums aufgeräumt« habe und »mit jedem Tage mehr davon wegzuschwemmen und zu verschütten« drohe. Dies traf insbesondere für eine so rasant wachsende Stadt wie Essen zu, in der die fortschreitende Industrialisierung und der anhaltende Zustrom von »Fremden« die letzten Reste der heimischen Bauweise und der heimischen Volkskultur zerstörten. Daher galt es jetzt »zu retten, was noch zu retten ist, ehe es zu spät dazu wird«. In den Augen mancher Volkskundler erschien diese Aufgabe sogar dringlicher zu sein als die Erforschung der Stadtgeschichte. Die Quellen ließen sich auch später noch auswerten, während »das bauliche Gesicht der Stadt, Sprache, Brauchtum, Kleidung, Möbel und sonstiger Hausrat des Essener Bürgers ... der Vernichtung fast schonungslos ausgesetzt« seien.[64]

Zum Sammeln und Sichten des Materials hatte sich **Prof. Dr. Theodor Imme** bereit erklärt. Imme war am 3. Mai 1847 in Culm an der Weichsel geboren.[65] Er studierte Sprachwissenschaft in Berlin und Leipzig, wo er 1872 mit einer Arbeit über das Wesen der Fragesätze promoviert wurde. Ein Jahr später begann er in Traben-Trabach seine Tätigkeit als Lehrer, die ihn über Zwischenstationen in Kleve und Mönchen-Gladbach 1884 nach Essen führte. Bis zu seiner Pensionierung unterrichtete Imme, dem 1893 der Professorentitel verliehen wurde, Deutsch, Geschichte und Latein am Burggymnasium. Daß in

62 Jahresbericht 1907/09, in: EB 30 (1909), S. 240.
63 Stadtbibliothek Essen Ya 26.
64 Friedrich Meisenburg, Alte Kesselhaken im Essener Heimatmuseum, in: EB 62 (1947), S. 99–112, S. 101.
65 Zum folgenden Hubert Schmitz, Theodor Imme und sein Wirken, in: EB 55 (1937), S. 153–170; Dickhoff, Köpfe, S. 277.

dessen Jahresberichten zwei Abhandlungen von Imme erschienen sind, unterstreicht sein hohes Ansehen als Sprachwissenschaftler.[66] 1889 hatte er die Essener Ortsgruppe des Allgemeinen Deutschen Sprachvereins gegründet, an deren Spitze er 30 Jahre stand.[67]

Neben seiner Lehrtätigkeit widmete er sich der Erforschung der Ortsnamen von Essen und Umgebung. Über seine Erkenntnisse sprach er am 15. und 22. März 1904, am 4. Dezember 1905 und am 15. Juni 1909 vor den Mitgliedern des Historischen Vereins.[68]

Nach seinem – nicht ganz freiwilligen – Ausscheiden aus dem Schuldienst[69] machte Imme die Essener Volkskunde zu seinem Anliegen. »Mit jugendlichem Eifer

Abb. 11: Theodor Imme

stürzte sich der damals schon 62jährige in die Arbeit«, und schon bald beherrschte er »die wissenschaftliche Literatur des Gegenstandes«.[70]

Imme stellte einen Katalog der zu untersuchenden Themenbereiche auf, der dem Aufruf der beiden Vereine beigefügt wurde. Danach sollten Beispiele aufgezeichnet werden über Volkssprache, Volksdichtung (dazu gehören Volkslieder, Sagen und Märchen, Kinderlieder, Abzählreime, Hausinschriften), Volksweisheit und Volkshumor (Sprichwörter, Volksmedizin, Wetterregeln, Spottnamen, Tierstimmen), alter Volksglaube und Aberglaube (Ernteopfer,

66 1886: Die Bedeutung der Casus. I. Vom Accusativ; 1890: Mustersätze zur Einübung der griechischen Syntax. Siehe Festschrift Burggymnasium, S. 211.

67 Allgemeiner Deutscher Sprachverein, 25 Jahre Vereinsarbeit im Zweigverein Essen 1889–1914, Essen 1914.

68 Veröffentlichung in den EB 27 (1905), S. 3–72 »Die Ortsnamen des Kreises Essen und der angrenzenden Gebiete«.

69 Imme hatte Schwierigkeiten, die Disziplin während des Unterrichts aufrecht zu erhalten. Siehe Reinhold Biese, Meine Verdrängung aus dem Direktorat des Königl. Gymnasiums in Essen (Ruhr), Bunzlau 1913, S. 30 f.

70 Jahresbericht 1919/21, in: EB 39 (1921), S. 45.

Spukgeschichten, Glücks- und Unglückstage, Bedeutung von Träumen, Liebeszauber und -orakel, Bosheitszauber, medizinischer Aberglaube), Volkssitte (Erntebräuche, Handwerksbräuche, Schützenbräuche, Familienereignisse und häusliche Feste, Nachbarschaften und ihre Pflichten, Feste des Kirchenjahres, volkstümliches Recht) und über Erzeugnisse volkstümlicher Arbeit.

Zur Mithilfe aufgefordert waren vor allem die Lehrer und Lehrerinnen, die ihre Aufzeichnungen bei den Kreisschulinspektoren einreichen sollten. Doch Imme, »ein rüstiger Fußwanderer und ein liebevoller Volksfreund«, begann selbst »die Gegend abzustreifen und überall den noch lebenden Zeugen der alten Zeit ihre Kindheitserinnerungen abzulauschen«.[71] So füllten sich seine Zettelkästen, aus denen er bei seinen Vorträgen, die großen Anklang fanden,[72] und bei seinen zahlreichen Veröffentlichungen u. a. in der Essener Volkszeitung und im Essener Anzeiger, in den Nachrichten des Vereins der Kruppschen Beamten, den Heimatblättern und in der Zeitschrift des Vereins für rheinische und westfälische Volkskunde schöpfte.[73] In den Essener Beiträgen erschienen unter dem Titel »Alte Sitten und Bräuche im Essenschen« Aufsätze zur Hochzeit (EB 34 – 1912), zu Geburt und Kindheit (EB 35 – 1913) sowie zu Nachbarschaftswesen und Totenbräuchen (EB 37 – 1918 und 39 – 1921).

Imme war der Auffassung, daß sich »manches Fremdartige und Ungesunde« in die Kultur gemischt habe. Daher forderte er, »wieder zu gesunder Natur zurückzukehren«. So wie er die Moderne verurteilte, so verklärte er die vorindustrielle Zeit. »Die eigentlichen Quellen unserer Kraft liegen aber in unserer Heimat und allem dem, was auf unserem eigenen Boden gewachsen ist. Daher dürfen wir die Fäden, die uns mit unserer Vergangenheit verbinden, nicht abreißen; wenn wir durch die Beschäftigung mit dem alten Volkstum unser Heimatgefühl stärken, ist das für unsere gesamte geistige Entwickelung von unberechenbarem Werte.«[74]

Wegen dieser unterstellten Bedeutung sammelte Imme nicht nur, sondern er war auch bemüht, altes Volkstum wieder aufleben zu lassen. Zu diesem Zwecke gründete er 1912 die »Spinnstube«, eine Vereinigung zur Pflege des

---

71 Jahresbericht 1919/21, in: EB 39 (1921), S. 45.
72 Essener Volks-Zeitung v. 16.1.1911: »… daß der Saal kaum groß genug war, die Erschienenen, unter denen die Damenwelt sehr zahlreich vertreten war, aufzunehmen.«
73 Siehe die Literaturliste bei Schmitz, Imme, S. 159–170.
74 Imme, Bilder aus dem alten Essen, in: Nachrichten des Vereins der Kruppschen Beamten 1 (1914), S. 10.

zweistimmigen Volksliedes.[75] Doch blieben seine Bemühungen ohne nachhaltige Wirkung.[76]

Als Imme am 3. Februar 1921 verstarb, verlor der Historische Verein einen fleißigen Mitarbeiter, dem Schmitz »gründliche Gelehrsamkeit« bescheinigte.[77] Während die Vaterstädtischen Blätter lobten, daß es Imme verstanden habe, den Schülern »hohes, stolzes, völkisches Stammesbewußtsein einzuimpfen«,[78] würdigten die Heimatblätter seine Sammlungstätigkeit: »Ihm ist es zu verdanken, wenn wir uns heute noch eine Vorstellung von dem früheren Volksleben in unserer Heimat machen können, dessen kümmerliche Reste er mit seltenem Spürsinn aufzudecken und zu einem farbenprächtigen Bilde zusammenzustellen wußte. Diese Arbeiten haben ihm einen geachteten Namen in der Volkstumsforschung verschafft.«[79]

Mit dem Tode Immes ging das Interesse des Historischen Vereins an der Volkskunde nicht völlig, aber doch merklich zurück. In den Essener Beiträgen erschienen seit den 1920er Jahren regelmäßig volkskundliche Aufsätze aus der Feder von Johannes Fritzen (19. Juni 1867 – 8. Dezember 1958).[80] Der Ingenieur in der Kruppschen Konstruktionsabteilung, der die alten Sprüche, die volkstümlichen Redensarten und Bräuche in seiner Freizeit aufzeichnete, verstand sich als Heimatfreund und Heimatschriftsteller, nicht als Wissenschaftler. Seine Arbeiten[81] waren aber im Gegensatz zu den Veröffentlichungen von Imme weitgehend frei von antimodernen Ressentiments.

Erst in den 1940er Jahren finden wir zwei gewichtigere Arbeiten von Friedrich Meisenburg über »Alte Waffeleisen im Essener Heimatmuseum« (EB 61 – 1941) und »Alte Kesselhaken im Essener Heimatmuseum« (EB 62 – 1947),

---

75 Zur Spinnstube siehe Theodor Imme, Von der Essener Spinnstube, in: Gladbecker Blätter 6 (1917), S. 22 ff. Hier ist zu lesen: »Aber mit den Liedern erschöpfen sich unsere Bestrebungen nicht. Wie von jeher Lied und Tanz eng mit einander verbunden waren, so pflegen wir auch den letztern, aber nicht jene undeutschen Schiebe- und Wackeltänze, unter denen vor dem Kriege der Tango sich einer besonderen Beliebtheit erfreute.« (S. 22) Eine chauvinistische Grundeinstellung ist stets gegenwärtig. So heißt es an anderer Stelle: »Dabei soll alles undeutsche Wesen fortfallen.« (S. 23)
76 Meisenburg, Kesselhaken, S. 102.
77 Schmitz, Imme, S. 155.
78 Vaterstädtische Blätter 17 (1921) Nr. 2, S. 4.
79 Heimatblätter 2 (1920/21), S. 317.
80 Zu Fritzen siehe den Nachruf von Carl Jansen in: Die Heimatstadt Essen 1959/60, S. 168; Ruhr-Nachrichten v. 19.6.1957; WAZ v. 10.12.1958; Ruhr-Nachrichten v. 11.12.1958.
81 Eine Gebehochzeit vor 100 Jahren, in: EB 45 (1927), S. 301–317; Alte Fastnachtsbräuche in der Essener Gegend, in: EB 46 (1928), S. 409–417; Essener Volks- und Kinderreime, in: 49 (1931), S. 343–377; Altweiberfastnacht in Werden, in: EB 52 (1934), S. 215–220; Zwischen Land und Stadt. Aus dem Leben in der rheinischen Gemeinde Altendorf um 1865–75, in: EB 53 (1935), S. 99–178; Einiges aus dem alten Essen, in: EB 55 (1937), S. 113–151.

die einen Abgesang auf die Essener Volkskunde darstellen. Meisenburg beklagte, daß im Gegensatz zum »volkskundlichen Geistesgut« die Lage beim »volkskundlichen Sachgut« wenig erfreulich sei.[82] Viel zu viel sei bereits verlorengegangen, so daß »die Wiederherstellung des Gesamtbildes aus den spärlichen Resten oft recht schwierig, wenn nicht gar unmöglich ist«. Trotz der düsteren Bilanz plädierte Meisenburg für »die Weiterführung der Arbeit auf diesem Gebiete«, »selbst auf die Gefahr hin, daß man hier und da über bruchstückartige Ergebnisse nicht hinaus kommt. Jedenfalls läßt sich bei ernsthafter Arbeit noch manches Licht auf das einstweilen noch ziemlich dunkle Gebiet der heimischen Volkskunde werfen.«[83]

Der Historische Verein, der den Anstoß zur Beschäftigung mit der Volkskunde gegeben hatte, ließ sich von Meisenburg nicht überzeugen. Volkskundliche Themen wurden in den Essener Beiträgen nicht mehr behandelt, und die Sammlungstätigkeit überließ der Verein dem Ruhrland- und dem Heimatmuseum.

Wie alle seine Vorgänger lebte auch Ribbeck mit der Erwartung, bald das ersehnte Urkundenbuch und die Stadtgeschichte vorlegen zu müssen. Ribbeck war sich dessen bewußt, als er sein Amt antrat, und er machte sich sogleich an die Arbeit. Er durfte dabei auf die großzügige Unterstützung der Stadt Essen und des Provinzial-Schulkollegiums bauen, die ihm Ende der 1890er Jahre einen einjährigen Urlaub »zur Ausarbeitung von Regesten zur Essener Geschichte« bewilligten.[84] Die Stadt übernahm nicht allein die Kosten für den Vertretungslehrer, sondern sie bezahlte zudem die notwendigen Reisen. Im Verlauf seiner Recherche kam Ribbeck »die Massenhaftigkeit des vorhandenen Materials zu Bewußtsein«. Resignierend stellte er fest: »Hätte ich dasselbe seinem ganzen Umfange nach übersehen können, so hätte ich mir gesagt, daß es vollkommen ausgeschlossen war, es in Jahresfrist zu bewältigen und hätte die Arbeit schwerlich übernommen.«[85] Die Stadt zeigte sich in der Folgezeit weiterhin entgegenkommend und gewährte ihrem Lehrer/Archivar wiederholt einen kurzen Urlaub, dennoch vermochte Ribbeck 1905 nicht die Fertigstellung der Stadtgeschichte, sondern lediglich »einen wesentlichen Fortschritt« zu vermelden.[86]

82 Meisenburg, Kesselhaken, S. 103.
83 Ebd., S. 104.
84 Jahresbericht 1898/1900, in: EB 20 (1900), S. 186; StA Essen 102 I 929a, Beschluß der Stadtverordnetensitzung vom 7.1.1898.
85 StA Essen 102 I 929a, Ribbeck an OB Zweigert, 9.5.1900.
86 Ribbeck, 25 Jahre, S. 188.

Letztendlich war die Vollendung zumindest eines Teils des Werkes »der Heimatliebe und der Freigiebigkeit«[87] von Albert von Waldthausen zu verdanken. »Von dem Wunsch erfüllt, seiner Vaterstadt eine auf wissenschaftlicher Grundlage ruhende, jedoch allgemein verständliche Darstellung ihrer Geschichte zu schenken«,[88] hatte er 30.000 Mark gestiftet, so daß sich Ribbeck zunächst teilweise, dann ganz von seinen Unterrichtsverpflichtungen befreien lassen konnte.

Im Januar 1914 legte Ribbeck Rechenschaft ab und offenbarte, er habe zwar den ersten Teil der Stadtgeschichte fertiggestellt, doch könne er unmöglich den zweiten Teil in absehbarer Zeit liefern.[89] Versetzte allein dieses Bekenntnis die Stadtspitze in helle Aufregung, so vergrößerte sich das Entsetzen durch die Ankündigung Ribbecks, fortan in den Schuldienst zurückzukehren und mit aller Kraft sein Lehramt versehen zu wollen. Aus diesem Grunde stelle er seine nebenamtlichen Tätigkeiten im Stadtarchiv und im Museum ein und lege den Vorsitz des Historischen Vereins nieder. Ribbeck bat abschließend den Oberbürgermeister, auf von Waldthausen einzuwirken, auf daß dieser sich mit einer Teilveröffentlichung einverstanden erkläre. Die Gespräche, die der Beigeordnete Adolf Rath führte, brachten zunächst keine Einigung.[90] Von Waldthausen beharrte auf dem Vertrag, der ein ungeteiltes Erscheinen festschrieb, während Ribbeck wiederholte, sich der Fertigstellung nur mehr nebenher widmen zu wollen. Eine weitere Freistellung vom Schuldienst lehnte er kategorisch ab. Auch das Angebot, zu seiner Entlastung für das Archiv eine wissenschaftliche Hilfskraft einzustellen – gedacht wurde an den jungen Lehrer Dr. Karl Mews –, konnte ihn nicht umstimmen.

Letztendlich war es Albert von Waldthausen, der – sicherlich im Hinblick auf sein Alter – einlenkte und sich mit der Publikation des ersten Teils gezwungenermaßen zufrieden gab. Am 24. Mai 1914, an seinem 80. Geburtstag, überreichte ihm Ribbeck das Manuskript.[91]

Die Drucklegung verzögerte sich durch den Ausbruch des Ersten Weltkrieges. Erst ein Jahr später erschien das umfangreiche Werk bei G. D. Baedeker. Endlich hatte Essen seine Stadtgeschichte, nach der »viele seit langem Ausschau gehalten hatten«.[92] Ihr »Erscheinen erlöste uns Essener aus der peinlichen Verlegenheit, auf die einschlägige Frage Auswärtiger gestehen zu

87 Ribbeck, Geschichte, Vorwort, S. III.
88 Ebd.
89 StA Essen 102 I 946b, Ribbeck an OB, 27.1.1914.
90 Siehe StA Essen 102 I 946b.
91 Jahresbericht 1923/24, in: EB 42 (1924), S. 70.
92 Essener Volks-Zeitung v. 19.1.1915.

Geschichte der Stadt Essen

Von

Konrad Ribbeck

Herausgegeben
von der Stadt Essen auf Grund einer Stiftung
des Herrn Albert von Waldthausen

Erster Teil

Mit einer Wappentafel, einer Ansicht der Stadt Essen
und einem Plane der Stadt

Essen
G. D. Baedeker, Verlagshandlung
1915

Abb. 12: Innentitel der »Geschichte der Stadt Essen« von Konrad Ribbeck aus dem Jahre 1915

müssen, eine vollwertige Geschichte unseres in der ganzen Welt berühmten Wohnortes müsse erst noch geschrieben werden«, wußte der Essener Anzeiger aus der Rückschau zu berichten.[93]

Nicht nur weil Ribbeck die Essener aus dieser Notlage befreit hatte, wurde seine Arbeit von der historisch interessierten Öffentlichkeit enthusiastisch begrüßt. Das Werk, das die Zeit von der Gründung des Stiftes bis zum 15. Jahrhundert behandelt, sei »eine Leistung von dauerndem Werte für Essen wie auch für die Geschichtsforschung der ganzen Gegend«, urteilte Friedrich Wilhelm Lohmann in der Essener Volks-Zeitung. Er lobte sowohl die »wissenschaftliche Exaktheit« als auch den Stil, den er als »klar und edel« empfand. »Die beiden Klippen des allzu Trockenen und des hier meist wenig angebrachten Schwungvollen« seien vermieden worden.[94] Ferdinand Schmidt, für den das Lesen des Buches »ein reiner Genuß« war, teilte die allgemeine Einschätzung: »Uneingeschränktes Lob verdient Ribbecks Darstellung an sich, die bei aller wissenschaftlichen Gediegenheit doch stets leicht verständlich bleibt und sich durch Feinheit der Sprache und wohldurchdachte Gliederung des Stoffes auszeichnet.«[95] Auch nach 15 Jahren hatte das Buch seine Faszination nicht verloren. Im Essener Anzeiger war zu lesen: »In seltenem Übereinklang vereinigten sich in Ribbeck die Eigenschaften des tiefgründigen Forschers mit denen des gewandten Darstellers. In ruhiger Sachlichkeit, leidenschaftslos, aber von warmer Herzlichkeit durchpulst, fließt seine Erzählung dahin. Vielen Tausenden hat der erste Band seiner Schilderung der Entwicklung Essens innige Freude und wohltätige Erhebung über die Sorgen des Alltags hinaus bereitet.«[96]

Diese Einschätzung entsprang nicht überzogenem Lokalpatriotismus. Auch außerhalb Essens fand das Werk Anerkennung. Für den Kölner Stadtarchivar Hermann Keussen war es »vorbildlich für andere Stadtgeschichten, einmal durch die ausgezeichnete wissenschaftliche Grundlage, dann auch durch die Fähigkeit des Verfassers, seine Ergebnisse dem Verständnis weiter gebildeter Kreise nahezubringen«. Die Würdigung in der Historischen Zeitschrift war nicht mehr zu übertreffen: »Die Darstellung als solche verdient das höchste Lob. Ribbecks Geschichte von Essen gehört zu den besten Ortsgeschichten, die wir aus dem Rheinlande besitzen.«[97]

---

93 Essener Anzeiger v. 29.12.1929.
94 Essener Volks-Zeitung v. 19.1.1915 ff.
95 Heimatblätter 2 (1920/21), S. 176.
96 Essener Anzeiger v. 29.12.1929.
97 Historische Zeitschrift 115 (1915), S. 413–415, S. 414.

Trotz der allgemeinen Wertschätzung[98] wurde in einem Punkt Kritik laut. Ribbeck hatte mit Absicht vermieden, »das Buch durch wissenschaftliche Nachweise zu beschweren«.[99] Ein Vorgehen, das die Rezensenten nicht teilten: »Man sollte endlich aufhören, – so Karl Otto Müller – bei so umfangreichen Ortsgeschichten mit dieser typisch gewordenen Entschuldigung den nachfolgenden Forschern die Arbeit unnötig zu erschweren, ja zum Teil von neuem aufzubürden. Es steht ja jedem frei, die Anmerkungen und Quellenangaben am Schlusse kapitelweise unterzubringen, wenn er die – fast immer ungerechtfertigte – Furcht hat, die Leser durch Anmerkungen auf den Textseiten zu langweilen.«[100]

Auch monierten die Rezensenten das Fehlen eines Registers, das Ribbeck für den Folgeband angekündigt hatte.

Nachdem der erste Band endlich – 35 Jahre nach Gründung des Vereins, 22 Jahre nach Übernahme des Vereinsvorsitzes durch Ribbeck – vorlag, hoffte die interessierte Leserschaft, daß der zweite Band nicht so lange auf sich warten ließ.

Die Korrespondenz und die Verhandlungen im Jahre 1914 waren ein deutliches Indiz, daß das Engagement Ribbecks nachgelassen hatte. Die Arbeit hatte ihn offensichtlich erschöpft. Seine Schaffenskraft war versiegt. In den 1920er Jahren erschien in den Essener Beiträgen lediglich noch ein kleiner Aufsatz. Wenn Ribbeck in seinem Nachruf auf Albert von Waldthausen den Krieg und seine Folgen dafür verantwortlich machte, daß die Vollendung des Werkes noch nicht erfolgt sei, und ankündigte, mit der Wiederkehr besserer Zeiten werde er die Stadtgeschichte bald zum Abschluß bringen,[101] so waren dies nur Lippenbekenntnisse. Ebenso verschleierte der Appell des Vereins an die Stadtverwaltung, sie möge doch der baldigen Vollendung dieses Werkes, »nach der nicht nur Alteingesessene, sondern viele, denen Essen zur neuen Heimat, zur Berufsheimat wurde, sehnlich ausschauen«, ihre besondere Aufmerksamkeit widmen,[102] die wahren Hintergründe. Im internen Schriftwechsel bekannte Ribbeck 1926, daß er nicht an der Fortsetzung arbeite. Zwar vertröstete er den Oberbürgermeister auf die Zeit nach seiner Pensionierung,[103] doch für alle

---

98 Weitere Besprechungen in VSWG 15 (1915), S. 622–624 (Karl Otto Müller); Vergangenheit und Gegenwart 5 (1915), S. 305–307 (Georg von Below).
99 Ribbeck, Geschichte, Vorwort, S. III.
100 VSWG 15 (1915), S. 622–624, S. 622 f.
101 Jahresbericht 1923/24, in: EB 42 (1924), S. 70.
102 StA Essen 45–154, Presseankündigung, o.D. [März 1926].
103 StA Essen 102 I 946b, Ribbeck an OB, 10.8.1926.

Beteiligten war es zu diesem Zeitpunkt offensichtlich, daß der zweite Teil nicht mehr geschrieben werden würde.

Die Essener Stadtgeschichte blieb bedauerlicherweise ein Torso. Weil das Werk keine Fortsetzung erfuhr, fehlen uns die wichtigen Quellennachweise und das versprochene Register. Ohne die Belegstellen ist das Werk trotz seiner unbestreitbaren Qualitäten wissenschaftlich leider nur eingeschränkt nutzbar. Für lange Zeit war es aber das Standardwerk, »aus dem jeder Essener sich Belehrung über die Geschichte seiner Vaterstadt ohne anstrengendes Studium holen kann, das das Zusammengehörigkeitsgefühl und die Heimatliebe der Bürgerschaft stärken, den Zugewanderten über die Vergangenheit seiner zweiten Heimat unterrichten, in ihm Heimatgefühl wecken soll«.[104] Ob es aber ein »Volksbuch«[105] war, kann mit Recht angezweifelt werden. Heinrich Dicke und Wilhelm Lenz haben 1930 ihr kleines Büchlein »Essen in Geschichte und Sage« gerade mit der Begründung herausgegeben, daß die Schriften von Ribbeck »der breiten Masse leider zu wenig zugänglich« seien. »Teils werden sie wegen der wissenschaftlichen Darstellung nicht gern gelesen, teils ist ihr Anschaffungspreis zu hoch.«[106]

Die Bibliothek des Historischen Vereins, die durch Schenkungen, Ankäufe und besonders durch den Schriftentausch ständig anwuchs, hatte bald eine Größe erreicht, die eine ehrenamtliche Betreuung nicht mehr zuließ. Eine Lösung des Problems deutete sich an, als die Stadt Essen 1902 endlich eine städtische Bücherei einrichtete, die 1904 repräsentative Räume in der Chausseestraße bezog.[107]

Im gleichen Jahr beschloß die Stadtverordnetenversammlung, der Bücherei eine wissenschaftliche Abteilung anzugliedern, um einem »seit langem in Essen gefühlten Bedürfnis« entgegenzukommen.[108] Zu den ersten Zuwächsen gehörte die etwa 1600 Bände umfassende Bibliothek des Historischen Vereins, die am 26. Juli 1906 vertraglich der Stadt überlassen wurde.[109] Der Verein verpflichtete sich zudem, auf die Dauer von zehn Jahren einen jährlichen Zuschuß von 300 Mark zu leisten, den die Stadt ausschließlich zur Vermehrung und

104 Schmidt, in: Heimatblätter 2 (1920/21), S. 175.
105 Ebd.
106 Heinrich Dicke/Wilhelm Lenz, Essen in Geschichte und Sage, Essen 1930, Zum Geleit!
107 Zur Geschichte der Stadtbibliothek siehe Reinhard Brenner/Klaus Wisotzky (Hrsg.), Der Schlüssel zur Welt. 100 Jahre Stadtbibliothek Essen, Essen 2002.
108 Siehe Andreas Koerner, Die Geschichte der Stadtbibliothek Essen von der Gründung bis zum Ersten Weltkrieg, in: Brenner/Wisotzky, Der Schlüssel zur Welt, S. 10–35, S. 27.
109 StA Essen 1049–1, Vertrag zwischen dem Historischen Verein und der Stadtbibliothek, 26.7.1906.

Abb. 13: Das Ex Libris von Wilhelm Grevel

Unterhaltung des Bestandes verwenden sollte. Schlug der Historische Verein »Druckschriften, welche ihm wünschenswert erschienen«, zur Anschaffung vor, so sollte die Stadtbibliothek diesen Anregungen »soweit immer möglich« nachkommen. Der Vertrag regelte ferner, daß die Stadt alle im Wege des Tauschverkehrs eingehenden Bücher erhielt. Die Benutzung des Bestandes für die Mitglieder des Vereins erfolgte dann mittels eines Zettelkatalogs, der im Lesezimmer der Bücherei stand.

Die Tradition des Schriftentausches, an dem sich 1963 bereits 100 Tauschpartner – 85 deutsche und 15 ausländische – beteiligten,[110] endete im Jahre 2000. Aus Kostengründen sah sich die Stadtbibliothek schweren Herzens gezwungen, den Austausch radikal einzuschränken. Zwar werden die Essener Beiträge weiterhin an alle interessierten Geschichtsvereine versandt, aber der Gegenbezug wurde drastisch reduziert, da die Nachfrage der Bibliotheksbenutzer nach diesen Zeitschriften gleich Null war. Magaziniert, inventarisiert und ausgewertet werden 18 Publikationen, die einen spezifischen Bezug zu Essen haben.

Noch umfangreicher als die Bibliothek des Historischen Vereins war die Büchersammlung seines Ehrenmitglieds Wilhelm Grevel, die fast 5.000 Bände umfaßte.[111] Sie enthielt nicht nur Schriften zur rheinisch-westfälischen Geschichte, sondern auch ältere und seltene Werke zur deutschen und europäischen Geschichte, zu Medizin, Naturwissenschaften, Bergbau, Technik und Industrie. Erwähnt seien etwa das Städtebuch von Braun/Hogenberg (1480 bis 1490), die Weltchronik von Schedel (1500) und die Topographien von Merian (1648).

Die wertvolle Sammlung, die Grevel seiner Heimatstadt testamentarisch hinterlassen hatte, überstand den Zweiten Weltkrieg mit nur geringen Verlusten, da sie rechtzeitig in die Kasematten der Festung Ehrenbreitstein bei Koblenz und dann in ein Salzbergwerk bei Salzdetfurth ausgelagert worden war. Um so schmerzlicher waren die Verluste infolge eines Wassereinbruchs am 13. September 1950.[112] Den dezimierten Bestand ließ der Bibliotheksleiter Eugen Sulz auflösen und auf die einzelnen systematischen Gruppen verteilen.

---

110 Wilhelm Sellmann, Der Tauschverkehr des Historischen Vereins für Stadt und Stift Essen, in: EB 79 (1963), S. 51–71 mit einer Liste aller Tauschpartner.
111 Zum folgenden Wilhelm Sellmann, Das Schicksal der Grevel-Sammlung, in: Heimatstadt Essen – Jahrbuch 1990, S. 53–57.
112 Wegen der Zerstörung des Bibliotheksgebäudes war die Bücherei in die Abtei Werden ausgelagert worden, wo auch die Folkwangschule ihr Domizil besaß. Da Reparaturen an der Hauptwasserleitung durchzuführen waren, war die Zuleitung abgesperrt worden. Als die Tanzschülerinnen duschen wollten, kam kein Wasser. Ohne die Wasserhähne wieder zuzudrehen, gingen sie nach Hause. Nach Ende der Reparaturarbeiten und der

Die bedeutende Sammlung eines Essener Geschichtsfreundes und Mäzens existierte nicht mehr.

Die Sammlung des Historischen Vereins hatte, wie berichtet, nur einen bescheidenen Umfang. Zwar war der Verein bestrebt, weitere Objekte zu erwerben, doch ein großer Erfolg konnte nicht erzielt werden. In den Jahren 1894 bis 1896 erhielt der Verein gerade einmal ein Aquarell des abgebrochenen »Dunkhauses«, einige alte Dachziegel des Hauses Steeler Straße 15, eine Essener Schützendenkmünze aus dem Jahre 1831, ein Porträt einer Äbtissin sowie einige Photographien.[113]

Besonders an den alten Photos war der Verein sehr interessiert. »Wir würden gern alles, was sich von Abbildungen aus dem alten Essen auftreiben läßt, zu einem historischen Album vereinigen, um die Erinnerung an das altertümliche und zum Teil idyllische Stadtbild, welches das immer mehr zur modernen Großstadt heranwachsende Essen bis vor 30 Jahren noch darbot, nicht ganz absterben zu lassen. An unsere Mitglieder richten wir bei dieser Gelegenheit die erneute Bitte, uns beim Sammeln älterer Ansichten und bei der Aufnahme der noch erhaltenen charakteristischen Teile des Stadtbildes unterstützen zu wollen.«[114] Angesichts der schlechten Erfahrungen wollte sich der Vorstand nicht auf die Großzügigkeit der Mitbürger verlassen. Er beauftragte vielmehr »zwei geschickte Dilettanten«, den Taubstummenlehrer Wedig und den Sekundaner Ernst Flügge, »eine größere Anzahl recht wohl gelungener Aufnahmen von älteren Gebäuden oder charakteristischen Straßen der Stadt« herzustellen.[115]

Wenngleich der Vereinssammlung keine große Bedeutung zukam, so träumten die Vorstandsmitglieder dennoch von einer publikumswirksamen Ausstellung Essener Altertümer,[116] doch sie scheuten aus Kostengründen vor der Realisierung zurück.[117] Es bedurfte daher eines Anstoßes von außen. Dieser erfolgte 1901 durch den Kruppschen Bildungsverein.[118]

Öffnung der Wasserleitung strömte die ganze Nacht das Wasser aus den Brausen – leider in das darunter liegende Magazin, in dem die Grevelsche Sammlung gelagert war.

113 Jahresbericht 1894/96, in: EB 17 (1896), S. 152–157.
114 Ebd., S. 158.
115 Jahresbericht 1896/98, in: EB 18 (1898), S. 158.
116 Jahresbericht 1885/86, in: EB 11 (1887), S. 121 f.
117 Jahresbericht 1900/1903, in: EB 23 (1903), S. 163.
118 Zum Kruppschen Bildungsverein siehe Hans von Glümer, Der Kruppsche Bildungsverein 1899–1929, Essen 1929; Else Beitz, »Das wird gewaltig ziehen und Früchte tragen!« Industriepädagogik in den Großbetrieben des 19. Jahrhunderts bis zum Ersten Weltkrieg dargestellt am Beispiel der Firma Fried. Krupp, Essen 1994, S. 160–206.

Wie viele andere auch hatte dieser Verein das Fehlen öffentlicher Sammlungen beklagt. Er vermißte »das Bildungsmittel der Anschauung« und organisierte daher in Eigeninitiative mehrere Ausstellungen.[119] Für die erste, eine Gemäldeausstellung, hatte er sich Bilder von Privatleuten erbeten. Bei der zweiten, einer ortsgeschichtlichen Schau, wandte er sich an den Historischen Verein, der einer Kooperation begeistert zustimmte. Die beiden Vereine fanden die Unterstützung der Stadtverwaltung, der Firma Krupp, der Kirchengemeinden sowie vieler privater Sammler, die zu Leihgaben bereit waren.

496 Objekte, Bildnisse, Photographien, Karten, Siegel, Wappen, Urkunden, Amtsbücher, Akten, Zeitungen, Bücher, Münzen, Möbel und Hausgerät, Waffen, Gewehre und Pistolen, Schützenutensilien, städtische Altertümer etc. hatten die Ausstellungsmacher zusammengetragen. Einige der Objekte werden noch heute stolz vom Ruhrlandmuseum präsentiert. So die Königskette der Essener Schützengilde,[120] ein Stück der alten Kaupenleitung, das bei Kanalarbeiten in der Kettwiger Straße gefunden wurde, und die Ratsglocke von 1483, die beim Abbruch des alten Rathauses an einen hiesigen Schlossermeister verkauft wurde, der sie dann nach Erfurt verschenkte. Den Bemühungen des Historischen Vereins war es dann zu verdanken, daß die wertvolle Glocke wieder nach Essen zurückgeholt werden konnte.[121] Andere Objekte zählen heute zu den Schätzen des Stadtarchivs: die Kaiserurkunde Friedrichs III. vom 5. Juli 1486, die Protokollbücher der Gilden und die Notiz über den Besuch Kaiser Wilhelms II. in der Stadtverordnetensitzung vom 28. Oktober 1896, die der Kaiser unterzeichnet hatte. Weitere wertvolle Stücke wie die Taschenuhren von Friedrich und Alfred Krupp oder die goldene Schnupftabaksdose, die die Fürstäbtissin Maria Kunigunde dem Canonicus M. Leimgardt geschenkt hatte, ließen sich aufführen. Alle sind sie aufgelistet in dem Ausstellungskatalog, der von einer heute sehr befremdlich klingenden Ausführung über den Nutzen der Traditionspflege eingeleitet wird: »Man unterscheidet in der Ethnographie zwischen Kultur- und Naturvölkern. Eine Erklärung des Begriffes ›Naturvölker‹ nennt sie geschichtslose Völker. Nun hat aber jedes Volk eine Geschichte, der Unterschied beruht darin, daß die Kulturvölker die Geschichte ihrer Vergangenheit bewahren, die Naturvölker sie vergessen. Wir sehen, daß die Kul-

119 v. Glümer, Bildungsverein, S. 7.
120 Jan Gerchow, Königskette der Essener Schützengilde, in: Mathilde Jamin/Frank Kerner (Hrsg.), Die Gegenwart der Dinge. 100 Jahre Ruhrlandmuseum, Essen – Bottrop 2004, S. 140 f.
121 Franz Arens, Die Siegel und das Wappen der Stadt Essen, in: EB 22 (1902), S. 8 f. Anm. 2; zur Glocke siehe Jan Gerchow, Essener Ratsglocke, in: Jamin/Kerner, Gegenwart der Dinge, S. 50 f.

turvölker sich entwickeln zu Herren über die andern und zu ihren Lehrern. Das ist die Frucht der Pflege der Tradition.«[122]

Die Ausstellung, die in der Zeit vom 22. September bis zum 15. Oktober 1901 im Untergeschoß der alten Kreditanstalt an der Ecke Kettwiger Straße/ Akazienallee präsentiert wurde, bot einen Überblick über die Geschichte des Stifts (Saal 1), der Stadt (Saal 2 und 3), der Kirchengemeinden (Saal 3) und des Gymnasiums (Saal 3), setzte daneben aber besondere Akzente: Geschichte des Buchdrucks und des Zeitungswesens; Krupp; Wildpferde im Emscherbruch; Waffen, Gewehre und Pistolen; Schützenwesen. Diese bunte Mischung stieß auf große Resonanz bei der Essener Bevölkerung. Mehr als 10.000 Personen besuchten die Ausstellung, und auch die an jedem Sonntag in der Aula des Burggymnasiums angebotenen Vorträge[123] erfreuten sich »einer lebhaften Beteiligung«.[124]

Bereits im Juni 1901 hatte sich ein Essener Museumsverein gegründet, der sich durch den nicht erwarteten Erfolg in seiner Tätigkeit ermuntert fühlte. Obwohl er sich ebenfalls »die Pflege der geschichtlichen Erinnerungen zur Aufgabe« stellte,[125] ergab sich keine Konkurrenz zum Historischen Verein, da beide Vereine ein gemeinsames Ziel verfolgten: die Einrichtung einer ortsgeschichtlichen Dauerausstellung. Zu diesem Zweck wurden die Objekte, die der Historische Verein und die Stadt besaßen, zusammengeführt und mit anderen, gekauften und geschenkten Stücken im Haus I. Hagen 34 gezeigt.[126] Das Provisorium war schnell überwunden. Die Ausstellung fand 1904 eine neue Bleibe in den Räumen der alten Post am Burgplatz, Ecke Kettwiger Straße. Sie wurde Teil des städtischen Museums, das auch eine Kunst- und eine Abteilung für Natur- und Völkerkunde besaß und aus dem sich das Museum Folkwang und das Ruhrlandmuseum entwickelten. Geleitet wurde die ortsgeschichtliche Abteilung von Konrad Ribbeck, der seinen vielen Aufgaben eine weitere hinzufügte.[127]

---

122 Katalog der ortsgeschichtlichen Ausstellung, Essen 1901, S. 3.
123 22. September: Oberlehrer Prill über das Stift Essen und die Münsterkirche; 29. September: Oberlehrer Ribbeck über die Entwicklung der Stadt bis zur Reformation; 6. Oktober: Oberlehrer Borchardt über die Geschichte der Stadt in den letzten drei Jahrhunderten; 13. Oktober: Oberlehrer Blencke über die Entwicklung der Kruppschen Fabrik. Jahresbericht 1900/03, in: EB 23 (1903), S. 163 f.
124 Jahresbericht 1900/1903, in: EB 23 (1903), S. 163 f.
125 Ebd., S. 164.
126 Ebd.
127 Zur Geschichte des Museums siehe Hermann Schröter, Die Essener Museen und ihre Geschichte, in: MaH 24 (1971), S. 1–86; Mathilde Jamin/Frank Kerner (Hrsg.), Die Gegenwart der Dinge. 100 Jahre Ruhrlandmuseum, Essen – Bottrop 2004.

Der Historische Verein hat zusammen mit dem Kruppschen Bildungsverein federführend an der Ausstellung gearbeitet und damit den entscheidenden Impuls zur Gründung des Museums gegeben, eine Tat mit großen Folgen, auf die er zu Recht stolz sein darf.

Zu den neuen Akzenten, die Ribbeck setzte, gehörte die Erinnerung an den Industriepionier Franz Dinnendahl (20. August 1775 – 15. August 1826)[128], dessen Dampfmaschinen zum Aufstieg des Ruhrbergbaus beigetragen haben. Den Anstoß zu dieser Aktion gab der Ingenieur Conrad Matschoß[129], der 1903 darauf hinwies, daß Dinnendahl vor 100 Jahren als erster westdeutscher Techniker den selbständigen Bau einer Dampfmaschine vollendet habe. Der Historische Verein griff die Idee, den »Bahnbrecher der deutschen Industrie« zu ehren, gerne auf. In seinem Auftrag schuf der Bildhauer Siegfried Schellbach eine Bronzetafel mit dem Bildnis Dinnendahls. Das »Gedenkzeichen« wurde

Abb. 14: Dinnendahl-Gedenkplatte

128 Zu Dinnendahl siehe Hedwig Behrens, Mechanikus Franz Dinnendahl (1775–1826), Erbauer der ersten Dampfmaschinen an der Ruhr. Leben und Wirken aus zeitgenössischen Quellen, Köln 1970. – Karl Mews hat den Artikel für die Neue Deutsche Biographie (Bd. 3, S. 732) verfaßt.

129 Matschoß, seit 1898 Lehrer an der Maschinenbauschule in Köln, hatte 1901 eine »Geschichte der Dampfmaschine« veröffentlicht. Matschoß, der als Schöpfer der modernen Technikgeschichte anerkannt wird, wurde später Herausgeber der »Beiträge zur Geschichte der Technik und Industrie« und Direktor des Vereins deutscher Ingenieure (VDI). Von seinen zahlreichen Publikationen ist besonders das zweibändige Werk »Die Entwicklung der Dampfmaschine« (1908) zu erwähnen. Zu Matschoß siehe Wilhelm Treue, Conrad Matschoß 100 Jahre, in: Technikgeschichte 38 (1971), S. 87–92.

am Hause III. Hagen 27, in dem Dinnendahl von 1807 bis 1827 gewohnt hatte, angebracht und am 27. Oktober 1904 in Anwesenheit von Oberbürgermeister Erich Zweigert feierlich enthüllt.[130]

Der Erfolg des Historischen Vereins unter dem Vorsitz von Konrad Ribbeck läßt sich an der Entwicklung der Mitgliederzahl ablesen, die stetig anstieg.

Tabelle 3: Mitglieder 1893–1913

1893	95
1894	103
1896	148
1898	166
1900	178
1903	217
1905	230
1907	236
1909	261
1911	322
1912	313
1913	341

Wenn Ribbeck das Ziel verfolgt haben sollte, »alle sozialen Schichten unserer Bevölkerung dem Verein einzugliedern und dort heimisch werden zu lassen« – wie Mews in seinem Nachruf ausführte[131] –, dann war Ribbeck mit diesem Vorhaben im Kaiserreich gescheitert. Das Mitgliederverzeichnis vom 1. Oktober 1913[132] listet 318 persönliche Mitglieder auf, doch wiederum fehlten die Arbeiter. Kein einziger konnte für den Historische Verein geworben werden. Auch die Handwerkerschaft war mit sieben Personen (2 %) nur sehr schwach vertreten. Der Historische Verein blieb ein Verein der bürgerlichen städtischen Elite.

So liest sich die Mitgliederliste wie ein Who is who der Essener Industrie. Vereinsmitglieder waren Gustav Krupp von Bohlen und Halbach, seine Frau Bertha und sein Schwager Tilo Freiherr von Wilmowski, die Krupp-Direktoren Friedrich von Bülow, Dr. Emil Ehrensberger, Ernst Theodor Haux und Robert Schmohl, die Inhaber von Goldschmidt, Hans und Theodor, der Gewerke

---

130 Ribbeck, 25 Jahre, S. 191. – Zu den Feierlichkeiten siehe Essener Volks-Zeitung v. 28.10.1904.
131 Mews, 50 Jahre, S. 6.
132 EB 35 (1913), S. 381–385.

Friedrich Funke, die Kommerzienräte Clemens und Gustav Hilgenberg, der Direktor des RWE, Alfred Thiel, die Kaufleute Julius und Max Cosmann, der Brauereibesitzer Stauder und aus Kettwig Kommerzienrat Erhard August Scheidt. Aus der weit verzweigten Familie von Waldthausen sind der Kaiserliche Gesandte Julius von Waldthausen, die Gewerken Eugen und August sowie der Bankdirektor Wilhelm von Waldthausen vertreten. Aus dem Kreis der Bankiers werden u. a. Paul Brandi, Georg, Hermann und Kurt Martin Hirschland, Wilhelm Joetten und Albert Müller aufgeführt. Von den Führungskräften des Bergbaus finden wir u. a. Otto Krawehl, Wilhelm Olfe und Walter Spindler. Natürlich konnte sich der Syndikus der Handelskammer Wilhelm Hirsch der Mitgliedschaft nicht entziehen.

Neben den Industriellen standen die Spitzen der Verwaltung: Oberbürgermeister Wilhelm Holle, Landrat Hans von Eynern, der Polizeipräsident Robert von Bemberg-Flamersheim, der Landgerichtspräsident Franz Büscher, der Präsident der Eisenbahnverwaltung Walter Lehmann und der Direktor des Postamtes Paul Schammel.

Bildung und Kultur war vertreten u. a. durch die Schuldirektoren Prof. Paul Borchardt (Viktoriaschule), Dr. Franz Josef Cüppers (Gymnasium Borbeck), Friedrich Fitschen (Luisenschule), Dr. Fritz Heinrich (Realgymnasium Katernberg) und Prof. Dr. Max Siebourg (Burggymnasium), den Museumsdirektor Ernst Gosebruch und den Königlichen Musikdirektor Georg Hendrik Witte.

Faßt man die obigen Impressionen in Zahlen, so beträgt der Anteil der Gruppe der Kaufleute und Industriellen 36 Prozent (114 Personen), während die Beamten ihren zweiten Platz behaupten (82 Personen). Einen beachtlichen Zuwachs verzeichnen die Freien Berufe, die nun mit 32 Mitgliedern vertreten sind. Ein Plus weisen auch die Gutsbesitzer/Landwirte auf, was auf die verstärkten Werbemaßnahmen des Vereins in den umliegenden Bürgermeistereien zurückzuführen ist.

Tabelle 4: Sozialstruktur der Mitglieder 1881[133]

Beruf	Anzahl	Prozent	Anzahl	Prozent
1. Beamte	43	14		
Verwaltung			28	9
Justiz			15	5
2. Militär	1	1		
3. Geistliche	20	6		
4. Lehrer	39	12		
5. Akademiker	4	1		
Universität			–	
Archivare/Bibliothekare			3	1
Museumsleute			1	
6. Freie Berufe	32	10		
Notare/Rechtsanwälte			12	2
Ärzte/Apotheker			13	4
Architekten			1	2
Journalisten/Schriftsteller			2	
sonstige			–	
7. Kaufleute/Industrielle	114	36		
Kaufleute			51	16
Bankiers			10	3
Fabrikanten			22	7
Manager			22	7
Gewerken			5	2
Bauunternehmer			4	1
8. Gutsbesitzer/Landwirte	17	5		
9. Rentiers	4	1		
10. Handwerker	7	2		
11. Wirte	2	1		
12. Technische Berufe	8	2		
13. Arbeiter	–			
14. sonstige	5	3		
15. ohne Angabe	21	7		
insgesamt	318			

133 EB 35 (1913), S. 381–385.

Die starke Prägung durch das protestantische, nationalliberal eingestellte Wirtschaftsbürgertum trug sicherlich dazu bei, daß im Historischen Verein keine Formen von Antisemitismus und Judenfeindschaft zu finden waren. Im Gegenteil: Die bereits erwähnten Vorträge zur Geschichte des (Essener) Judentums und die umfassende Darstellung aus der Feder des Rabbiners Samuel in den Essener Beiträgen sind Zeichen der Aufgeschlossenheit. Auch in den Mitgliederlisten des Vereins finden wir die Namen Cosman, Heinemann, Herz, Hirschland etc., und Kommerzienrat Isaak Hirschland wurde 1903 in den Vorstand gewählt[134] – Indizien für eine partielle Integration der – vermögenden, sozial hochgestellten – Juden in die Essener Bürgergesellschaft, für ein Zusammenwirken von jüdischem und nicht-jüdischem Bürgertum, das sich auch auf anderen Gebieten feststellen läßt.[135]

Wenngleich viele Honoratioren der Stadt Mitglied des Historischen Vereins geworden waren, so heißt dies nicht, daß sie sich aktiv am Vereinsleben beteiligten. Für die Vorträge und für die Beiträge in der Vereinszeitschrift war stets nur ein sehr kleiner Kreis – zumeist der Vorstand und einige Mitglieder – zu gewinnen. Doch auch diejenigen, die zu den Abendveranstaltungen kamen und die an den Ausflügen teilnahmen, waren lediglich eine Minderheit. Die Mehrzahl der Mitglieder blieb den Vereinsaktivitäten fern. Sie finanzierten durch ihre Beiträge die Herausgabe der Essener Beiträge und erhöhten durch ihre soziale Reputation das Ansehen des Vereins, während umgekehrt auch »ihr soziales und kulturelles Kapital« durch die Mitgliedschaft im Historischen Verein gestärkt wurde. Für sie war es daher das Wichtigste, »auf den Mitgliederlisten mit möglichst vielen anderen ranghohen Personen in den Jahresberichten zu erscheinen«.[136]

In den ersten Jahrzehnten seines Bestehens war der Historische Verein eine reine Männerorganisation. Dies änderte sich unter dem Vorsitz Ribbecks in sehr kleinen Schritten. Zunächst wurden die Frauen zu den Vortragsveranstaltungen zugelassen, dann durften sie auch die Mitgliedschaft erwerben. Ob es über die Aufnahme von Frauen eine heftige Diskussion gegeben hat oder ob

---

134 Siehe Jahresbericht 1911/12, in: EB 34 (1912), S. 317: »Die warme Pietät, mit der er an seiner Vaterstadt hing, die rege Teilnahme, die er unsern Bestrebungen widmete, die offene Hand, die er für uns in Fällen besonderen Bedürfnisses hatte, werden, wie seine ganze würdige und liebenswerte Persönlichkeit, bei uns unvergessen bleiben.« – Zu Isaak Hirschland siehe Hermann Schröter, Geschichte und Schicksal der Essener Juden, Essen 1980, S. 171 f.; Dickhoff, Köpfe, S. 276.

135 Michael Zimmermann, Zur Geschichte der Essener Juden im 19. und im ersten Drittel des 20. Jahrhunderts, in: Jüdisches Leben in Essen 1800–1933, hrsg. v. ALTE SYNAGOGE, Essen 1993, S. 8–72.

136 Clemens, Sanctus amor patriae, S. 161.

dies ein eher schleichender Prozeß war, darüber schweigen leider die vorliegenden Unterlagen.

Den Beginn machte Margarethe Krupp, die im Mitgliederverzeichnis vom 1. Juli 1903 als »Frau Wirkl. Geh. Rat Krupp« geführt wird.[137] Sie hatte die Mitgliedschaft nach dem Tode ihres Mannes »geerbt« und sie einfach weiter laufen gelassen, denn großes Geschichtsinteresse legte sie nicht an den Tag.[138] Sechs Jahre später hatte sich die Zahl der Frauen verfünffacht.[139] Neben Margarethe Krupp gehörten dem Verein an: Frau Kommerzienrat Bömke und Frau Ellen Waldthausen, Königswinter – beide haben wohl ebenfalls die Mitgliedschaft ihrer verstorbenen Männer fortgeführt – sowie Fräulein Johanna Arntzen und Fräulein Adele Heyden. Die zuletzt genannten sind mit Recht als die ersten geschichtlich interessierten Frauen im Historischen Verein zu bezeichnen.

Johanna Arntzen, am 5. Juni 1874 in Krefeld geboren, seit 1896 Lehrerin an Essener Volksschulen,[140] war in den Kreisen der Essener Geschichtsinteressierten keine Unbekannte mehr. Sie hatte in einer Artikelserie[141] die Leser der Essener Volkszeitung auf einen Rundgang durch das Essener Museum mitgenommen und war dabei durch pointierte Formulierungen aufgefallen. Die Äbtissin Franziska Christina charakterisierte sie, ausgehend von ihrem Porträt im Steeler Waisenhaus, als eine »ein wenig tragikomische« Person. »Es scheint, als fühle sie, irgend einen inneren Mangel verdecken zu müssen, und wenn wir von ihrer kleinlichen Eitelkeit auf ihre Würde und ihre fürstliche Abkunft lesen, so wissen wir, daß es der Mangel an wahrer Größe ist.« Auch bei Maria Kunigunde nahm Arntzen keinerlei Rücksicht: »... so zeigen die Bilder aus jugendlichem Alter ein starkknochiges, eckiges, geradezu häßliches Gesicht, ... Die Selbsterkenntnis, die Maria Kunigunde bezüglich ihrer Reizlosigkeit wirklich besaß, machte sie eckig, verschlossen und uninteressant.«[142] Ob Johanna Arntzen sich mit diesen offenen Beschreibungen der Äbtissinnen

---

137 EB 23 (1903), S. 65.
138 Zu Margarethe Krupp siehe Ralf Stremmel, Margarethe Krupp (1854–1931) – Eine verhinderte Unternehmerin?, in: Bewegen – Verbinden – Gestalten. Unternehmer vom 17. bis zum 20. Jahrhundert. Festschrift für Klara van Eyll zum 28. September 2003, hrsg. von Ulrich S. Soénius, Köln 2003, S. 129–146.
139 EB 30 (1909), S. 241–244.
140 StA Essen 141–5100. Siehe auch Birgit Beese, Heilige Äbtissinnen, liebeskranke Stiftsdamen und sächsische Jungfrauen – Die Rezeption Essener Äbtissinnen des Mittelalters in der Geschichts- und Heimatforschung, in: Bea Lundt (Hrsg.), Vergessene Frauen an der Ruhr. Von Herrscherinnen und Hörigen, Hausfrauen und Hexen – 800–1800, Köln u. a. 1992, S. 273–322, S. 309 f.
141 Im Juni/Juli 1908. Danach als Sonderdruck erschienen: Johanna Arntzen, Das Essener Museum, Essen 1908.
142 Arntzen, Museum, S. 5 u. 7.

Abb. 15: Maria Kunigunde

viele Freunde bei der katholischen Leserschaft der Essener Volkszeitung gemacht hat, sei dahingestellt. Festzuhalten ist, daß, von einigen kleineren Erzählungen und Zeitungsartikeln abgesehen,[143] sie sich, aus Gründen, die wir nicht kennen, leider nicht weiter historisch betätigt hat.

Die Beispiele Adele Heyden, über die nichts in Erfahrung zu bringen war, außer daß sie beim 50. Stiftungsfest der Gesellschaft »Verein« 1878 auftrat,[144] und Johanna Arntzen machten keine Schule. In den Folgejahren stieg die Zahl der weiblichen Mitglieder zwar auf 13 an (Oktober 1913), doch das geringe Plus änderte nichts am Charakter des Historischen Vereins als Männerorganisation.

Daß der Historische Verein vor allem im Bürgertum der Stadt Essen verankert war, belegt die Tabelle 5.

Tabelle 5: Wohnorte der Mitglieder (Stand: 1. Oktober 1913)

Stadt Essen		219
Landkreis Essen		57
davon	Altenessen	5
	Borbeck	9
	Bredeney	9
	Kettwig	1
	Kray-Leithe	3
	Kupferdreh	1
	Rotthausen	2
	Steele	6
	Stoppenberg	21
	Werden	1
außerhalb Essens		42

Die geringe Resonanz, die der Verein in Werden erfuhr, ist nicht weiter überraschend. Werden gehörte nicht wie Borbeck, Steele oder Stoppenberg zum Stift Essen. Seine Bewohner – als ehemalige Untertanen des Reichsabtes von Werden – wiesen einen ausgeprägten Lokalpatriotismus auf, genährt von dem Stolz auf die ruhmreiche Vergangenheit ihrer Abtei. Als der Vorstand des

143 Sellmann, Bibliographie, Bd. 3, Sp. 17 f.
144 Die Gesellschaft »Verein« in Essen 1828–1928, Essen 1928, S. 34–38.

Historischen Vereins 1888 erwog, seine Aktivitäten auf Werden auszuweiten, und sich der Pfarrer Karsch deswegen mit dem Werdener Anstaltsgeistlichen Dr. Peter Jacobs in Verbindung setzen wollte,[145] holten sich die Essener eine Abfuhr. Die Werdener gründeten vielmehr am 3. Januar 1890 einen eigenen Geschichtsverein, der unter der rührigen Leitung von Jacobs eine Menge an Aktivitäten entfaltete und auch eine eigene historische Zeitschrift herausgab.[146] Das Geschichtsbedürfnis wurde also in Werden ausreichend befriedigt, so daß kein Interesse bestand, sich zusätzlich noch mit der Essener Historie zu beschäftigen.

Bei den Mitgliedern, die außerhalb Essens wohnten, handelte es sich vielfach um ehemalige Essener Beamte wie z. B. den Landrat August Freiherr von Hövel, der 1899 zum Regierungspräsidenten in Koblenz ernannt wurde, um Rentiers wie Wilhelm Grevel, die ihren Lebensabend außerhalb des Ruhrgebietes genießen wollten, oder um Angehörige alter Essener Familien, die die Verbindungen zu ihrer Heimatstadt aufrecht erhalten wollten. Ob Auswärtige aus wissenschaftlichem Interesse Mitglied des Historischen Vereins wurden, um auf diesem Wege die Essener Beiträge zu erhalten, läßt sich nicht feststellen.

Bei den Mitgliedern unterschied der Verein zwischen denjenigen, die den satzungsgemäßen Beitrag von fünf Mark entrichteten, und denjenigen, die freiwillig höhere Beiträge zahlten. Zu letzteren gehörten 1913 Margarethe Krupp (100 M)[147], Gustav Krupp von Bohlen und Halbach (100 M), die Gutehoffnungshütte (25 M) sowie die umliegenden Bürgermeistereien und Gemeinden (10 bis 30 M). Den höchsten Betrag steuerte die Stadt Essen mit 300 Mark bei.[148]

Die Darstellung hat gezeigt, daß der Verein in vielerlei Hinsicht das Wohlwollen der Kommune genossen hat, sei es bei der Gestellung von Räumen für die Unterbringung der Bibliothek, sei es bei der Freistellung des Vorsitzenden von seinen Lehrverpflichtungen. Ebenso sind einige Gegenleistungen bereits genannt worden. Der Historische Verein war u. a. Geburtshelfer bei der Gründung des Museums und steter Förderer der städtischen Bücherei.

---

145 StA Essen 412–1, Vorstandssitzung 27. 11. 1888, Protokollbuch S. 47 f.

146 Eine Geschichte des Historischen Vereins in Werden fehlt. Siehe als erste Information Heinz Hoffmanns, Der Historische Verein, in: 1200 Jahre Werden 799–1999, Essen o. J. (1999), S. 154 f. – Zu Jacobs siehe Franz Körholz, Dr. P. Jacobs †, in: Beiträge zur Geschichte des Stiftes Werden 17 (1929), S. 79–85.

147 Der Beitrag seitens der Familie Krupp wurde 1897 von 5 auf 100 Mark heraufgesetzt, nachdem der Prokurist Hermann Haedenkamp bemerkt hatte, daß die GHH den Verein mit einem höheren Beitrag förderte. Siehe Historisches Archiv Krupp (HAK) WA 4/1069.

148 EB 35 (1913), S. 381.

Abb. 16: Oberbürgermeister Erich Zweigert

Ein weiteres Motiv für die finanzielle Unterstützung des Vereins ist die ihm zugedachte Aufgabe, durch historische Forschungen zur Stadtidentität beizutragen und die Identifikation der Bevölkerung mit den städtischen Belangen zu fördern. Oberbürgermeister Zweigert beklagte die Interessenlosigkeit der Essener gegenüber den kommunalen Dingen. Er vermißte »die lebhafte Anteilnahme, ... die geistige Mitarbeit aller Bürger an ihrer Stadtverwaltung und Stadtentwickelung«, wie er sie in anderen Städten wie Köln, Dortmund oder Düsseldorf beobachten konnte.[149] Er führte das fehlende Engagement auf die Unkenntnis der »aus aller Herren Länder zusammengewehten Einwohnerschaft« zurück und wollte dem entgegenwirken, indem er sich bemühte, »eine städtische Tradition [zu] schaffen«.[150] Zu diesem Zweck legte er einen umfassenden Bericht über die »Verwaltung der Stadt Essen im XIX. Jahrhundert« vor, der aber partiell bis ins Mittelalter zurückreichte und für den Ribbeck die historischen Abschnitte verfaßt hatte. Zweigert hoffte, über die Beschäftigung mit der Stadtgeschichte eine Identifikation mit der Stadt zu bewirken, auf daß auch in Essen »das lebhafte, ja leidenschaftliche Interesse an der Vaterstadt«[151] aufkomme.[152] Für dieses Bestreben war der Historische Verein der natürliche Verbündete, auch wenn sich sein Wirkungskreis allein auf das städtische Bürgertum beschränkte. Die »hin- und herströmende Arbeiterschaft«[153] hingegen erreichte der Historische Verein weder mit seinen Veröffentlichungen noch mit seinen Vortragsveranstaltungen. Es sind aber auch gar keine Bemühungen festzustellen, auf die Arbeiter zuzugehen.

---

149 Die Verwaltung der Stadt Essen im XIX. Jahrhundert, Essen 1902, S. V.
150 Ebd., S. VI.
151 Ebd., S. V.
152 Siehe auch Jahresbericht 1905/07, in: EB 29 (1907), S. 139.
153 Verwaltung, S. V.

Ein weiteres Moment, das die städtischen Gelder fließen ließ, war sicherlich die Außenwirksamkeit der Vereinstätigkeit. Essen feierte sich zwar selbst als die »Kanonenstadt«, dennoch wollte gerade Zweigert das Image der von Krupp und dem Bergbau geprägten Industriestadt aufweichen. Die Stadtoberen verwiesen daher in dem Konkurrenzkampf mit den Nachbarstädten auf die Tradition des Stiftes. Vor allem die Münsterkirche mit ihrem wertvollen Schatz dokumentierte, daß Essen eine große geschichtliche Vergangenheit besaß und nicht so kulturlos war, wie es von außen gesehen wurde. Für diesen Zweck eigneten sich die Publikationen des Historischen Vereins bestens, weshalb sie die Stadt gerne für ihre Werbezwecke in Anspruch nahm.

Konrad Ribbeck avancierte zum Stadthistoriker, der nicht nur beim oben genannten Verwaltungsbericht mitarbeitete und bei offiziellen Anlässen wie der 100jährigen Jubelfeier der Vereinigung des Stiftes und der Stadt Essen mit dem preußischen Staate die Festschrift verfaßte, sondern dessen Fachkompetenz gerne fürs Stadtmarketing genutzt wurde. Er schrieb wie sein Vorgänger Franz Geuer[154] die historischen Einleitungen für die umfangreichen gut bebilderten Stadtführer, die die Teilnehmer der in Essen stattfindenden Kongresse und Tagungen erhielten. Dem »Rundgang durch Essen« wurde die »Entwickelung von einem Nonnenkloster zur größten Waffenschmiede der Welt« vorangestellt.[155]

Der Historische Verein war Teil des Netzwerkes bürgerlicher Vereine in Essen.[156] So können wir Überschneidungen innerhalb der Mitgliedschaft zur Gesellschaft »Verein«[157] und zum katholischen Pendant, der Gesellschaft »Erholung«, beobachten. Gleiches gilt für den Essener Musikverein oder für die Essener Ortsgruppe des imperialistisch eingestellten Deutschen Flottenvereins. Von der Kooperation mit dem Essener Sprachverein war bereits im Zusammenhang mit den Aktivitäten Immes ausführlich die Rede, ebenso von der Zusammenarbeit mit dem Kruppschen Bildungsverein und dem Kolonialverein bei der Gründung des städtischen Museums.

154 Uebersicht über die Geschichte der Stadt Essen, in: Fest-Buch für das vom 5. bis 8. Juli 1890 in Essen stattfindende V. Kreisturnfest, Essen 1890, S. 29–42.
155 Z.B. Essen an der Ruhr. Geschichte u. Beschreibung der Stadt, Essen o.J., S. 1 (Den Teilnehmern des Internationalen Kongresses für Bergbau, Hüttenwesen, angewandte Mechanik und praktische Geologie zur Erinnerung an den Aufenthalt in Essen am 23. Juni 1910).
156 Leider ist die Bürgergesellschaft Essens bisher noch gar nicht erforscht worden. Daher müssen die nachfolgenden Bemerkungen so kurz und impressionistisch ausfallen.
157 1881 waren von den 168 Mitgliedern des Historischen Vereins 60 auch Mitglied in der Gesellschaft »Verein«. Mitgliederlisten der Gesellschaft »Verein« von 1878 und 1903 in: Gesellschaft »Verein« S. 101–104 u. 104–109.

Durch Doppel- und Mehrfachmitgliedschaften seiner Mitglieder war der Historische Verein nicht allein mit den anderen Vereinen verzahnt, sondern auch in der Stadtverordnetenversammlung verankert. Von den 58 Stadtverordneten des Jahres 1909[158] lassen sich 18 als Mitglieder des Vereins (= 31%) nachweisen. Betrachten wir nur die Stadtverordneten der I. Abteilung, in der die einkommenstärksten Schichten der Bevölkerung wählten, so erhöht sich der Prozentsatz gar auf 75 (9 von 12).

Die Mitglieder des Historischen Vereins waren tief in das Werte- und Normensystem der politischen Kultur des Kaiserreichs integriert. Sie waren patriotisch eingestellt, denn »nationale Gesinnung gehörte zum guten Ton in der Essener Gesellschaft«.[159] Immer wieder sangen die historisch arbeitenden Vereinsmitglieder in ihren Aufsätzen ein Loblied auf Preußen, das sogar den Stadtpatriotismus übertönte. Franz Geuer feierte die Hohenzollern als »glorreiches Herrschergeschlecht«[160]. Seiner Auffassung nach war es »ein Segen für die Bürgerschaft, daß durch die gewaltigen Erschütterungen, welche die französische Revolution verursachte, die Selbständigkeit Essens und die Herrlichkeit der Konsulen und Senatoren begraben und mit dem Stift auch die Stadt dem mächtigen Reiche der Hohenzollern einverleibt wurde«.[161] Ebenso schilderte sein Nachfolger Konrad Ribbeck die Eingliederung Essens in den preußischen Staat in pathetischen Worten: »Man hatte etwas Besseres gewonnen, als die Sorge um Geld und Gut, Besseres als den eifersüchtigen Stolz auf das Selbstbestimmungsrecht des eigenen kleinen Heimatortes; man hatte wieder gewonnen, was Jahrhunderte lang verloren gewesen war, die Freude am Vaterlande und die Hoffnung auf die Zukunft des Vaterlandes.«[162] Für Carl Meyer, der sich mit seiner Erinnerungsgabe anläßlich der 100jährigen Zugehörigkeit des ehemaligen Stiftes Stoppenberg zum preußischen Staate an die Schuljugend der Bürgermeisterei Stoppenberg wendete, war »viel Segen unserer Heimat dadurch geworden, daß sie nunmehr ... einem großen, mächtigen, wohlgeordneten Staate angehört«. In seiner Schrift wollte er die Erkenntnis vermitteln, »wieviel wir der weisen und das Volkswohl fördernden Regierung der Könige Preußens verdanken«. Die Einleitung schließt mit dem Appell, »daß Ihr Euch

---

158 Die Liste der Stadtverordneten ist abgedruckt in: Henning, Geschichte, S. 227 f.

159 Thomas Dupke, Kohle, Krupp und die Kommunalentwicklung. Die Karriere eines Landstädtchens – Essen 1803 bis 1914, in: Essen. Geschichte einer Stadt, hrsg. v. Ulrich Borsdorf, Essen 2002, S. 266–367, S. 354.

160 Der Kampf um die essendische Vogtei, in: EB 13 (1889), S. 103–144, S. 137.

161 Zur Geschichte des Stadtrates von Essen, in: EB 14 (1892), S. 69–97, S. 86.

162 Konrad Ribbeck, Festschrift zur 100jährigen Jubelfeier am 3. August 1902, Essen 1902, S. 36.

vornehmt, wenn Ihr einst erwachsen sein werdet, als deutsche Männer oder deutsche Hausfrauen immer mit zu helfen an der Arbeit zur Größe unseres Vaterlandes, und daß Ihr unser Preußisches und unser ganzes Deutsches Vaterland immer so recht von Herzen lieb haben wollt«.[163] Daß man in besseren Zeiten lebe, dies zu Bewußtsein zu bringen, war für den Pfarrer Johannes Karsch »eine der schönsten und höchsten Aufgaben unseres Vereins«. So endeten seine Ausführungen über die »Geschichte des Stiftes Rellinghausen«: »Es ist die traurigste Zeit unseres geliebten Vaterlandes, in die wir hier hineingeschaut haben. Wenn ich mir zum Schluß noch einen Wunsch auszusprechen erlauben dürfte, so wäre es der, daß dieser Blick in die Vergangenheit nicht nur zu einer flüchtigen Unterhaltung möchte gedient haben, sondern daß vielmehr in allen ein lebhafter Eindruck davon zurückbleiben möchte, wie sehr wir Gott zu danken haben, daß er uns in einer so ganz anders gearteten Zeit zu leben vergönnt hat, in der wir die unschätzbaren Wohlthaten eines festen und gesicherten Rechtszustandes, einer starken und mächtigen Regierung, einer freien und ungehinderten Ausübung unserer Religion genießen können.«[164] Die letzten Worten klingen etwas merkwürdig, denn die Zeit des Kulturkampfes, unter der die katholischen Einrichtungen zu leiden hatten, war noch nicht abgeschlossen.

Während die Reihe der Lobgesänge sich fortsetzen ließe, sind Äußerungen zum aktuellen politischen Tagesgeschehen in den Essener Beiträgen gar nicht, in anderen Veröffentlichungen nur selten zu finden.[165] Eine der wenigen Stellungnahmen betrifft die Kolonialpolitik. Zu den Kolonien äußerten sich Ernst Kahrs und Konrad Ribbeck: »Unsere Jugend soll lernen auch diese als ein Stück des deutschen Vaterlandes zu schätzen, und so durften auch sie auf unserer Ausstellung nicht fehlen. Deutsche Kräfte und deutsches Kapital arbeiten in ihnen und schaffen neue Siedlungsmöglichkeiten für unser mächtig aufstrebendes Volk. Da ist zunächst ein Bild aus Deutsch-Süd-West-Afrika, jener Kolonie, die soviel deutsches Blut gekostet hat. ›**Eine Hererowerft**‹ sehen wir vor uns liegen, eine Siedelung jenes tapferen Volkes, das leider im Kampfe gegen uns zugrunde gehen mußte, weil es nicht verstand sich friedlich unserer Kul-

---

163 Zum dritten August 1902. Festschrift zur Feier der hundertjährigen Zugehörigkeit des ehemaligen Stiftes Stoppenberg und der in der jetzigen Bürgermeisterei Stoppenberg gelegenen Gemeinden zum preußischen Staate, o. O. 1902, S. 6.
164 EB 4 (1881), S. 24–43, S. 43.
165 Siehe Clemens, Sanctus amor patriae, S. 347. – Leider war es aus arbeitsökonomischen Gründen nicht möglich, die Tagespresse systematisch durchzuarbeiten. Sicherlich könnte mehr Material zu Tage gefördert werden.

turarbeit anzupassen.«[166] Eine Passage, die uns angesichts der Verbrechen, die von der Forschung als Genozid beurteilt werden,[167] befremdet.

166 Heimatbilder aus Vergangenheit und Gegenwart, ausgestellt vom Museum der Stadt Essen, in: Führer durch die Ausstellung Unsere Jugend (Mai – Juli 1914), Essen 1914, S. 49–55, S. 55.
167 Jürgen Zimmerer/Joachim Zeller (Hrsg.), Völkermord in Deutsch-Südwestafrika. Der Kolonialkrieg (1904–1908) in Namibia und seine Folgen, Berlin 2003.

3. DER HISTORISCHE VEREIN
IN DER WEIMARER REPUBLIK

Der Ausbruch des Ersten Weltkriegs brachte die Aktivitäten des Historischen Vereins vorerst zum Stillstand. Die jüngeren Mitglieder wurden eingezogen, während die älteren zu sehr »durch amtliche Pflichten« in Anspruch genommen waren. So mußte Ribbeck stellvertretend das Burggymnasium leiten. Zudem waren – wie im Rechenschaftsbericht für die Jahre 1913 bis 1916 zu lesen ist – »unser aller Gedanken ... so sehr auf Gegenwart und Zukunft, so sehr auf die großen und schweren Schicksalsfragen, vor die unser ganzes Volk gestellt ist, gerichtet, daß kaum jemand soviel Geistesruhe aufbringen kann, um der Vergangenheit eines eng begrenzten Landstriches, auch wenn er jetzt für das Vaterland die höchste Bedeutung hat, ernste und dauernde Arbeit zu widmen«.[1] Daher wurden die Vortragsabende im Kriege nicht fortgesetzt, und es wurde auch kein neuer Band der Essener Beiträge, die zuvor alljährlich erschienen waren, herausgegeben.

An seiner nationalen Gesinnung ließ der Historische Verein keine Zweifel aufkommen. Er verbreitete bis zum Ende des Krieges Siegeszuversicht. Auch wenn sich Deutschland einer »erdrückende Übermacht von Feinden, die entschlossen sind, ihm die Grundbedingungen seines Daseins und seiner freien Entwickelung abzuschnüren«, zu erwehren habe, so vertraute der Historische Verein nicht nur »auf unser herrliches Heer, unsre heldenmütige Flotte und die überlegene Ruhe und Sicherheit unsrer obersten Heeresleitung, sondern auch auf die unverwüstliche Lebenskraft und innere Tüchtigkeit, die unser Volk, vielen beklagenswerten Schwächen der einzelnen zum Trotz, bewährt hat, auf die Einsicht und Entschlossenheit, mit der es – im großen und ganzen – die schweren Aufgaben der Schicksalsstunde angegriffen und bewältigt hat«.[2]

Entgegen den Bekundungen zu Kriegsbeginn nahm der Verein 1917 seine normale Tätigkeit wieder auf. Er gab sie jetzt als »stille Arbeit an der Erhaltung aller idealen Güter unsres Volkes« aus, denn er helfe ja mit »am Ausbau der vaterländischen Geschichte« und an der Pflege des Heimatgefühls« »auch unter den Stürmen der Zeit«.[3]

Als erster referierte am 16. November 1917 Theodor Imme über die alten Gilden und Nachbarschaften und das Nachbarschaftswesen in Essen und Umgegend. Am 26. April 1918 schloß sich dann ein Vortrag über Essen und die Hanse

1 Jahresbericht 1913/16, in: EB 36 (1917), S. 219.
2 Jahresbericht 1916/18, in: EB 37 (1918), S. 259.
3 Ebd.

an, den der Landrichter Ernst Ruben hielt, der im Jahre 1919 noch eine wichtige Rolle in der Essener Geschichte spielen sollte.[4] Auch die Essener Beiträge erschienen mit zwei umfangreichen Bänden, bei deren Lektüre man aber nicht erkennen kann, daß sie während des Krieges entstanden sind, so weit ab lagen die Beiträge vom Zeitgeschehen.[5]

Angesichts der bis zuletzt zur Schau gestellten Siegeszuversicht war die Niederlage des Deutschen Reichs für die nationalgesinnten Mitglieder des Historischen Vereins eine sehr schmerzliche Erfahrung.[6] Für sie war mit der Übernahme der Macht durch die Arbeiter- und Soldatenräte auf der lokalen Ebene,[7] mit der Ausrufung der Republik und der Flucht des Kaisers eine Welt zusammengebrochen. Das Reich, das »wie für die Ewigkeit gegründet erschien«, lag in Trümmern.[8] Die Trauer über die Niederlage, das Entsetzen über die politische Entwicklung waren derart groß, daß der Historische Verein auf eine Feier zum 40jährigen Bestehen verzichtete. Die Zeitverhältnisse ließen keine »Feststimmung« aufkommen, so die offizielle Begründung.[9]

Der Heimatkunde wurde nach dem Kriege eine noch größere Bedeutung für das soziale und politische Leben zuerkannt als im Kaiserreich. Bereits in den Vorkriegsjahren hatte Imme die »mit übertriebener Schärfe geführten politischen und konfessionellen Parteikämpfe« beklagt, ebenso die zunehmend größer werdende Kluft »zwischen arm und reich, vornehm und gering«. Sein Rezept zur Überwindung der sozialen Spannungen und der politischen Gegensätze war simpel: »Daß aber die … Auswüchse unserer modernen Kultur nach Möglichkeit beschnitten werden und daß unser Volkstum allmählich wieder

---

4 Als Reaktion auf die immer wieder ausbrechenden Streiks besetzte der Essener Arbeiter- und Soldatenrat am 11. Januar 1919 die Räume des Zechenverbandes und des Rheinisch-Westfälischen Kohlensyndikats und ernannte Ernst Ruben zum Volkskommissar für die Sozialisierung des Kohlenbergbaus. Siehe Klaus Wisotzky, Die Jahre der Gewalt – Essen 1914 bis 1945, in: Essen. Geschichte einer Stadt, hrsg. v. Ulrich Borsdorf, Essen 2002, S. 368–467, S. 376 f.; Ernst Ruben, Geschichte der Essener Sozialisierungsbewegung, Essen o. J.

5 Den größten Raum nimmt im Band 36 (1917) der Aufsatz von Oscar Ismer, Der Dreißigjährige Krieg als Ursache des wirtschaftlichen Niederganges und der Verschuldung der Stadt Essen vom 17. bis um die Mitte des 19. Jahrhunderts (S. 3–133) ein, doch geht er nirgends auf das aktuelle Kriegsgeschehen ein. Band 37 beinhaltet die Erinnerungen von Alexander Schnütgen an Essen (3–83), die Geschichte der Jesuitenresidenz von Franz Arens (S. 85–193) und einen Beitrag von Theodor Imme zu Nachbarschaftswesen und Totenbräuchen (S 195–256).

6 So ist im Nachruf auf Franz Arens (Essener Volks-Zeitung v. 21.12.1920) zu lesen: »Ein treu-deutscher Mann, der durch den traurigen Ausgang des Weltkrieges schwer gelitten hat.« Siehe auch Arens, Arens, S. 87.

7 In den Worten des späteren Vorsitzenden Karl Mews: »Als Spartakus auch in Essens Straßen sein Unwesen trieb.« Mews, 50 Jahre, S. 8.

8 Jahresbericht 1918/19, in: EB 38 (1919), S. 207.

9 Jahresbericht 1919/21, in: EB 39 (1921), S. 44.

auf gesündere Bahnen geleitet wird, dazu ist neben der Religion das wirksamste Mittel eine liebevolle Pflege der Volks- und Heimatkunde; die Liebe zur engeren Heimat ist zugleich auch die natürlichste und festeste Grundlage der Vaterlandsliebe.«[10] Noch mehr gefragt war die Heimatkunde in den Wirren der Nachkriegszeit, als in seinen Augen »gewissenlose, offene Feindschaft gegen die bestehende Regierung predigende Aufhetzer« im Ruhrgebiet ihr Unwesen trieben, die mit den »wurzellos und damit unzufrieden gewordenen Leuten« »ein leichtes Spiel« hatten. In dieser Situation sei es »die schöne Aufgabe der Volkskunde, hier helfend einzutreten und die oft völlig verlorengegangenen Verbindungsfäden mit unserem alten Volkstum wieder aufzusuchen und anzuknüpfen, den vielfach nur schlummernden Sinn für alles Volkstümliche aufzufrischen und neu zu beleben und dadurch die verlorenen Söhne unseres Volkes diesem wiederzugewinnen. Unser Volk braucht gegenwärtig weniger Nahrung für den Geist – damit wird es heute oft förmlich überschüttet[11] – als für das Gemüt, das sonst vertrocknen muß, und diese bieten ihm in vortrefflicher Weise echte Volksdichtung, herzerwärmender Volkshumor und andere unverfälschte Offenbarungen der Volksseele. Die Leute müssen erst wieder rechte Freude an ihrem Volkstum haben; dann werden sie auch gute Staatsbürger werden.«[12]

Nicht alle teilten den Glauben Immes an die heilende Kraft der Volkskunde. Aber es war für den Vorstand des Historischen Vereins selbstverständlich, bei der » Wiederaufrichtung unseres Volkes« mitzuhelfen. Die Parole lautete: »Wissenschaftliche Arbeit mit allem deutschem Ernst, aller deutscher Gründlichkeit zu treiben, den Zusammenhang mit der Vergangenheit nicht abreißen zu lassen und die Liebe zur Heimat zu pflegen, das sind Aufgaben, in denen ein ortsgeschichtlicher Verein dem Vaterlande dienen kann. Suchen wir nach Kräften an unserem Platze unsre Pflicht zu erfüllen!«[13]

Doch die Zeitumstände, weniger die revolutionären Ereignisse in den Jahren 1919/20 als vielmehr die Inflation und die Besetzung des Ruhrgebiets durch die Franzosen im Januar 1923,[14] erschwerten die Vereinsarbeit.

10 Theodor Imme, Das alte Essen, Teil 6, in: Essener Volks-Zeitung v. 5.8.1912.
11 An anderer Stelle monierte Imme das Schrifttum der Gegenwart, das »vielfach eine seichte Allerweltsware oder noch schlimmeres Gift«, ein »besonders der Jugend verderblicher Schund« sei. (S. 80) Ebenso führte er Klage über das zeitgenössische Theater: »Wir sehen sie [die Unnatur] auf der Bühne, wo vielfach elende Pariser Sensationsstücke noch immer größere Zugkraft haben, als wertvolle Erzeugnisse deutscher Heimatkunst.« (S. 81)
12 Theodor Imme, Volks- und Heimatkunde, ihr Wesen und ihre Bedeutung für unsere Zeit, in: Heimatblätter 1919, S. 78–81, S. 81.
13 Jahresbericht 1918/19, in: EB 38 (1919), S. 207.
14 Siehe Wisotzky, Jahre der Gewalt, S. 373–390.

Zwar wurden Vorträge im gleichen Umfang wie in den Jahren vor dem Krieg angeboten,[15] doch der »früher so rege Besuch« war nicht mehr zu verzeichnen.[16] Ein Grund dafür war sicherlich, daß 1923, im Jahr der galoppierenden Geldentwertung, keine Einladungen zu den Abendveranstaltungen mehr verschickt wurden, da die Versandkosten den Mitgliedsbeitrag übertrafen. Die als Ersatz geschalteten Bekanntmachungen in den Lokalzeitungen blieben hingegen wirkungslos.[17]

Die beliebten Sommerausflüge nahm der Verein nach Kriegsende wieder ins Programm auf, doch sie führten nun in die nächste Umgebung. 1919 besichtigten die Teilnehmer das Waisenhaus in Steele. Nach dem sich anschließenden Stadtrundgang präsentierte Stadtsekretär Julius Vollmary die im dortigen Rathaus aufbewahrten Altertümer und Dokumente, ehe der Tag mit dem traditionellen geselligen Beisammensein im Steeler Stadtgarten ausklang.[18] Im darauf folgenden Jahr wanderte man von der Kluse bei Baldeney zur Ruine Isenberg und von da aus zum Schloß Schellenberg. Konnte der Verein 1921 noch Altendorf an der Ruhr und Haus Horst aufsuchen, so mußte der Ausflug in den Jahren 1922 und 1923 »wegen der Not der Zeit« ausfallen.[19]

Ähnlich folgenreich waren die Auswirkungen der Inflation auf die Herausgabe der Essener Beiträge. Band 38 (1919) war eine normale Veröffentlichung von 218 Seiten Umfang. Die nachfolgenden Bände 39 bis 41 (1921–1923) waren hingegen schmale Heftchen von nicht mehr als 60 Seiten. Daß sie überhaupt gedruckt werden konnten, verdankte der Verein großzügigen Spendern. »Aus den Mitteln des Vereins hätten wir auch nicht die kleinste und dürftigste Veröffentlichung bestreiten können«, klagte der Vorstand in seinem Bericht über die Jahre 1922/23.[20] Obwohl der Beitrag von 5 Mark 1922 auf das Doppelte, dann auf 100 Mark angehoben worden war, obwohl viele Mitglieder weitaus höhere Beträge zahlten,[21] raubte die Inflation dem Verein die finanzielle Substanz. Es konnten nicht einmal mehr die Versandkosten für den Band 41 der Essener Beiträge aufgebracht werden.

Der Vorstand – und vor allem der Vorsitzende Konrad Ribbeck – ließ sich von all den Widrigkeiten nicht verdrießen. »Durate et vosmet rebus servate secundis! Haltet aus und bewahret euch für bessere Zeiten!« – unter diesem

15 1919–3 Vorträge; 1920–3; 1921–3; 1922–4; 1923–5 und 1924–6.
16 Jahresbericht 1922/23, in: EB 41 (1923), S. 53 f.
17 Ebd.
18 Jahresbericht 1919/21, in: EB 39 (1921), S. 46
19 Jahresbericht 1922/23, in: EB 41 (1923), S. 53 f.
20 Ebd.
21 Ebd.

Motto stand das Handeln des Vereins in den Krisenzeiten.[22] Gestärkt wurden die Aktiven von der Hoffnung: »Liebevolle Beschäftigung mit der Vergangenheit der engeren Heimat möge uns mehr und mehr zur Vertiefung in die Geschichte unseres Volkes führen, möge uns aus ihr Trost und Warnung schöpfen lassen, uns über die Wurzeln unserer Kraft ebenso wie über die verhängnisvollen Schwächen deutschen Wesens belehren.«[23]

Mit der Währungsstabilisierung im Herbst 1923 gewann der Verein wirtschaftlich wieder festen Boden unter den Füßen, und er konnte seine Arbeit im gewohnten Umfang fortsetzen. Nach zweijähriger Pause erschien 1926 der 43. Band der Essener Beiträge mit einem respektablen Umfang von 346 Seiten, freudig annonciert als »ein erfreuliches Zeichen für die Lebenskraft, die Schaffenslust und Heimatliebe« des Vereins. Ribbeck war stolz, der Öffentlichkeit »in solcher Fülle von dem reichen Schatz der Forschung und Erinnerung« Kunde zu geben.[24] Da sich der Verein »in den unruhigen, wirren Nachkriegsjahren infolge finanzieller Nöte mit der Herausgabe weniger umfangreicher Jahrbücher begnügen mußte«,[25] waren zahlreiche Beiträge angefallen, die der Veröffentlichung harrten. So hatten auch die Folgebände 44 bis 50, die in den Jahren 1927 bis 1932 erschienen, einen beachtlichen Umfang,[26] der erst im neuen Jahrtausend wieder erreicht wurde. Zudem erhielten die Mitglieder sowohl 1927 als auch 1930 gleich zwei Bände.

Der wirtschaftliche Aufschwung wirkte sich auf die Sommerausflüge aus, die nicht mehr auf die nähere Umgebung beschränkt blieben. Schloß Kappenberg, das Römerlager in Haltern, Duisburg und Neviges-Hardenberg waren die Ziele der Jahre 1924, 1925, 1927 und 1929. Für die Mitglieder stand die Wissensvermittlung nicht immer im Vordergrund. »Mancher Essener Wallfahrer [nach Neviges] schien sich auch sehr für Innenkunst zu interessieren und verschwand in einem der vielen Läden, wo es neben dem an jeder Hausecke und Haustür angepriesenen Kaffeewasser auch andere Getränke gab.« – so die Beobachtung des mitfahrenden Reporters.[27]

Besonders gut in Erinnerung blieb den Teilnehmern die Fahrt nach Haltern. Nicht, weil es auch hier »einen guten Kaffee mit Zucker, Milch, Butter, westfälisches Schwarzbrot und Stuten gab« – und das alles für nur 80 Pfg. –, sondern, weil die Besucher des alten Römerlagers selbst zum Spaten greifen

---

22 Jahresbericht 1923/24, in: EB 42 (1924), S. 68.
23 Jahresbericht 1922/23, in: EB 41 (1923), S. 53 f.
24 StA Essen 45–154, Presseankündigung, o. D. [März 1926].
25 Ebd.
26 Bd. 46 – 431 S.; Bd. 48 – 447 S.; Bd. 49 – 462 S.
27 StA Essen 412-2, Zeitungsartikel vom 26.6.1929.

durften und es ihnen erlaubt war, das, was sie ausgruben – »Münzen, Scherben von hübschen Tongefäßen sowie stark verwitterte Nägel« –, als Andenken mit nach Hause zu nehmen.[28]

Wenn durch den politischen Umbruch 1918/19 andere Geschichtsvereine in eine »strukturelle Krise« gerieten,[29] so läßt sich dies für den Historischen Verein in Essen nicht beobachten. Zwar hatte auch er, wie gerade geschildert, mit den Auswirkungen der Inflation zu kämpfen, doch er erlebte keinen Mitglieder-rückgang. Im Gegenteil. Die Zahl der Mitglieder stieg gerade nach Kriegsende von 362 (1918) über 464 (1919) auf 700 (1920) sprunghaft an.

In den Jahresberichten wurden als Grund für diesen erstaunlichen Auf-schwung der Einsatz des Landschaftsmalers Heinrich Kunolt und des Lehrers Anton Lehnhäuser sowie die Werbetätigkeit an den Schulen aufgeführt.[30] So wichtig die persönliche Ansprache bei der Mitgliederwerbung auch war, so mußte ein latentes Interesse bei den Angesprochenen vorhanden gewesen sein, sich einem Geschichtsverein anzuschließen. Waren wiederum krisenhafte Zeiten die Ursache, sich der Heimatgeschichte zuzuwenden? Wurde nach dem Zusammenbruch des Kaiserreichs Trost in der Beschäftigung mit der Vergan-genheit gesucht? Wir können über die Motive der neu hinzugekommenen Ver-einsmitglieder nur spekulieren.

Tabelle 6: Mitglieder 1920–1929[31]

1920	700
1922	679
1923	720
1924	618
1925	657
1926	659
1927	628
1928	618
1929	710

---

28 Zeitungsartikel v. 12.5.1925.
29 Clemens, Sanctus amor patriae, S. 18; Pabst, Landesgeschichte, S. 37. – Für Werden siehe Körholz, Geleitworte.
30 Jahresbericht 1918/19, in: EB 38 (1919), S. 208 u. Jahresbericht 1919/21, in: EB 39 (1921), S. 45.
31 Zusammengestellt nach den Jahresberichten.

Die gewaltige Zunahme an Mitgliedern im Vergleich zum Kaiserreich hat die Sozialstruktur des Vereins kaum verändert. Der Zuwachs führte zu keiner sozialen Öffnung. Auch in den 1920er Jahren sucht man einen Arbeiter vergebens.[32] Ebenso blieb die Handwerkerschaft trotz eines kleinen Plus – von sieben (1913) auf elf Personen (1928) – völlig unterrepräsentiert. Nach wie vor dominierten die Kaufleute/Industriellen – von den 583 persönlichen Mitgliedern sind 181 dieser Gruppe zuzurechnen –, wenngleich ihr Anteil von 36 auf 31 Prozent zurückging. Dagegen konnten die »Freien Berufe« aufholen.

Früchte getragen hatte die Werbetätigkeit an den Schulen, denn die Lehrer und Lehrerinnen stellten nun ein Fünftel der Mitglieder (123 Personen). Dies führte sicherlich zu einer besseren Verankerung der Lokalgeschichte im Schulunterricht, wie vom Ministerium erhofft.[33] Vielleicht trug der Bezug der Essener Beiträge auch zu einer stärkeren wissenschaftlichen Fundierung des Heimatkundeunterrichts bei, Einfluß auf die Vereinsarbeit hatte der größere Anteil an Lehrern aber nicht. Sie fungierten – wenn überhaupt – nur als Multiplikatoren. Aus ihren Reihen gewann der Vorstand aber keine rührigen Mitarbeiter oder neue Autoren für die Essener Beiträge.

Mit dem Anstieg des Anteils der Lehrenden eng verbunden ist die Vergrößerung des Frauenanteils an der Mitgliedschaft, denn zumeist findet sich bei den weiblichen Mitgliedern die Berufsangabe »Lehrerin«. Die Ausnahmen waren die Bankbeamtin Helene Haarfeld, die Sozialbeamtin Olga Haeger und die Sozialobersekretärin Elisabeth Terboven. Gegenüber 1913 wurden 33 Frauen mehr gezählt, so daß sich ihr Anteil auf immerhin acht Prozent verdoppelt hatte.

---

32 Siehe auch zum Folgenden Mitgliederverzeichnis für das Jahr 1928, in: EB 45 (1927), S. 325–330.

33 Siehe Karl Ditt, Die deutsche Heimatbewegung 1871–1945, in: Heimat. Analysen, Themen, Perspektiven, Bonn 1990, S. 135–154, S. 142 f. u. 147 mit Hinweisen auf die entsprechenden Erlasse.

Tabelle 7: Sozialstruktur der Mitglieder 1928[34]

Beruf	Anzahl	Prozent	Anzahl	Prozent
1. Beamte	48	8		
Verwaltung			38	6
Justiz			10	2
2. Militär	2			
3. Geistliche	26	4		
4. Lehrer	123	21		
5. Akademiker	13	2		
Universität			3	
Archivare/Bibliothekare			8	1
Museumsleute			2	
6. Freie Berufe	86	15		
Notare/Rechtsanwälte			23	4
Ärzte/Apotheker			32	5
Architekten			18	2
Journalisten/Schriftsteller			4	1
sonstige			9	2
7. Kaufleute/Industrielle	181	31		
Kaufleute			98	17
Bankiers			23	4
Fabrikanten			26	4
Manager			24	4
Gewerken			5	1
Bauunternehmer			7	1
8. Gutsbesitzer/Landwirte	14	2		
9. Rentiers	12	2		
10. Handwerker	11	2		
11. Wirte	8	1		
12. Technische Berufe	19	3		
13. Arbeiter	–			
14. sonstige	9	1		
15. ohne Angabe	31	5		
insgesamt	583			

34 EB 45 (1927), S. 325–330.

Die Kriegszeit brachte keine Veränderungen im Vorstand. Das Führungsteam mit Ribbeck, Arens, Meyer, Baumann und Büscher blieb im Amt und ergänzte sich in den ersten Nachkriegsjahren durch Karl Mews (1919) und Heinrich Vos (1922)[35]. Eine größere Veränderung gab es in den Jahren 1924/25. Zum einen mußten, da Arens und Meyer verstorben waren, ihre Ämter neu besetzt werden, zum anderen galt es, den Vorstand auf die im Statut vorgesehene Zahl von Mitgliedern aufzustocken.

Zum Vertreter Ribbecks als 2. Vorsitzenden avancierte Büscher, während Mews zum 1. Schriftführer gewählt wurde. Einer kleinen Sensation nahe kam die Nachfolgeregelung im Schatzmeisteramt, denn **Agnes Meyer** (17. Mai 1859 – 25. März 1935) übernahm die Aufgabe ihres verstorbenen Mannes. Sie war damit die erste Frau im Vorstand des Historischen Vereins und sollte für lange Zeit das einzige weibliche Vorstandsmitglied bleiben.

Als Beisitzer wurden aus den unterschiedlichsten Motiven ausgewählt: 1924 – Otto Krawehl, Heinrich Kunolt und Anton Lehnhäuser; 1925 – Samuel Heinemann; 1927 – Hermann Schulte-Pelkum.

Otto Krawehl (23. August 1875 – 14. Oktober 1936), Sohn des Essener Kommerzienrates Georg Krawehl, der Teilhaber der Wollhandlung Wilhelm & Conrad Waldthausen war, studierte das Bergfach in Freiburg und Berlin.[36] Nach seinem Ausscheiden aus dem Staatsdienst trat er in die Leitung der Arenberg'schen AG für Bergbau und Hüttenbetrieb ein und übernahm 1906 den Vorsitz im Aufsichtsrat. Diese führende Position behielt er auch nach der Fusion mit den Rheinischen Stahlwerken im Jahre 1922. Seit 1921 leitete er zunächst als Treuhänder, dann als Alleininhaber die Wollhandlung seines Vaters. Krawehl war in zahlreichen Verbänden und Vereinen führend tätig, u. a. war er der Vorsitzende des Essener Verkehrsvereins. In den Vorstand des Historischen Vereins wurde er wegen dieser Verbindungen – besonders zur Essener Wirtschaft – aufgenommen, denn historisch zeigte er sich zwar interessiert, er hat sich aber niemals aktiv betätigt.

Auch von **Heinrich Kunolt** (14. September 1869 – 22. Februar 1936)[37] gibt es – erstaunlicherweise – keine historische Abhandlung, obwohl ihm nachgesagt wurde, wie kein zweiter die Geschichte der alten Häuser und ihrer Besitzer und Bewohner zu kennen.[38] Doch Kunolt hatte es versäumt, seine Kenntnisse schriftlich niederzulegen. Er war ein Mann der Zeichen- und nicht der Schreib-

---

35 Zu Vos siehe EB 63 (1948), S. 158.
36 Karl Mews, Otto Krawehl, in: EB 55 (1937), S. 171–180; Dickhoff, Köpfe, S. 136.
37 Karl Mews, Heinrich Kunolt (†), in: EB 54 (1936), S. 5–9; Dickhoff, Köpfe, S. 145.
38 StA Essen 652–38, Heinrich Kunolts letzte Fahrt. Abschiedsworte des Oberbürgermeisters Reismann-Grone.

Abb. 17: Eine Ansicht der Essener Altstadt von Heinrich Kunolt

feder, und so lagen seine Verdienste auf anderen Gebieten. Kunolt, ebenfalls ein gebürtiger Essener, hatte ein Kunststudium absolviert und in München als Bühnenbildner bei den »11 Scharfrichtern« und bei von Wolzogens »Überbrettl« sowie als Karikaturist und Zeichner gearbeitet. Während des Krieges kam er nach Essen zurück und begann, das alte, teilweise schon untergegangene Essen in Skizzen, Zeichnungen und Bildern aufzuzeichnen und die dazugehörigen Relikte – Möbel, Hausgerät, Trachten, Schmuck – im Auftrage der Stadt zu sammeln. »So wurde H. Kunolt«, wie Mews in seinem Nachruf betonte, »zum Retter wertvollen Kultur- und Volksgutes, das – wie kaum in einer anderen Stadt – hier in Essen einem allzusehr auf Arbeit, Gewinn, Erfolg eingestellten materiellen Zeitalter zum Opfer fiel und mißachtet wurde.«[39] In Anerkennung seiner Sammlungstätigkeit ernannte ihn die Stadt 1925 zum ersten hauptamtlichen Leiter des Ortsgeschichtlichen Museums. Kunolt wurde zwar von Mews als »verdienstvoller Hüter und Pfleger wertvollen Kulturgutes«[40] gerühmt, doch aus heutiger Sicht ist festzustellen, daß große Impulse für die Stadtgeschichtsschreibung von ihm nicht ausgegangen sind.

Anton Lehnhäuser (14. März 1880 – 8. Juni 1946) stammte aus einer streng katholischen Familie.[41] Sein Vater war Anstreichermeister in Steele. Da Lehnhäuser ein sehr guter Schüler war, übernahm er als ältester Sohn nicht den Betrieb des Vaters, sondern er durfte das Lehrerseminar in Kempen besuchen. Seit 1900 Lehrer in (Krefeld-)Traar, dann in Steele unterrichtete er bis zu seiner Pensionierung im Jahre 1942.

Lehnhäuser, der schon bald Interesse an der Steeler Geschichte fand, besuchte regelmäßig Wilhelm Grevel in Düsseldorf, dessen Materialsammlung er ebenso auswertete wie die Steeler Stadtrechnungen, die für den Zeitraum 1637 bis 1806 erhalten geblieben sind. Zahlreiche Veröffentlichungen in den Essener Tageszeitungen und in »Die Heimat« waren die Früchte seiner Fleißarbeit.[42] Es waren zumeist »Heimatbilder« aus der Geschichte seiner Vaterstadt, mit den typischen Mängeln der Heimatforschung behaftet.[43]

---

39 Mews, Kunolt, S. 7.
40 Ebd.
41 Zum folgenden siehe Anton Lehnhäuser, Aus meinem Leben, in: ders., Steele. Tausend Jahre seiner Geschichte in Einzelbildern, Essen 1947, S. 7–16; Arnd Hepprich, Anton Lehnhäuser. Aus dem Leben und Wirken des Steeler Historikers, in: Stela historica 1 (2005), S. 4–11. Siehe auch Maria Lehnhäuser, Mein Onkel, der Steeler Heimatforscher Anton Lehnhäuser, in: 1050 Jahre Steele, hrsg. v. Arbeitskreis Steeler Geschichte, Essen 1988, S. 22–31.
42 Siehe Sellmann, Bibliographie, Bd. 3, Sp. 777–805.
43 Robert Jahn bemängelte »das vorschnelle Schließen, die romantische Befangenheit und die durch unzulängliche Sprachkenntnisse bedingte Ungenauigkeit der Quellenbehandlung«. Robert Jahn, Zur Einführung, in: Lehnhäuser, Steele, S. 4 f., S. 4. Heinz Josef Kramer

Dem Historischen Verein trat Lehnhäuser 1920 bei und wegen seines Engagements – nicht nur bei der Werbung für den Verein – wählte ihn die Mitgliederversammlung in den Vorstand. Gerne übernahm er die Führung bei den Ausflügen und informierte die Teilnehmer über die Geschichte des besuchten Ortes.

Samuel Heinemann (26. Januar 1865 – 16. November 1938), Schüler des Burggymnasiums, gehörte zu den renommiertesten Rechtsanwälten der Stadt.[44] Seine Kanzlei vertrat zahlreiche Firmen und Institutionen des Ruhrgebiets, u. a. das Rheinisch-Westfälische Kohlen-Syndikat. Sichtbarster Ausdruck seines wirtschaftlichen Erfolges war seine Villa am Haumannplatz, die Paul Schulze-Naumburg entworfen hatte.

Abb. 18: Dr. Salomon Heinemann

Im Historischen Verein war der 1925 in den Vorstand gewählte kein Unbekannter. Er hatte seine Doktorarbeit über das eheliche Güterrecht im alten Essen in den Essener Beiträgen (32 – 1910) veröffentlicht und zu diesem Thema auf einem Vereinsabend am 4. Februar 1910 referiert. Heinemann war nicht nur geschichtlich interessiert. Seine noch größere Zuneigung gehörte der modernen Kunst. Er besaß eine bedeutende Sammlung expressionistischer Malerei und zählte zu den engagiertesten Förderern des Museums Folkwang.

Nach dem Machtantritt der Nationalsozialisten legte Heinemann gezwungenermaßen alle seine Ämter nieder, doch trotz aller Bedrückung konnte er sich nicht zur Auswanderung entschließen. Zu sehr war er mit seiner Heimatstadt verbunden. So mußte er miterleben, wie am 10. November 1938 eine Horde SA-Männer in sein Haus eindrang und das Mobiliar zerstörte, einschließlich der wertvollen Kunstsammlung, die

urteilt über den Aufsatz Die Münzen des Hochstiftes Essen (EB 49 – 1931): »Lehnhäusers Verzeichnis von 1931 ist kaum brauchbar. Ihm fehlte es an der notwendigen Akribie, so daß sich im Detail viele Fehler einschleichen.« Das Stift Essen. Münzen und Medaillen. Münster 1993, S. 2. Siehe auch die kritische Rezension des Buches Klöster, Burgen und feste Häuser an der Ruhr (Essen 1924) in: Westfälisches Adelsblatt 1926 Nr. 1/2, S. 286–289.
44 Bernd Schmalhausen, Schicksale jüdischer Juristen aus Essen 1933–1945, Bottrop – Essen 1994, S. 62 f.

der Stadt Essen testamentarisch zugedacht war. Heinemann und seine Frau überlebten zwar den brutalen Übergriff, doch sie hatten jeglichen Lebenswillen verloren. Aus Verzweiflung nahmen sie sich wenige Tage später das Leben.[45]

Nach dem Tode von Frans Arens suchte der Historische Verein nach einem Verbindungsmann zur katholischen Kirche und fand ihn in **Hermann Schulte-Pelkum** (1. Juli 1874 – 4. April 1945).[46] Der Sohn eines Essener Bäckermeisters und Wirts, Schüler des Burggymnasiums, hatte Theologie studiert und war am 15. August 1898 zum Priester geweiht worden. Bis zu seiner Ernennung zum Geistlichen Direktor des Franz-Sales-Hauses am 19. Oktober 1910 war er Kaplan in Aachen. Schulte-Pelkum, der 1925 Dechant des Dekanats Essen-Altstadt wurde, war in vielen katholischen Einrichtungen und verfügte damit über ein umfangreiches Netzwerk von Kontakten.

Es ist bereits betont worden, daß der Essener Verein nach dem Ersten Weltkrieg im Gegensatz zu anderen Geschichtsvereinen in keine strukturelle Krise geraten ist. In der Vereinspolitik ist kein Bruch auszumachen. Weder bei den Vortragsveranstaltungen noch bei den Essener Beiträgen gab es gravierende Änderungen.

Die Wiederaufnahme der Vorträge begann am 7. Februar 1919. Während auf politischer Ebene in Essen über die Sozialisierung des Bergbaus gestritten wurde und die Parteien ihren Kommunalwahlkampf betrieben, referierte Theodor Imme über »Totenbräuche in Alt-Essen und Umgebung«. Diese Ferne zum Zeitgeschehen war typisch und kennzeichnend für die Vortragsveranstaltungen des Vereins, der zwar in seinen Jahresberichten der 1920er Jahre die allgemeinen Lage des Vaterlandes und der Heimatstadt beklagte, sich aber ansonsten einer Stellungnahme zu den politischen Ereignissen strikt enthielt – dabei war die Weimarer Republik wahrlich nicht arm an solchen.

Die Zahl der Vorträge im Jahr schwankte zwischen zwei (1925) und sieben (1926). Insgesamt gab es 46 Veranstaltungen. Vielbeschäftigter Redner war der Vorsitzende, Konrad Ribbeck, der zehn Mal ans Pult trat und vor allem über stadtgeschichtliche Thema sprach – zuletzt über »Groß-Essen in vergangenen Tagen« am 8. November 1929, wenige Tage vor seinem plötzlichen Tod. Fleißige Referenten zu Beginn der 1920er Jahre waren Walter Däbritz, der Leiter der Akademischen Kurse in Essen, der sich mit wirtschaftsgeschichtlichen Themen

---

45 Zur Erinnerung an Samuel und Anna Heinemann hat der Historische Verein zwei Gedenksteine, zwei sogenannte »Stolpersteine«, gestiftet. Zur Aktion »Stolpersteine« siehe unten.
46 Dickhoff, Köpfe, S. 211.

befaßte,[47] und der Lehrer Karl Mews, der Gustav Natorp und Ernst Waldthausen porträtierte und zudem an Bredeney und Schuir in alten Tagen erinnerte. Die weiteren Redner stammten vornehmlich aus den Reihen der Mitglieder, doch vereinzelt hatte der Verein auch auswärtige Wissenschaftler zu Gast: am 13. Dezember 1924 Carl Schuchardt aus Berlin (Thema: Die Kämpfe zwischen Franken und Sachsen unter besonderer Berücksichtigung des Befestigungswesens), am 13. Februar 1926 Reinhold Heuer aus Thorn (Die Baukunst des Deutschen Ritterordens im Preußenlande) und am 22. Juni 1928 Ernst Wahle aus Heidelberg (Das Verhältnis Niedersachsens zum Rheinlande in vor- und frühgeschichtlicher Zeit).

Die Öffnung des Vereins gegenüber Frauen machte sich bei den Vortragsveranstaltungen noch nicht bemerkbar. Die einzige Referentin war die Lehrerin Johanna Kachel, die am 26. März 1926 über »Herberge und Gastwirtschaft im Mittelalter« sprach.

Der zeitliche Rahmen war sehr weit gespannt und reichte von der vor- und frühgeschichtlichen Zeit bis zur Gegenwart.[48] Gleichfalls wurde thematisch ein breites Spektrum abgedeckt: Die Entwicklung der Stadt, die Verfassungen des Stiftes und der Stadt, das Gerichtswesen, Kriegsgeschichten, die Münzen der Äbtissinnen, Handel und Gewerbe, der Bergbau, die Gaststätten, das Medizinalwesen. Die Schulen wurden ebenso behandelt wie die »Musik im Gottesdienst der Essener Münsterkirche im Mittelalter« oder die »älteren historischen Zeitschriften für den Niederrhein und Westfalen«. Vorträge aus den Bereichen Namenskunde, Genealogie, Volkskunde und Archäologie sowie biographische Beiträge zu Pastor Johannes Mercker (1659–1728), Nikolaus Kindlinger, Franz Dinnendahl und Johann Wilhelmi vervollständigen die Übersicht. Bei diesem bunten Vielerlei ist keine Schwerpunktsetzung zu erkennen. Der Verein richtete sich augenscheinlich nach dem Angebot der Redner. Entscheidend war der Bezug zu Essen, doch der Vorstand ließ wenige Ausnahmen gelten – nicht nur bei den auswärtigen Referenten. So durfte Theodor Reismann-Grone, der Zei-

---

47 20.11.1920: Die Organisation des Ruhrkohlenbergbaus im Wandel der Zeit; 4.3.1922: Aus der Entstehungszeit der Essener Banken; 22.3.1923: Aus der älteren Finanzgeschichte des Kruppschen Werkes. – Zu Däbritz siehe Fritz Pudor, Walter Däbritz, in: Lebensbilder aus dem Rheinisch-Westfälischen Industriegebiet 1962–1967, Baden-Baden 1977, S. 29–34; Walther Hermann, Walther Däbritz, in: Tradition 8 (1963), S. 233–238; Dickhoff, Köpfe, S. 43; Manfred Rasch, Von Festschrift und Hagiographie zur theorie- und methodengeleiteten Darstellung? Unternehmens- und Unternehmergeschichtsschreibung zur Stahlindustrie im Ruhrgebiet in den letzten hundert Jahren, in: Ferrum 74 (2002), S. 19 f.

48 Am 2. November 1922 wurden die Erinnerungen des Essener Stadtobersekretärs Georg Felger aus den Jahren 1873 bis 1918 vorgestellt. In den 1960er Jahren wurden sie in Die Heimatstadt Essen – Jahrbuch 17 (1965/66), S. 75–89 u. 18 (1966/67), S. 111–120 veröffentlicht.

tungsverleger und spätere Oberbürgermeister von Essen, am 24. Februar 1928 seine Gedanken zu »Siegfried in Westfalen« kundtun.[49]

Die Essener Beiträge der Jahre 1919 bis 1928 (Band 38–46) enthalten zahlreiche Untersuchungen zur Verfassungs- und Wirtschaftsgeschichte des Stiftes. Hans Theodor Hoederath behandelte die Wahlkapitulationen der Fürstäbtissinnen von Essen 1370–1726 (EB 44 – 1927), die Landeshoheit der Fürstäbtissinnen von Essen, ihre Entstehung und Entwicklung bis zum Ende des 14. Jahrhunderts (EB 43 – 1926) und die geistlichen Richter der Fürstäbtissinnen (EB 45 – 1927). Im Band 38 (1919) sind gleich zwei wichtige Aufsätze zu finden: Alexia Mischell analysierte den Haushalt des Essener Damenkapitels von 1550 bis 1648, während sich Wilhelm Holbeck mit der mittelalterlichen Verfassungs- und Wirtschaftsgeschichte des Kanonichenkapitels bis 1600 befaßte. Die Reihe der verfassungs- und wirtschaftsgeschichtlich ausgerichteten Darstellungen der Oberhöfe des Stifts wurde fortgesetzt mit der Geschichte des Oberhofes Huckarde (EB 44 – 1927). Im engen Kontext zu diesem Themenfeld steht auch die Studie von Wilhelm Wirtz über die Marken in den Stiftern Essen und Rellinghausen (EB 43 – 1926).

Im Vergleich zur Stiftsgeschichte geriet die Stadtgeschichte ins Hintertreffen. Lediglich zwei Arbeiten zur Schulgeschichte[50] und die Geschichte des Essener Medizinalwesens von Franz Wagner (EB 40 – 1922) sind darunter einzuordnen.

Ein neuer Schwerpunkt in den Essener Beiträgen ist die Berücksichtigung der Essener Wirtschaftsgeschichte im 19. Jahrhundert in biographischen Studien, die Unternehmerpersönlichkeiten wie Ernst Waldthausen,[51] Friedrich Grillo[52] und Carl Julius Schulz[53] gewidmet sind. Einen Ausnahmefall stellte hingegen die genaue Analyse der Finanzgeschichte der Kruppschen Gußstahlfabrik unter ihrem Gründer Friedrich Krupp dar, die Walther Däbritz vornahm (EB 41 – 1923). Der biographische Ansatz in der Wirtschaftsgeschichte, der auf Däbritz zurückging,[54] mag heute etwas antiquiert erscheinen, doch demgegen-

---

49 Siehe dazu S. 121 f.
50 Konrad Ribbeck, Die Schulordnung des Essener lutherischen Gymnasiums vom Jahre 1737, in: EB 42 (1924), S. 55–67 u. Karl Overmann, Die Geschichte der Essener höheren Lehranstalten im 17. und 18. Jahrhundert mit besonderer Berücksichtigung des Evangelisch-Lutherischen Gymnasiums und seines Direktors Johann Heinrich Zopf, in: EB 46 (1928), S. 3–196.
51 Karl Mews, Ernst Waldthausen (1811–1883), in: EB 41 (1923), S. 40–52.
52 Walther Däbritz, Friedrich Grillo als Wirtschaftsführer, in: EB 43 (1926), S. 317–333.
53 Walther Däbritz, Carl Julius Schulz, der Begründer des Blechwalzwerks Schulz, Knaudt & Co, Essen, in: EB 46 (1928), S. 279–293.
54 Rasch, Festschrift, S. 19 f.

über ist zu betonen, daß die Behandlung der wirtschaftlichen Entwicklungen im 19. Jahrhundert für die lokalen Geschichtsvereine nicht selbstverständlich gewesen ist. Es ist daher ein Zeichen von Modernität, daß der Essener Verein solche Themen überhaupt aufgegriffen hat. Daß den Mitgliedern aus dem Wirtschaftsbürgertum solche Art der Geschichtsbetrachtung besonders gut gefiel, ist verständlich. Sie lasen es gerne, wenn Mews »das Ringen und Streben, Planen und Überlegen jener führenden Männer« schilderte, »die mit zäher schöpferischer Willenskraft am Werke waren, und von denen die mächtigen Impulse ausgingen zu der gigantischen Entwicklung des industriellen Lebens unserer Tage, deren oberflächliche Betrachtungsweise nur zu leicht lediglich materielle Machtbestrebungen dort zu erkennen glaubte, wo im tiefsten Grund innere, seelische Kräfte unternehmenden Tatendrangs wirksam waren. Die Entwicklungsgeschichte der rhein.-westfälischen Industrie läßt durch ein Jahrhundert hindurch, ... dies gestaltende Vorwärtsdrängen einzelner hervorragender Persönlichkeiten erkennen, deren Schaffen und Wirken um so höher zu bewerten ist, da sie unter höchst ungünstigen politischen und wirtschaftlichen Verhältnissen die Verwirklichung großer, ihrer Zeit weit vorauseilender Gedanken wagten.«[55]

Wie es sich schon vor dem Ersten Weltkrieg andeutete, wurden in den 1920er Jahren die Interessen der Familienforscher stärker berücksichtigt. Eberhard Ludwig Stinnesbeck und Siegfried Schellbach gaben einen Überblick über die Kirchenbücher der katholischen und evangelischen Gemeinden in Essen (EB 44 – 1927), dem Aufsätze zu alten Kirchenbüchern im Essener Stift (EB 45 - 1927) und zu drei alten Borbecker Kirchenregistern aus den Jahren 1447, 1626 und 1657 folgten (EB 46 – 1928).

Franz Büscher eröffnete eine neue Serie »Mitteilungen aus Archiven«, in der wichtige Dokumente zur Stadt- und Stiftsgeschichte wie Satzungen und Statute der Stadt oder die Gerichtsordnungen des Stiftes abgedruckt wurden. Auch andere Mitarbeiter stellten Quellen wie das alte Markenbuch der Bauerschaften Hinsel und Holthausen (Überruhr) (EB 46 - 1928) vor oder veröffentlichten Bestandsverzeichnisse.[56]

---

55 Mews, Waldthausen, S. 40. – Dieses Loblied auf den Industriepionier sang Mews immer wieder aufs Neue: »... stoßen wir auf das bahnbrechende, wegweisende, schöpferische Wirken bedeutender Unternehmergestalten, denen vornehmlich unsere heimische Wirtschaft ihr Gepräge verdankt. ... das faustische Streben unserer Industrie- und Wirtschaftspioniere« (EB 53 (1935), S. 287); »denn Ursprung und Entwicklung einer Firma sind getragen von der schöpferischen Kraft und dem wagemutigen Unternehmungsgeist einzelner Persönlichkeiten« (EB 71 (1956), S. 147).
56 Ferdinand Vogeler, Die Mittwegschen Familienakten des Essener Stadtarchivs, in: EB 43 (1926), S. 279–316; Joseph Kahn, Urkunden der Vikarie B.M.V. zu Borbeck aus der Zeit von

Insgesamt zeichnen sich die Essener Beiträge auch der Jahre 1919 bis 1928 durch ihr recht hohes Niveau aus. Ein zweites ist anzumerken: Erstmals wurden Arbeiten von Frauen publiziert. Die Arbeit von Alexia Mischell ist bereits genannt worden. Zu ergänzen wäre die ausgezeichnete Untersuchung von Käthe Klein über die Baedeker-Zeitung und ihre Vorgängerin in Essen, 1738–1845 (EB 45 – 1927).

Etwas Neues beabsichtigte der Historische Verein mit der Herausgabe eines Kartenwerkes zu realisieren. Prof. Constantin Schulteis aus Emmerich, der am »Geschichtlichen Atlas der Rheinprovinz« mitgearbeitet hatte, war bereit, die Entwicklung Altenessens und Umgebung in fünf Kartenblättern darzustellen und den erläuternden Text dazu zu verfassen. An diesem Beispiel sollte der »Gang der ungeheuren wirtschaftlichen Umwälzung, der sich in den letzten 100 Jahren in unserer Gegend vollzogen« hatte, veranschaulicht werden. Die Kosten für das sowohl der Wissenschaft als auch der Schuljugend nützliche Werk schätzte der Verein auf 4000 Mark. Da er diesen Betrag nicht allein aufbringen konnte, beantragte er bei der Stadt Essen einen Zuschuß von 1.500 Mark. Weitere 500 Mark hatte der Köln-Neuessener Bergwerks-Verein zugesagt.[57]

Das Vorhaben fand die Unterstützung des Beigeordneten Hermann Ehlgötz[58], der es »wärmstens« befürwortete. »Gerade das geschichtliche Kartenmaterial der Vororte ist noch sehr lückenhaft. Ferner sind wir heute noch in der glücklichen Lage, einige sachkundige ältere Herren unter uns zu haben, die sich dankenswerter Weise mit zäher Energie dem Studium ihrer vaterstädtischen Geschichte widmen.«[59] Da diesem Votum in der Beigeordnetensitzung am 14. März 1928 niemand widersprach, wurde der Zuschuß einstimmig gebilligt.[60]

Stolz kündigte Ribbeck in der Jahreshauptversammlung am 8. Oktober 1928 die baldige Herausgabe des Kartenwerks an,[61] und zu Weihnachten konnten die Mitglieder diese Sondergabe zu einem mäßigen Preis erwerben.[62]

Großes Lob für seine Leistung erhielt der Historische Verein von Prof. Hermann Aubin, dem Gründer des Instituts für geschichtliche Landeskunde der Rheinlande, der in den 1920er Jahren das Konzept der historischen Kul-

---

1655 bis 1724, in: EB 45 (1927), S. 213–273.

57 StA Essen 45–154, Historischer Verein an OB, 7.3.1928.

58 Zu Ehlgötz siehe Hermann Schröter, Beigeordnete der Stadt Essen bis zum Jahre 1933, in: Heimatstadt Essen – Jahrbuch 12 (1960/61), S. 29–48, S. 38 ff.

59 StA Essen 45–154, Vermerk Ehlgötz, 12.3.1928.

60 StA Essen 45–154, Auszug aus der Niederschrift der Beigeordnetensitzung u. Verfügung v. 14.3.1928.

61 Essener Volks-Zeitung v. 8.10.1928.

62 Jahresbericht 1928, in: EB 46 (1928), S. 430 f.

turraumforschung entwickelt hatte und dabei auch neue kartographische Methoden anwandte.[63] Er attestierte dem Verein, »ein Beispiel heimatkundlicher Arbeit im besten Sinne geschaffen« zu haben und bedauerte lediglich, daß nicht alle Blätter den gleichen Maßstab aufwiesen. Trotz des Einwandes war sein Gesamteindruck positiv. »Man kann nur wünschen, dass dieses Beispiel recht oft und bald Nachahmung findet. ... Denn wieviel hat doch diese Kartenfolge gerade aus dem Industriegebiet zu sagen und wie lebhaft muss sie gerade zu der werktätigen Bevölkerung sprechen!«[64]

Hoch erfreut leitete Ribbeck das Schreiben an den Oberbürgermeister weiter, um »den Beweis zu liefern, daß die Arbeit die Anerkennung wissenschaftlicher Autoritäten findet«.[65]

Die Übersicht über die Vortragsveranstaltungen und die Veröffentlichungen in den Essener Beiträgen zeigt, daß die Vereinsarbeit insgesamt völlig unpolitisch war. Wenn die Mehrheit der Vereinsmitglieder die Weimarer Republik ablehnte oder sich mit ihr nur schweren Herzens arrangieren konnte, so schlug sich diese Haltung nicht in den Publikationen nieder.

Auch antifranzösische Ressentiments, wie sie in der historischen Forschung der 1920er Jahre nicht nur im Westen des Reiches gang und gäbe waren,[66] lassen sich in den Essener Beiträgen nicht nachweisen. Der Kampf gegen Versailles, für die Revision der Bedingungen des Friedensvertrages wurde nur einmal im Historischen Verein thematisiert. Am 5. Oktober 1928 sprach Ribbeck, zurückgekehrt von der Tagung des Gesamtvereins der deutschen Geschichts- und Altertumsvereine[67] in Danzig, über das »Deutschtum an der Weichsel in alter und neuer Zeit«. Er ließ keinen Zweifel daran, daß Westpreußen und Danzig

---

63 Zu Aubin und dem Institut siehe Marlene Nikolay-Panter, Geschichte, Methode, Politik. Das Institut für geschichtliche Landeskunde der Rheinlande 1920–1945, in: Rheinische Vierteljahrsblätter 60 (1996), S. 233–262; siehe auch Eduard Mühle, Hermann Aubin und der »Deutsche Osten«, in: Hartmut Lehmann/Otto Gerhard Oexle, Nationalsozialismus in den Kulturwissenschaften, Bd. 1, Göttingen 2004, S. 531–591 (mit weiteren Literaturangaben).

64 StA Essen 45-154, Aubin an Ribbeck, 17.2.1929.

65 StA Essen 45-154, Ribbeck an OB, 6.3.1929.

66 Franziska Wein, Deutschlands Strom – Frankreichs Grenze. Geschichte und Propaganda am Rhein 1919–1930, Essen 1992; Klaus Pabst, Die »Historikerschlacht« um den Rhein, in: Jürgen Elwert (Hrsg.), Historische Debatten und Kontroversen im 19. und 20. Jahrhundert, Stuttgart 2003, S. 70–81; Christoph Cornelissen, »Schuld am Weltfrieden«. Politische Kommentare und Deutungsversuche deutscher Historiker zum Versailler Vertrag 1919–1933, in: Gerd Krumeich (Hrsg.), Versailles 1919, Essen 2001, S. 237–258.

67 Zum Gesamtverein siehe Alfred Wendehorst, 150 Jahre Gesamtverein der deutschen Geschichts- und Altertumsvereine, in: Blätter für deutsche Landesgeschichte 138 (2002), S. 1–66.

stets deutsch gewesen seien und zwar »von den germanischen Siedlungen über die Zeit des Ordens bis heute ... Die Handels- und Kulturgeschichte Danzigs und Westpreußens beweisen, daß deutscher Fleiß und deutsche Arbeit das Land blühend und stark gemacht haben.« Daher sei der »Machtanspruch von Versailles«, der die Abtrennung von Deutschland verfügt habe, eine Ungerechtigkeit. Nun sei zu beobachten, wie Polen »mit verbissener Energie und vorbildlichem Tatdrang« auf die »Polonisierung des Volkes« hinarbeite, so daß die Lage der Deutschen verzweifelt sei. Es müsse unbedingt alles getan werden, um »den deutschen Vorrang aufrechtzuerhalten«.[68]

Als die unruhigen Jahre vorbei waren und sich die wirtschaftliche Lage stabilisiert hatte, begannen beim Historischen Verein die Zukunftsplanungen. Der zweite Band der Stadtgeschichte ließ noch auf sich warten, ein Register für die Essener Beiträge Band 26 bis 50 sollte in Angriff genommen werden, und zudem galt es, die Feier zum 50jährigen Bestehen vorzubereiten. Der Löwenanteil der Arbeit lastete auf den Schultern von Konrad Ribbeck. Um so größer war der Verlust, als dieser am 8. Dezember 1929 völlig unerwartet an einem Gehirnschlag verstarb. Allen war bewußt, daß es beinahe unmöglich war, ihn zu ersetzen.

Abb. 19: Konrad Ribbeck

Ribbeck, der sich durch seinen Fleiß und seine wissenschaftliche Qualifikation auszeichnete, war der »Geschichtsschreiber unserer Stadt«, wie die Essener Volks-Zeitung zu Recht betonte.[69] Davon zeugen die zahlreichen Veröffentlichungen und besonders Band 1 der Stadtgeschichte. Ribbeck war aber mehr als nur ein bienenfleißiger Forscher. Von allen, die ihn kannten, wurde seine Liebenswürdigkeit gerühmt: »Meldete man ihm ein neues Mitglied, überreichte man ihm ein Erinnerungsstück, ein Bildnis oder eine Urkunde

68 Essener Volks-Zeitung v. 8.10.1928.
69 Essener Volks-Zeitung v. 9.12.1929.

aus Essens alten Tagen, so leuchtete ihm die Freude aus den Augen wie einem Menschen, dem ein Herzenswunsch erfüllt wird. Das war nicht Schein äußerer Höflichkeit, das war echt, aufrichtig – seinem Wesen gemäß.«[70]

Mit dieser ihm eigenen Freundlichkeit und einer steten Hilfsbereitschaft übte er seinen Beruf und seine Ämter aus.[71] Er war vier Jahrzehnte ein vorbildlicher Pädagoge, den Gewissenhaftigkeit, der tiefe Ernst der Berufsauffassung und Pflichtbewußtsein eigen waren. Dieses Pflichtgefühl ließ ihn auch in schwierigen Zeiten nicht aufgeben. Selbst im Krieg, in dem zwei seiner Söhne gefallen waren. »Wie überflüssig einem in diesem Augenblick der ganze Kram vorkommt«, schrieb er Karl Mews.[72] Und dennoch, trotz aller Verzweiflung, Konrad Ribbeck resignierte nicht, er machte weiter.

Seiner Kraft verdankte der Historische Verein den Aufschwung. Doch nicht allein der Verein profitierte von seinem Wissen und seinem Arbeitseifer, Nutznießer waren ebenso das Stadtarchiv und das Ortsgeschichtliche Museum. Ribbeck setzte die Arbeit seiner Vorgänger fort und entwickelte sich zum besten Kenner der städtischen Archivalien. Er war stets bereit, Auskünfte zu geben und Ratschläge zu erteilen. Er beriet zahlreiche Doktoranten, deren Arbeiten dann in den Essener Beiträgen erschienen. Mit der gleichen Sorgfalt betreute er die Sammlungen des Museums.

Angesichts der vielen Aufgaben ist es verblüffend zu erfahren, daß Ribbeck noch die Zeit fand, als Armenpfleger tätig zu sein.

Konrad Ribbeck war »durch seine nahezu 40jährige Tätigkeit als Stadtarchivar und Vorsitzender die Seele unseres Vereins geworden«.[73] Dieser ehrte ihn am 26. Januar 1930 in einer würdigen Trauerfeier im Teppichsaal des Folkwangmuseums.[74]

---

70 Mews, 50 Jahre, S. 6; Wilhelm Sellmann, Drei Väter der Essener Geschichte: Kindlinger, Grevel und Ribbeck, in: Heimatstadt Essen – Jahrbuch 1960, S. 43–46, S. 45.
71 Siegfried Kirchheimer schilderte ihn aber als gestrengen Lehrer: »Er war, wie gesagt, ein ganz Gestrenger und zog einen, wenn und wo es angebracht war, an den Haaren vor dem Ohr so hoch, was sehr schmerzhaft war und den sausenden Stock mehr als ersetzte.« Siegfried Kirchheimer, Als das Jahrhundert begann. Aus den Jugenderinnerungen eines alten Esseners in New York, in: Die Heimatstadt Essen – Jahrbuch 1974, S. 131–138, S. 133.
72 Mews, 50 Jahre, S. 8.
73 Ebd.
74 Essener Anzeiger v. 27.1.1930; Essener Volks-Zeitung v. 27.1.1930.

4. »... DER LEBENDEN GENERATION HALT UND STÄRKUNG ZU GEBEN« – DER HISTORISCHE VEREIN IN DEN JAHREN 1930–1945

Wenngleich der plötzliche Tod von Konrad Ribbeck eine schwer zu schließende Lücke riß, so begann keine Suche nach einem geeigneten Nachfolger, denn dieser stand bereits fest. Allerdings verteilte man die Arbeit auf mehrere Schultern. Der erste Schriftführer Karl Mews, der seit 1919 dem Vorstand angehörte und seit langem als der Kronprinz galt, übernahm den Vorsitz des Vereins, während die Herausgeberschaft der Essener Beiträge Hans Theodor Hoederath zufiel. Er fungierte zugleich als nebenamtlicher Stadtarchivar, da sich die Stadt finanziell nicht in der Lage sah, einen hauptamtlichen Archivar – wie vom Historischen Verein gewünscht – zu besolden.[1]

Mews und Hoederath waren beide Lehrer an Essener Schulen, doch sie unterschieden sich fundamental in ihrem Auftreten, in ihrer politischen Einstellung und in ihrem wissenschaftlichen Arbeiten.

Karl Mews (15. Dezember 1884 – 29. Juli 1973) war gebürtiger Kölner.[2] Als sein Vater, ein Eisenbahnsekretär, an die 1895 neu eingerichtete Eisenbahndirektion Essen versetzt wurde, zog die Familie in die rasch wachsende Ruhrstadt um. Obgleich Karl Mews die Oberrealschule in der Steeler Straße besuchte, entwickelte sich eine

Abb. 20: Karl Mews

1 StA Essen 45-120, Aktennotiz betr. Vorstandssitzung des Historischen Vereins, 30.1.1930.
2 Zum folgenden siehe Schröder, Mews.

103

enge persönliche Beziehung zu Konrad Ribbeck, dessen »getreuester Schüler« er wurde.[3] Folgerichtig nahm Mews 1904 das Studium der Geschichte und der neueren Sprachen an der Universität Bonn auf. Nach einem einjährigen Auslandsaufenthalt als Hauslehrer in Debreczin (Ungarn) wechselte er an die Universität Münster, wohl beeinflußt durch Ribbeck, der sehr gute Kontakte zu Karl Spannagel, dem dortigen Ordinarius für Neuere Geschichte, besaß. Dieser wurde der Doktorvater von Mews, der sich in seiner Dissertation – wiederum angeregt durch Ribbeck – mit der Essener Gewehrindustrie befaßt hatte.[4]

Am 23. Dezember 1908 legte Mews die mündliche Doktorprüfung ab. Es folgte am 1. März 1910 die Staatsprüfung für das höhere Lehramt. Seine Probejahre absolvierte er erfolgreich am Essener Realgymnasium in der Heinickestraße (seit 1922 Helmholtzschule) und an der Oberrealschule in Barmen. Seit dem 1. April 1912 unterrichtete Mews als Oberlehrer am neugegründeten Realgymnasium Bredeney, Vorgänger des heutigen Goethe-Gymnasiums, die Fächer Deutsch, Geschichte, Französisch und Turnen.

Mews war – nach Aussagen von ehemaligen Schülern – ein autoritärer, aber auch ein unbestechlicher und gerechter Lehrer. So hatten politische Meinungen, die von seiner Einstellung abwichen, keinen negativen Einfluß auf die Notengebung. Daher gehörte er in Bredeney »zu den beliebten, allgemein geachteten Lehrern«.[5]

Neben seiner Lehrtätigkeit widmete sich Mews weiterhin der historischen Forschung. Bereits 1912 veröffentlichte er in den Essener Beiträgen einen Aufsatz zu den Berichten von Geographen und Reisenden über das Stift und die Stadt Essen.[6] Wenngleich er die allgemeine Stadtgeschichte nicht aus den Augen verlor,[7] galt seine Hauptarbeit fortan der lokalen und regionalen Wirtschaftsgeschichte. Ein erster Überblick über den »Werdegang der heimischen Industrie« ist im »Essener Heimatbuch« von 1925[8] zu finden, über den Ernst Schröder 1974 urteilte: »Streift man die nationalistische Patina ab, die besonders in der Einleitung und im Schlußabschnitt stört, so bleibt Mews' ›Werdegang der heimischen Industrie‹ eine flüssig geschriebene, auf das Wesentliche ausgerichtete und deshalb instruktive Einführung in die Essener und die ruhr-

---

3 Schröder, Mews, S. 9.
4 Geschichte der Essener Gewehr-Industrie. Ein Beitrag zur Geschichte der rheinisch-westfälischen Industrie, in: EB 31 (1909), S. 3–95.
5 Schröder, Mews, S. 13.
6 Stadt und Stift Essen in den Berichten von Geographen und Reisenden vergangener Zeiten, in: EB 34 (1912), S. 257–284.
7 Siehe die Bibliographie seiner Schriften in EB 89 (1974), S. 23–31.
8 Der Werdegang der heimischen Industrie, in: Essener Heimatbuch, hrsg. v. Heinrich Wefelscheid u. Otto Lüstner, Frankfurt 1925, S. 106–150.

ländische Wirtschaftsgeschichte.«[9] Neben dieser Gesamtdarstellung erschien 1920 anläßlich des 100jährigen Bestehens die Geschichte der Wollhandlung Wilh. & Conrad Waldthausen, und es begann seine Reihe von Wirtschaftsbiographien mit Studien zu Ernst Waldthausen, dem langjährigen Präsidenten der Essener Handelskammer, Heinrich Heintzmann, dem Direktor des Essener Bergamtes, und Gustav Natorp, dem Geschäftsführer des Bergbau-Vereins.[10]

Mews war nicht nur Pädagoge und Historiker, er war in den 1920er Jahren auch ein politisch handelnder Mensch. Seine national-konservative Grundeinstellung verstärkte sich im Ersten Weltkrieg, den er vom Anfang bis zum Ende mitmachte. Erst am 24. Dezember 1918 wurde er als Reserve-Leutnant aus dem Militärdienst entlassen. Für ihn waren das Kriegsende, die Niederlage und die sich daran anschließenden revolutionären Ereignisse eine Katastrophe. »Deutsche Ehr verraten, deutsche Wehr zerbrochen, deutsches Volk und Land fremder Willkür preisgegeben, so endete die feldgraue Heldenzeit. Charakterlosigkeit verleugnete, Feigheit verbarg sich, Irrwahn triumphierte, Zügellosigkeit herrschte, Aufruhr tobte, Bürgerblut floß. Soldatische Tugenden, kameradschaftlicher Sinn, vaterländischer Geist wurden belächelt, verspottet, verhöhnt.« – so charakterisierte Mews den Beginn der Weimarer Republik.[11] Der Umsturz im November 1918 – »diese Ausgeburt von Meineid und Hochverrat« war für ihn »ein Verbrechen am deutschen Volke«.[12] Folgerichtig finden wir Mews 1919 in der Essener Einwohnerwehr wieder, die sich dem Kampf gegen »Spartakus und Bolschewismus« – wie der damalige Sprachgebrauch lautete – verschrieben hatte. In seiner Erinnerungsschrift »Unser Kampf«[13] schilderte Mews die Bildung der Einwohnerwehr als Notwendigkeit, da »der Pöbel, Ausgeburten der Unterwelt, unter Führung von fremdrassigen Elementen, Zuchthäuslern und Landesverrätern auf Plätzen, in Straßen, Fabriken und öffentlichen Betrieben Terror und Gewalttat trieben, gegen die Polizei und Staatsgewalt ohnmächtig waren«.[14] Die Einwohnerwehr, die zunächst das Sammelbecken der antidemokratischen Kräfte war, wandelte sich durch die

---

9 Schröder, Mews, S. 16.
10 Wilh. & Conrad Waldthausen Essen-Ruhr 1820–1920, München 1920; Ernst Waldthausen (1811–1883), in: EB 41 (1923), S. 40–52; Heinrich Heintzmann 1778–1858, ein Bergmanns- und Beamtenleben, in: EB 48 (1930), S. 421–447; Heinrich Heintzmann, in: Rheinisch-Westfälische Wirtschaftsbiographien, Bd. 1, H. 2, Münster 1931, S. 196–213; Gustav Natorp. Drei Jahrzehnte Verkehrspolitik des rheinisch-westfälischen Bergbaus, in: Glückauf 66 (1930), S. 766–774 u. 804–809.
11 50 Jahre Kriegerverein Bredeney 1878–1928, Essen 1928, S. 13.
12 Was tut not?, S. 5.
13 Als Manuskript in StA Essen 703-10.
14 Mews, Unser Kampf, S. 4.

Aufnahme von Gewerkschaftlern zur regierungstreuen Truppe. Beim Kapp-Lüttwitz-Putsch 1920 stand sie daher nicht auf Seiten der Aufständischen. Für Mews waren der Siegeszug der revolutionären Arbeiter-Armee und die Verhandlungen der Regierung mit ihren Führern erschütternde Ereignisse. »Das Erlebnis dieser Tage ließ in unseren Herzen Verbitterung, Haß, Verachtung gegen dieses System zurück, das alles andere als Würde, Schönheit, Ehre und Treue war, wo Partei- und Gewerkschaftsbonzen, parlamentarische Schwätzer und eigensüchtige Wirtschaftsinteressenten, vielfach unter der Führung von jüdischen und internationalen ›Volksgenossen‹ Volk und Nation verführten, verdarben, verrieten und verkauften.«[15]

Seine antirepublikanische Einstellung verstärkte sich nach der Annahme der Versailler Friedensbedingungen, die in seinen Augen »das deutsche Volk zu einem Verbrechervolk« stempelten.[16] Der Kampf besonders gegen den Schuldparagraphen des Vertragswerkes sollte zu einer Konstante in Mews' Wirken während der 1920er und 1930er Jahren werden. Die Kundgebung des Kreis-Krieger-Verbandes Essen am 23. Juni 1929 auf dem Burgplatz anläßlich des 10. Jahrestages der Vertragsunterzeichnung bestritt Mews als Hauptredner.[17] Vor mehr als tausend ehemaligen Kriegsteilnehmern stufte er das Vertragswerk als »Dokument blutigen Hasses, brutalster Vergewaltigung und räuberischer Machtpolitik« ein. Versailles war für ihn »das schreiendste Unrecht« und »das größte Verbrechen an der Menschheit«. Als besonders verletzend empfand er den Artikel 231, in dem Deutschland die Alleinschuld am Ausbruch des Krieges zugesprochen wurde. »Nicht genügte es der Rachsucht und dem Vernichtungswillen der Feinde, deutsche Brüder und deutsches Land von uns loszureißen, wertvollste unentbehrliche Rohstoffgebiete, Kolonien, Flotte und reiche Auslandsgüter uns zu rauben, nein, man nahm uns auch die Ehre. Im Artikel 231 ... werden wir Deutsche als das verworfenste Verbrechervolk gebrandmarkt.« Für Mews war die alleinige Schuldzuweisung eine »verleumderische Lüge«, denn »Frankreichs Revanchesucht, Rußlands panslawistische Balkanpläne und Englands Wirtschaftsneid auf das arbeitsame, wirtschaftlich erstarkende deutsche Volk waren die zum Krieg treibenden, den Krieg entfesselnden Kräfte.« Mit einem Aufruf, sich in die »Einheitsfront aller Deutschen« einzureihen zum »Kampf für Wahrheit, Ehre und Recht«, endete die Kundgebung. Mews bekämpfte den französischen Feind nicht nur mit Worten. Als die Franzosen 1923 das Ruhrgebiet besetzten, schloß er sich dem aktiven

15 Mews, Unser Kampf, S. 9.
16 50 Jahre Kriegerverein Bredeney, S. 14.
17 StA Essen 703–9 Kyffhäuser-Mitteilungen Nr. 7, Juli 1929 »Kampf der Kriegsschuldlüge. Ansprache des Kameraden Dr. Mews«.

Abb. 21: Französische Besetzung

Widerstand an, der im Untergrund gegen die Besatzungstruppen kämpfte. »Propaganda, Sabotage, Pranger, Gefangenenbefreiung, Beunruhigung und Schädigung der Feindtruppen, wo es nur eben möglich war, Rettung und Hilfe für bedrohte Landsleute, die wir mit ›echten‹ Pässen unserer Paßstelle über die Grenze brachten, Spionage über Stärke, Bewaffnung, Ausbildung und Geist der Einbruchsarmeen, das waren unsere Arbeitsgebiete« – so beschrieb Mews sein Handeln während der Ruhrbesetzung.[18]

Über sein politisches Engagement fand der Studienrat den Weg in den Verband »Der Deutsche Arbeiter«, der am 16. Februar 1926 gegründet wurde.[19] Die Vereinigung wollte die Arbeiterschaft einen und sammeln »auf dem Boden des deutschen Volkstums und eines starken Bekenntnisses zu Nation und Staat. Bejahung des deutschen Staats- und Volksgedankens; Ablehnung von Klassenkampf und Internationale« waren – so Mews – die Grundlage ihrer Tätigkeit.[20]

---

18 Mews, Unser Kampf, S. 11; siehe auch StA Essen 703–10 Mews an Heeresarchiv Potsdam, o.D. [2.10.1937] mit einer Schilderung seiner Widerstandsaktivitäten.
19 Siehe Was tut not?
20 Was tut not?, S. 5.

Als Organisation der national eingestellten Arbeiter galt es, den Kampf aufzunehmen »gegen Marxismus, Internationale und das unselige Gewerkschaftsunwesen«, vor allem aber gegen »das Schanddiktat von Versailles als der Hauptursache der Verelendung und Versklavung« Deutschlands.[21] Hehres Ziel war es, »deutsche Arbeiter aus dem Wirrsal dieser fluchwürdigen Zeit zu lösen, sie für das Ideal: Nation, Volk und Reich wieder zu gewinnen und die hohen Tugenden der Treue, Pflicht, Ehre, Freiheit und des Rechts, ... im deutschen Arbeiter zu wecken«.[22] Diese propagierten Ideale hatte sich Mews ganz zu eigen gemacht, so daß er viel Zeit und Kraft diesem Arbeiterverband widmete, der allerdings kaum Rückhalt in der Arbeiterschaft des Ruhrgebietes fand.

Mews konnte sich nach eigener Aussage »keiner Partei restlos verschreiben«,[23] dennoch hatte er sich der Deutsch-Nationalen Volkspartei (DNVP), dem Sammelbecken der reaktionären, antirepublikanischen Kräfte, angeschlossen, für die er in zahlreichen Versammlungen warb.[24] Zudem engagierte er sich im Reichskriegerbund Kyffhäuser, dessen Verbandsziel u. a. die Pflege der militärischen Tradition und der Kameradschaft unter den ehemaligen Frontsoldaten war.

Ob es angesichts dieses politischen Engagements bei manchem Mitglied des Historischen Vereins Zweifel gab, daß Karl Mews der geeignete Vereinsvorsitzende sei, können wir nur vermuten. Doch eine Alternative war nirgends zu entdecken, weshalb er am 14. Februar 1930 einmütig gewählt wurde.

Im Gegensatz zu dem aktiven, politisch exponierten Vorsitzenden Mews war **Hans Theodor Hoederath** (6. Januar 1883 - 13. Dezember 1967), der die Herausgeberschaft der Essener Beiträge übernahm, »ein in sich gekehrter Mensch, der wenig Kontakte suchte und in wissenschaftlicher Arbeit Freude und Befriedigung fand«.[25] Hoederath, aufgewachsen am Rhein in den Städten Linz, Bingen und Boppard, wo er 1906 das Reifezeugnis erhielt, studierte in Bonn und München Philosophie, Deutsch, Geschichte und Staatswissenschaften. Nach der Prüfung für das höhere Lehramt (1909) und den erforderlichen zwei Probejahren wurde er als Lehrer an der Luisenschule in Essen, der höheren Mädchenschule mit Lehrerinnenseminar, angestellt.

---

21 Mews, Unser Kampf, S. 24 f.; Was tut not?, S. 6 f.
22 Mews, Unser Kampf, S. 48.
23 StA Essen 703–31, Notizbuch Mews', Eintrag 1933.
24 Siehe die Zeitungsausschnitte in StA Essen 703–11.
25 Hermann Schröter, Hans Theodor Hoederath. Ein Nachruf, in: EB 83 (1968), S. 103–110, S. 105. Auch zum folgenden.

Ebenfalls von Ribbeck beeinflußt, verfaßte Hoederath eine
Arbeit über die Wahlkapitulationen der Fürstäbtissinnen von
Essen, mit der er 1921 an der Universität Münster zum Dr. phil. promoviert wurde.[26] Mit einer weiteren
Studie über die Entstehung und
Entwicklung der Landeshoheit der
Fürstäbtissinnen bis zum Ende des
14. Jahrhunderts erlangte er seinen
zweiten Doktorhut als Dr. jur.[27]

Ein Nebenprodukt seiner Forschungen war ein Quellenheft
»Die Reichsabtei Essen« mit 16
Texten, das als Hilfsmittel für den
geschichtlichen Arbeitsunterricht
dienen sollte.[28] Auf Sacherklä-
rungen hatte Hoederath bewußt
verzichtet. Statt dessen gab er nur
Einzelschriften an, um einen »päd-
agogischen Zweck« zu erfüllen:

Abb. 22: Hans Theodor Hoederath

»Die jungen Leute sollen, ehe sie ins Leben treten, mit der wertvollen Arbeit
vertraut gemacht werden, die von den geschichtlichen Orts- und Landesver-
einen geleistet wird, ohne daß ihr die breite Öffentlichkeit meist die gebüh-
rende Beachtung schenkt.«[29] Offensichtlich waren aber die Schülerinnen mit
den gestellten Aufgaben überfordert – eine Befürchtung, die auch der erfah-
rene Pädagoge Ribbeck gehegt hatte. Hoederath kündigte zwar die Herausgabe
weiterer Sammlungen an, falls das Heft in den Schulen angenommen werden
sollte, doch die optimistisch begonnene Reihe fand keine Fortsetzung mehr.

Die dreifache Aufgabe, die Hoederath seit 1930 zu bewältigen hatte, über-
stieg wohl seine Kräfte. 1935 gab er seine Tätigkeit im Stadtarchiv auf, da er
sich mit der Stadtverwaltung über die Ausrichtung der Arbeit nicht einigen
konnte, und ein Jahr später beantragte er seine vorzeitige Pensionierung.

---

26 In: EB 44 (1927), S. 101–143.
27 In: EB 43 (1926), S. 145–194.
28 Die Reichsabtei Essen. Quellen zur Geschichte eines deutschen Frauenstifts im Mittelalter,
    Essen 1929.
29 Ebd., S. 39.

Verärgert über die andauernden Auseinandersetzungen mit der Stadt »brach Hoederath die Verbindungen mit Essen ab und verzog nach Beuel«.[30] Damit endete automatisch seine Mitarbeit im Historischen Verein. Seine Funktion als Herausgeber der Essener Beiträge übernahm der Vorsitzende Karl Mews. Zwar hielt Hoederath der Essener Geschichte die Treue, doch die Forschungsergebnisse publizierte er nicht mehr in den Essener Beiträgen.[31]

Der neuen Vereinsspitze blieb nicht viel Zeit, um die Feier zum 50jährigen Bestehen vorzubereiten. Sie fand am 26. Oktober 1930 im Kruppsaal des städtischen Saalbaues statt, des traditionellen Fest- und Veranstaltungsortes in Essen.[32]

Zu Beginn gedachte der Vorsitzende Karl Mews seines Vorgängers und begrüßte dessen Ehefrau, die »vier Jahrzehnte lang treue Weggefährtin und Helferin ihres Gatten gewesen sei«. Auch bei der Übergabe der Vereinsgeschäfte habe sie »mit unermüdlicher Tatkraft geholfen«, und daher sei der Verein ihr »zu ganz besonderer Dankbarkeit verpflichtet«. Mews bat Frida Ribbeck die Ehrenmitgliedschaft des Vereins anzunehmen, »damit der Name Ribbeck noch viele Jahre an erster Stelle der Mitgliederliste stehe«.[33] Auch nutzte der Vorsitzende die Gelegenheit, um die Bedeutung von »Heimatpflege und Heimatliebe als Kulturfaktoren« herauszustreichen. Dies gelte besonders für das Ruhrgebiet, in das »Tausende aus den fernsten Gauen Deutschlands« geströmt seien. Diese Massen, ihrer Heimat entwurzelt, suchten nun nach Halt, und daher müsse bei ihnen, für die das Industrierevier »Werkheimat« sei, mittels Heimatgeschichte »ein geistiges Wurzelgefühl« erweckt werden.

Das Grußwort seitens der Stadt sprach der Beigeordnete Dr. Rudolf Hüttner, da der Oberbürgermeister verhindert war. Er hob ebenfalls die Bedeutung eines Historischen Vereins in einer schnell wachsenden Industriestadt hervor. Da ein Großteil der Bevölkerung von auswärts zugewandert sei, gelte es, ihr Heimatgefühl erst zu wecken. Mit Hüttner war der Reigen der Grußworte eröffnet. Weitere Glückwünsche überbrachten der Geheimrat Otto R. Redlich als Vertreter des Landeshauptmanns der Rheinprovinz, der Düsseldorfer Archivdirektor Dr. Paul Wentzcke im Namen der benachbarten historischen Vereine, Studiendirektor Dr. Franz Körholz für den Bruderverein in Werden, Dr. Eduard

---

30 Schröter, Hoederath, S. 108.
31 Schröter, Hoederath, S. 108 f.; Sellmann, Bibliographie, Bd. 3, Sp. 485 f.
32 Klaus Wisotzky, Nicht nur ein Musentempel – Die Geschichte des Saalbaus, in: EB 116 (2004), S. 171–226.
33 Essener Volks-Zeitung v. 27. 10. 1930 u. Essener Allgemeine Zeitung v. 27. 10. 1930. Auch zum folgenden.

Schulte im Auftrage der Historischen Kommission des Provinzialinstituts für westfälische Landes- und Volkskunde sowie Ingenieur Johannes Fritzen für den Kruppschen Bildungsverein

Als Festredner hatte der Historische Verein den »bedeutenden Wirtschaftshistoriker und Kenner der rheinisch-westfälischen Wirtschaftsgeschichte«,[34] Prof. Bruno Kuske von der Universität Köln,[35] gewinnen können, der aber nicht über sein Fachgebiet, sondern über die Bedeutung der ortsgeschichtlichen Vereine für die Entwicklung historischen Verständnisses und historischer Forschung sprach. Kuske konstatierte, daß das deutsche Volk »die Erkenntnis von kausalen Zusammenhängen« liebe, aber es sei auch zu beklagen, daß sich in den arbeitenden Volksschichten der Glaube festgesetzt habe, das Volk werde durch Geschichtsunterricht in die Irre geführt, es werde »absichtlich über seine sozialen und politischen Interessen« getäuscht. Daher gelte es nun, »die Tatsachen der Vergangenheit durch eine auf Naturwahrheit gehende Forschung wieder erstehen zu lassen«. »Unserer Zeit tue außerordentlich Not die Entwicklung eines stärkeren Tatsachensinnes.« Dazu könnten und sollten auch die lokalen historischen Vereine beitragen. Sie müssen den »Sinn für Geschichte beleben, und zwar möglichst in weitesten Kreisen«.[36]

Nach einem gemeinsamen Mahl[37] stand der Nachmittag im Zeichen der stadtgeschichtlichen Ausstellung. Der Leiter des Ortsgeschichtlichen Museums, Heinrich Kunolt, nutzte die Jubiläumsfeier zur Werbung in eigener Sache. Für seine Sammlung, die sich ansonsten mit drei beengten Räumen im Dachgeschoß begnügen mußte – alles andere lagerte in Truhen und Kästen auf Dachböden oder in Kellergewölben –, standen ihm nun mehrere Säle und Räume des Museums Folkwang zur Verfügung, so daß er die Schätze angemessen präsentieren konnte.[38] Wie 1901 in der ersten ortsgeschichtlichen Ausstellung wurden auch jetzt wieder in einer bunten Mischung die Zeugnisse der

---

34 Rasch, Festschrift, S. 21.
35 Zu Kuske siehe Walther Däbritz, Bruno Kuskes Lebensgang und Lebenswerk, in: Rudolf Darius/Albert Paß (Hrsg.), Europa. Erbe und Auftrag. Eine Festschrift für Bruno Kuske zum 29. Juni 1951, Köln 1951, S. 17–33; Friedrich-Wilhelm Henning, Bruno Kuske (1876–1964), in: ders. (Hrsg.), Kölner Volkswirte und Sozialwissenschaftler, Köln – Wien 1988, S. 69–96.
36 Essener Anzeiger v. 27. 10. 1930.
37 Der Historische Verein hatte die Stadt gebeten, die Gäste zum Essen einzuladen, was abgelehnt worden war. Die Stadt war lediglich bereit, den Saal kostenlos zur Verfügung zu stellen und die Musiker des Cosmann-Quartetts zu bezahlen. Siehe StA Essen 45–154. Da der Historische Verein die Beköstigung seiner Gäste nicht übernehmen wollte – oder konnte –, mußte jeder sein Essen zahlen. So reichte der städtische Beigeordnete Dr. Hüttner seine Spesenrechnung von 7,45 Mark für das gemeinsame Mittagessen bei der Stadtkasse ein. StA Essen 102–2160, Hüttner an Stadtamt I, 27. 10. 1930.
38 Heinrich Kunolt, Die ortsgeschichtliche Ausstellung im Folkwangmuseum, Essen 1930.

Abb. 23: Modell eines Bürgerhauses

Vergangenheit ausgebreitet: alte Urkunden und Bücher, Bildnisse der Fürstäbtissinnen, Bürgerporträts, Fotoalben und Verordnungen waren ebenso zu
sehen wie Industrieprodukte und die volkskundliche Überlieferung (Hausgerät und Trachten, Möbel). »Von besonderer Bedeutung für den Anschauungs-
unterricht« waren zahlreiche Modelle – von Bürger- und Bauernhäusern, vom
Deilbachhammer oder von einem Ruhraken, dem flachen Ruhrschiff, das die
Kohlen nach Ruhrort brachte. Die Überfülle der Sammlung, wie sie sich hier
darbot, war ein eindringliches Plädoyer, endlich die Einrichtung eines Ortsgeschichtlichen Museums in Angriff zu nehmen.

Mit einem gemütlichen Beisammensein in den Räumen des Bürgerheims
in der Lindenallee endete der Jubeltag auf feucht-fröhliche Weise.

Noch im Jubiläumsjahr sah sich der Historische Verein einem Angriff des sehr
rührigen Oberlehrers August Gunkel (30. September 1885 –?)[39] ausgesetzt, der
Klage darüber führte, daß niemand daran gedacht habe, »die breite Masse der
›Hereingeschneiten‹ möglichst bald mit dem Heim, der Heimat, mit der Natur

39 Gunkel war seit 1912 Lehrer am Borbecker Gymnasium. StA Essen 141–747.

und mit den Volksgenossen zu verbinden«.[40] Der Vorsitzende der Borbecker Heimat- und Naturfreunde, der nach eigenen Aussagen unermüdlich für den Heimatgedanken warb und der auch einige gut besuchte Heimat- und Naturausstellungen in Borbeck und Frintrop organisiert hatte, erhob vor allem gegen den Historischen Verein den Vorwurf, er habe keinen Versuch unternommen, »in die große Masse durch die Vereine heimatpfleglich vorzudringen«, und dies sei doch gerade in einer Zeit vonnöten, »in der vom fernen Westen und Osten wesensfremde Kultureinflüsse bis in die letzte Hütte dringen« würden. Gunkel forderte daher eine Zentralstelle für die Heimatbewegung, die das notwendige Material an einem Ort sammeln und es den Vereinen bereitstellen sollte. Ferner sollte sie Anregungen geben und vor allem die Heimatkunde in den Schulen befördern.

Die Reaktion des Historischen Vereins ließ nicht lange auf sich warten.[41] Auf den Vorwurf, die breite Masse mit seinen Aktivitäten nicht zu erreichen – der laut der ermittelten Sozialdaten der Mitgliedschaft nicht unberechtigt war –, ging Mews erst gar nicht ein. Er postulierte vielmehr: »Mit allen ihm zur Verfügung stehenden geistigen und materiellen Kräften hat der Historische Verein alle Bestrebungen der Heimatfreunde, ob sie aus dem Laien- oder Wissenschaftlerlager kamen, unterstützt und gefördert.« Er verwies auf die 48 Bände Essener Beiträge, auf die heimatgeschichtliche Literatur in der Stadtbibliothek, die ortsgeschichtliche Sammlung und auf die vielseitigen Bestrebungen privater Organisationen und der Behörden. Ohne die von Gunkel skizzierten Aufgaben, die sicherlich die heimatkundlichen Bestrebungen in den Vereinen gefördert hätten, zu erörtern, urteilte Mews, daß – gerade »in dieser Zeit finanzieller Notlage« – eine Zentralstelle ein »höchst überflüssiges Gebilde« sei. Zumal das »Heimatgefühl nicht von einer Zentrale amtlich übermittelt werden [kann], es will erlebt und erarbeitet sein unter der Führung von heimatkundigen und heimatliebenden Menschen, die opferfreudig, ehrenamtlich, aus uneigennütziger Liebe zur Sache Dienst am Volke tun«.

Die Stellungnahme des Historischen Vereins deckte sich mit der Auffassung der Stadtverwaltung. So sehr sie auch eine Förderung der Heimatpflege begrüßte, so konnten die städtischen Dienststellen an der Schaffung einer Zentralstelle keinen Gefallen finden. Allenfalls wollte man die Bildung einer Arbeitsgemeinschaft auf freiwilliger Basis fördern.[42]

---

40 StA Essen 45–154, Denkschrift zur Errichtung einer städtischen Zentrale für die Heimatpflege in den Vereinen und Schulen.
41 Essener Volks-Zeitung v. 28.1.1931 u. Essener Anzeiger v. 31.1.1931.
42 StA Essen 45–154, Protokoll einer Besprechung am 17. April 1931.

Die Kreisstelle für Naturdenkmalpflege griff hingegen den Gedanken der Lehrerschulung auf und schlug – nach Absprache mit dem Historischen Verein – vor, in den Wintermonaten drei bis vier Vorträge für die Lehrerschaft anzubieten. Sollten diese großen Anklang finden, könne das Programm ausgeweitet werden.[43]

Das Ergebnis war für Gunkel enttäuschend, doch er kämpfte weiter für seine Idee. In der Essener Volks-Zeitung vom 14. August 1932 plädierte er in einem umfangreichen Artikel, der nun viel stärker von Großstadtfeindlichkeit und der Ablehnung der Moderne geprägt war,[44] abermals für die Errichtung einer Zentralstelle. Ohne Erfolg.

Schon kurz Zeit später übernahmen die Nationalsozialisten die Macht, und die Diskussion um die Zusammenfassung und Lenkung der Heimatpflege sollte – nach der Überlieferung – aufs neue begonnen haben.

Der gern zitierten Vereinserzählung nach drohte nach der nationalsozialistischen Machtübernahme die Gleichschaltung, gar das Verbot und die Auflösung des Vereins, die nur durch die »kluge und unbeirrte Leitung« von Mews verhindert worden sei.[45] Für diese Aussage fehlt aber jeglicher Beleg. Es läßt sich weder in den Akten des Vereins noch in den städtischen Beständen ein Schriftstück finden, das die bedrohliche Situation bezeugt. Ein solches Dokument hat es höchstwahrscheinlich gar nicht gegeben, denn – so ist kritisch zu hinterfragen – warum sollten die Nationalsozialisten einen Verein auflösen, der sie hofierte und der bereit war, sich den neuen Verhältnissen anzupassen. Überhaupt gab es mehr Gemeinsamkeiten als Unterschiede in den Wertvorstellungen und Zielsetzungen.

Betrachten wir das Verhältnis des Historischen Vereins zum NS-System, so läßt sich konstatieren:

---

43 StA Essen 45–154, Kreisstelle an Beigeordneten Hüttner, 20.5.1931. – Ob diese Vortragsveranstaltungen stattgefunden haben, war den Akten nicht zu entnehmen. Nach Angaben von Museumsdirektor Kahrs hatte es 1932 einen Kursus für Heimatpflege mit elf Vortragsabenden im Museum gegeben. StA Essen 45–154, Kahrs an Stadtamt 11–1, 12.1.1935.

44 »Besonders schnell und tiefgehend heute, da durch die modernen Verkehrsmittel für Geistesprodukte und Stoff die kleinste Hütte nicht mehr friedlich für sich da draußen alleine steht, sondern einbegriffen ist in die alle und alles umspannende Zivilisation, die Moderne, die vielfach die deutsche Kultur zum Modern gebracht hat. **Am verheerendsten und nachhaltigsten erstarb der deutsche Mann, die deutsche Frau, die deutsche Familie, Sitte und Brauch da, wo die Heimatlosen sich häuften: in unseren Großstädten.**« (Hervorhebung im Original).

45 Jahresbericht 1967, in: EB 83 (1968), S. 136; Schröder, Mews, S. 19.

1. Wenngleich Mews – und gleich ihm die meisten anderen Vereinsmitglieder – »kein Hitlerianer« war[46] und er auch in späterer Zeit nicht der NSDAP beigetreten ist, so gab es doch große Schnittmengen in der politischen Einstellung. Wie die Nationalsozialisten lehnte er die Weimarer Republik ab, verurteilte den Versailler Vertrag und bekämpfte die »marxistischen« Parteien und die Gewerkschaften. Selbst Anklänge antisemitischen Denkens lassen sich in seinen Schriften finden. Wenn Mews in seinem Notizbuch vermerkte, daß er »nicht dem Hakenkreuzkult verfallen« sei, so freute er sich »dennoch in aufrichtiger Bewunderung, daß Hitler trotz allem bis zum Sieg durchgehalten hat und dazu die Einigung mit anderen nationalen Kräften fand ... Der Aufbruch der Nation, um den man 14 Jahre gekämpft, ist Tatsache geworden. Was 1914 bei Kriegsausbruch gekommen schien, dann aber gemeuchelt u. erdolcht wurde in schnödestem Verrat u. Treubruch, in Parlamentarismus u. Korruption versumpfte, nun ist's da, es lebt, die Nation erwacht, das deutsche Volk erhebt sich wieder in Ehre und Freiheit, besinnt sich wieder auf den Geist von Potsdam, der nicht stark genug in die deutsche Seele gehämmert werden kann: Pflicht, Arbeit, Hingabe, Opfersinn, Sauberkeit, Treue.«[47]

2. Karl Mews trat nach seiner Wahl zum Vorsitzenden mit einem Bekenntnis zur Heimatliebe an die Öffentlichkeit. »Diese zu wecken und zu pflegen wird immer die erste Aufgabe der Geschichtsvereine sein.«[48] Damit waren zwei Absichten verbunden – eine kurzfristig wirkende und eine langfristige. Zum einen galt es, »durch unser Erinnern an Leistungen und Schicksale vergangener Zeiten, durch die Pflege einer guten Tradition der lebenden Generation Halt und Stärkung zu geben, Freude und Zuversicht zu wecken in dieser Wirrsalszeit«.[49] Zum anderen meinte Mews, »daß im Heimatsinn und Heimatgefühl die starken Wurzeln der Kraft unseres Volkes liegen«.[50] »Die Pflege« der Heimatgeschichte – so hatte Mews auf der 50-Jahr-Feier bekundet – war für ihn »die notwendige Voraussetzung für Aufstieg und Gesundung eines Volkes«.[51] Daher lautete die Devise: »Schaffen wir heimatfrohe, heimatstolze Stadtbürger, so wird es unserm deutschen Volk nicht an treuen, tatbereiten und opferwilligen Staatsbürgern fehlen.«[52]

---

46 StA Essen 703–31, Notizbuch Mews', Eintrag 1933.
47 Ebd.
48 Mews, 50 Jahre, S. 12.
49 Jahresbericht 1932, in: EB 50 (1932), S. 365.
50 Jahresbericht 1929/31, in: EB 49 (1931), S. 462.
51 Essener Volks-Zeitung v. 27. 10. 1930.
52 Jahresbericht 1929/31, in: EB 49 (1931), S. 462.

Heimatpflege als Dienst am Vaterland. Oder im zeittypischen Duktus nach 1933: »57 Jahre Forschungsarbeit, unsere Vorträge und 55 Bände Essener Beiträge zeigen, wie alle Arbeit vornehmlich dem völkischen Werden und der Schicksalsgestaltung des deutschen Volkes und Reiches galt.«[53] Gegen diese Auffassung von der Aufgabe eines Historischen Vereins konnten die Nationalsozialisten keine Einwände erheben, deckte sie sich doch mit ihren Ansichten. So begrüßte der Oberbürgermeister Justus Dillgardt den erstmals erscheinenden Heimatkalender 1939 mit den Worten: »Er leistet Dienst an der Heimat und damit Dienst am Vaterlande, denn nur über die enge Heimat wandert man zum zweiten Vaterland.« Aus der Liebe zur Heimat solle sich immer wieder »der Stolz auf das große ewige Deutschland« erneuern.[54]

3. Bereits vor dem Machtantritt Hitlers bekannte sich der Historische Verein zur »völkischen Erneuerung«. Am 21. Januar 1933,[55] veranstaltete er einen Heimat-Abend, der – so der Jahresbericht – »die ursprüngliche Kraft unseres Volkstums, wie es in Lied und Tanz sich offenbart, lebendig werden« ließ. Volkslieder und Volkstänze, getanzt von den Schülerinnen des Oberlyzeums Bredeney, in Kostümen aus den Beständen des Ortsgeschichtlichen Museums, Lieder zur Laute und Gedichte des Essener Heimatdichters Hermann Hagedorn[56] wechselten einander ab und »zeigten einen Ausschnitt aus der künstlerischen Gestaltungskraft erdverwurzelten, echten Volkstums«. Karl Mews wies in seiner Begrüßung »auf das Eigene« hin, »in dem das Volkstum wohnt, auf jene Urkräfte, aus denen nicht nur politische und wirtschaftliche Gestaltung, sondern insgesamt Formungen völkischer Kultur schöpferisch steigen. ... Insbesondere zeigte er, wie Heimatliebe, Berufsfreude, Berufsstolz, urwüchsige, oft derbe Lebensbejahung und doch auch zugleich tiefer frommer Sinn den Bergknappen zum Dichter und Sänger werden ließen. Ein reicher Schatz köstlichen Volkstums ist uns – auch in unserer Ruhrheimat – in ›Grubenklängen‹, ›Bergreien‹, Sprüchen, Sprache und Bräuchen erhalten, die zu pflegen und wieder lebendig werden zu lassen vornehmste Aufgabe einer Zeit völkischer Erneuerung sein dürfte.«[57]

53 Jahresbericht 1937, in: EB 55 (1937), S. 186.
54 Dillgardt, in: Heimatkalender 1939, S. 5
55 Programm in StA Essen 102 I 718.
56 Zu Hagedorn siehe Felix Wilhelm Beielstein, Hermann Hagedorn †, in: Essen. Starkes Herz der deutschen Lande, Essen 1952, S. 342 ff.; Erich Bockemühl, Hermann Hagedorn als Mensch und Dichter, in: Die Heimatstadt Essen – Jahrbuch 1953, S. 95–102.
57 Jahresbericht 1933, in: EB 51 (1933), S. 210 f.

HISTORISCHER VEREIN FÜR STADT UND STIFT ESSEN

Samstag, den 21. Jan. 1933, 19,30 Uhr (pünktlich)
im Vortrags-Saal des Folkwangmuseums

Heimat-Abend

AUSFÜHRENDE:
Chor des Realgymnasiums E.-Bredeney, Leitung Studienrat Otto Helm
Schülerinnen der O III und U III des Oberlyzeums Essen-Bredeney
Frl. Berti Grabenhorst, Rezitation — Studienrat Felix Arends, Lieder zur Laute

VORTRAGS FOLGE

1. Chor: **a) Wie mir deine Freuden winken,**
   Vaterlandslied a. d. Freiheitskriegen   B. Klein
   b) Glück auf, Glück auf!
   Rhein. Bergmannslied, bearbeitet von Georg Schumann
2. Begrüßung durch den Vorsitzenden des Vereins, Studienrat Dr. Karl Mews
3. Lieder zur Laute
4. Heimatdichtungen aus **„Hatte un Heeme"** v. Dr. K. Hagedorn, Borbeck
5. Chor: **a) Glück auf ist unser Bergmannsgruß**
   Westfälisches Bergmannslied
   b) Glück auf, ihr Bergleut' jung und alt
   Westfälisches Bergmannslied
6. **Essener Menuett** getanzt von der O III des Oberlyzeums Bredeney
   In dem Essener Menuett ist ein originaler Kunsttanz der alten Essener Bürgerschaft
   überliefert worden. Er ist bis etwa 1880 in den Essener Bürgerfamilien getanzt und vor
   dem Kriege von der Essener Spinnstube lebendig erhalten worden. Der kunstvolle
   Tanz setzt sich in 6 Touren aus einem langsamen Menuett und einer lebhaften Polka
   zusammen. Musik und Tanz verdienen es, der Vergangenheit entrissen zu werden.

PAUSE

7. Chor: **Das wachsame Hähnchen**
   Essener Volkslied, bearbeitet von Fritz Leiendecker
8. Heimatdichtungen aus **„Hatte un Heeme"**
9. Lieder zur Laute
10. **Volkstänze** der U III des Oberlyzeums Bredeney
    a) Et geiht nix über de Gemütlichkeit
    b) Wenn hie so'n Pott mit Baunen steiht
    c) Komm tau mi, komm tau mi
    d) Rheinländer

Abb. 24: Einladung zum Heimat-Abend 1933

4. Als die Nationalsozialisten 1933 an die Macht kamen, wurden sie vom Historischen Verein hofiert. Der Jahresbericht für das Jahr 1933 lobte den »bedeutsamen Wandel, der sich nicht nur politisch und wirtschaftlich, sondern auch geistig und seelisch in unserem Volke vollzieht«. Der Verein sah dies als Ermunterung für seine Arbeit an. »Das Sichbesinnen weiter Kreise unseres Volkes auf die Kräfte und Werte des Volkstums, das Bewußtwerden der engen Schicksalsverbundenheit des einzelnen mit Blut und Scholle, das erwachende Interesse an Familienforschung und für die Pflege guter Tradition bringen manchen unserem idealen Streben näher, das einer stark materialistischen Zeit wenig beachtsam erschien.«[58] Auch in späteren Jahren feierte Mews den »Umbruch der Nation«, da er »in weiten Kreisen … die Erkenntnis der Notwendigkeit reifen« ließ, »dem stillen, unermüdlichen, nie verzagenden Schaffen und Streben der Heimatforscher endlich Hilfe und Förderung zuteil werden zu lassen«.[59] Es war aber nicht allein die Förderung der Heimatpflege, weshalb Mews den politischen Machtwechsel so positiv schilderte. An anderer Stelle wurden als Folgen der »großen Wende« für Essen benannt: »Essen – Waffenschmiede des Dritten Reiches, Essen – Sitz der Gauleitung, Essen – Mittelpunkt deutscher Wertarbeit und neuer Arbeitsgeltung, Essen – Garnison in einem freien und wehrhaften Deutschland ist Hoffnung und Verpflichtung zugleich und weist in eine Zukunft, über der mit besserem Recht und schönerem Sinn der alte Bergmannsgruß steht: Glückauf!«[60] Die positiven Bekundungen gipfelten in der Ansprache von Mews zum 60. Geburtstag des Vereins: »Zugleich soll diese Geburtstagsgabe [Band 60 der Essener Beiträge] Ausdruck unserer stolzen Zuversicht und unseres unerschütterlichen Vertrauens zu Führer und Volk, zu unserem Deutschland sein, dem immer schon unsere Arbeit galt und weiterhin gelten soll.«[61]

5. Nicht zu übersehen ist die Übernahme des NS-Jargons. In seinem Beitrag zum Sammelwerk »Die Stadt Essen« blickte Mews stolz auf die Blütezeit des Stiftes unter den Äbtissinnen Mathilde und Theophanu zurück. Sie waren für ihn nicht allein »Töchter aus kaiserlichem Blut«, sondern auch »ein

---

58 Jahresbericht 1933, in: EB 51 (1933), S. 209.
59 Mews, Heimatbücher, in: EB 57 (1938), S. 148 f. Siehe auch EB 54 (1936), S. 8: »Als 1933 der große Umbruch der Nation sich vollzog, die Menschen sich wieder mehr auf die Kräfte und Werte des Volkstums besannen, …«
60 Karl Mews, Überblick über die Geschichte der Stadt und ihrer Wirtschaft, in: Hans Spethmann (Hrsg.), Die Stadt Essen. Das Werden und Wirken einer Großstadt an der Ruhr, Berlin 1938, S. 17–34, S. 34.
61 Karl Mews, Zum 60jährigen Bestehen des Historischen Vereins, in: EB 60 (1940), S. 5–7, S. 7.

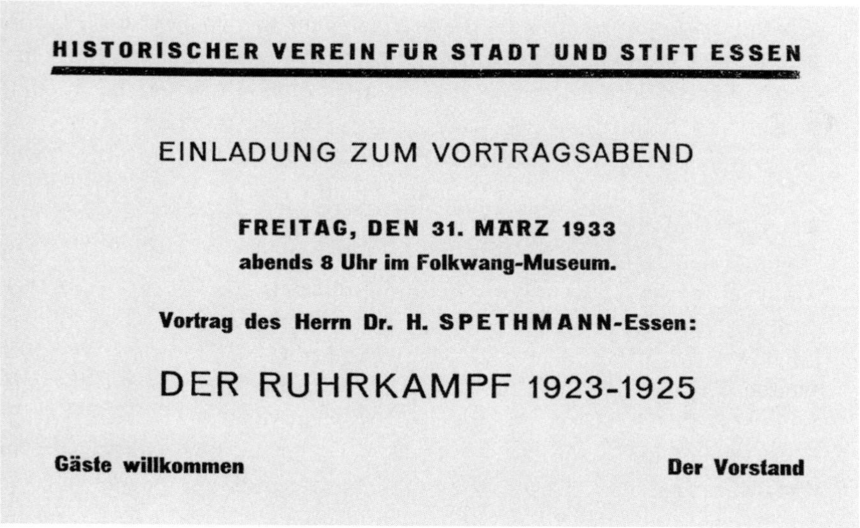
HISTORISCHER VEREIN FÜR STADT UND STIFT ESSEN

EINLADUNG ZUM VORTRAGSABEND

FREITAG, DEN 31. MÄRZ 1933
abends 8 Uhr im Folkwang-Museum.

Vortrag des Herrn Dr. H. SPETHMANN-Essen:

DER RUHRKAMPF 1923-1925

Gäste willkommen | Der Vorstand

Abb. 25: Einladung zum Vortragsabend „Der Ruhrkampf 1923–1925"

Spiegelbild germanischer Verhältnisse, germanischen Menschentums«.[62] Ebenso interpretierte er das Essener Münster mit seiner Schatzkammer und die Werdener Kirchen als »Denkmal und Zeuge jenes sieghaften Strebens nach einer neuen, germanischen Ausdrucksform«.[63] Nicht fehlen durften in seiner Betrachtung der Essener Geschichte die große Zahl »schöner, stolzer Bauernhöfe, die noch heute im Raum Groß-Essen erhalten sind und deren Bewohner vielfach auf Jahrhunderte schollenverbundener Geschlechterfolge zurückblicken«. Sie sind »eine echte Verkörperung des Begriffs: Blut und Boden«.[64]

6. Ein augenfälliges Merkmal bei der Betrachtung der Vortragsveranstaltungen ist die Öffnung gegenüber zeitgeschichtlichen Themen. Am 31. März 1933 veranstaltete der Verein anläßlich der »10 jährigen Wiederkehr des blutigen Karsamstag 1923« eine »Gedächtnisfeier für die Opfer der französischen Soldateska in den Kruppwerken«, bei der Mews »den Opfergang der Ruhrbevölkerung« würdigte, »die in uneigennütziger Hingabe und Liebe zur Heimatscholle und Arbeitsstätte gegen Unrecht, Lüge und Gewalttat

62 Mews, Überblick, S. 20.
63 Ebd.
64 Ebd., S. 19. Siehe auch Jahresbericht 1937, in: EB 55 (1937), S. 186: »Alteingesessene Familien geben hier einen lebendigen Begriff von dem Wort: Blut und Boden.«

sich zur Wehr setzte«.[65] Knapp ein Jahr später behandelte Mews in seinem Vortrag »Ein Kampf um Ehre und Recht – Eine Aufgabe neuzeitlicher Geschichtsforschung« den Versailler Vertrag in bereits referierter Art und Weise. Die Ausführungen von Mews waren nicht neu, neu war vielmehr die Zusammensetzung des Auditoriums. Zahlreiche SA-Männer in Uniform hatten sich eingefunden und bekundeten »ihr großes Interesse für diese unser ganzes Volk angehende Frage von der Kriegsschuldlüge«.[66]

Zum anderen hatten die Germanen Konjunktur.

Am 5. Februar 1934 feierte Hans Spethmann, von Hause aus Geograph,[67] in seinem Überblick über die Entwicklung des Ruhrgebietes von der Römerzeit bis zum Aufkommen der Großgeschichte Hermann den Cherusker. Dieser habe die germanischen Stämme unter der »Losung des heiligen Rechts des Vaterlands, der Freiheit der Völker und der Götter Germaniens« zu einen gewußt. So konnten die Römer vernichtend geschlagen und »die Vorfahren unserer Heimat vor dem sicheren Untergang bewahrt« werden.[68] Dem »Freiheitshelden Armin«, der »Führergestalt der germanischen Geschichte«, widmete Spethmann einen eigenen Vortrag, mit dem er durch die Lande zog und am 19. November 1937 in Essen zu Gast war. Abermals wurde Armin als derjenige geschildert, der die Germanen vor der Romanisierung bewahrt habe. Nach der Niederlage der Römer konnte sich das Germanentum – und später das Deutschtum – frei entfalten, blieben Sitte, Kultur und Sprache rein und unvermischt erhalten.[69]

Noch weiter zurück ging Robert Jahn in seinen Ausführungen zu den »altgermanischen Ursprüngen von Essen«. Jahn hatte sich nach seiner Entlassung aus dem Schuldienst intensiv mit der germanischen Vorgeschichte beschäftigt, um so wesentliche Probleme wie »Ortungen zur Sonnenwende,

---

65 Jahresbericht 1933, in: EB 51 (1933), S. 211. – Zum Vortrag siehe Essener Anzeiger v. 2.4.1933. – Als am 31. März 1923 ein kleiner Trupp französischer Soldaten in der Kruppschen Kraftwagenhalle LKWs requirieren wollte, versammelten sich, durch die Werkssirenen alarmiert, Hunderte von Demonstranten vor dem Werkstor, um gegen die Beschlagnahmung zu protestieren. Die Soldaten, die sich von der aufgebrachten Menschenmenge bedroht fühlten, schossen bei ihrem Abzug wahllos um sich und töteten 13 Personen. Zum Ereignis und seinen Nachwirkungen siehe Klaus Wisotzky, Der »blutige Karsamstag« 1923 bei Krupp, in: Gerd Krumeich/Joachim Schröder (Hrsg.), Der Schatten des Weltkrieges: Die Ruhrbesetzung 1923, Düsseldorf 2004, S. 265–287.

66 National-Zeitung v. 14.3.1934.

67 Zu Spethmann siehe S. 157 f.

68 Essener Volks-Zeitung v. 6.2.1934.

69 National-Zeitung v. 6.3.1938. Siehe auch Westfälische Landes-Zeitung v. 19.1.1938.

Bannmeilen und Bannkreise« zu lösen.[70] Das Ergebnis seiner Forschungen lautete: Essen hatte schon vor der Stiftsgründung »eine erhöhte Bedeutung gewonnen, und zwar durch die eigenartige Stellung, die es im kultischen Leben bekommen hatte. Es war nämlich ein wichtiger Punkt der Sonnenwendvermessungen geworden, die hier im Grenzwinkel ganz eigenartige Formen angenommen hatten, die man heute noch im Landschaftsbild nachweisen kann. Das Asnidi liegt genau da, wo die vom Donnerberg bei Bottrop herkommende Sonnwendlinie, die nach Hinsel geht, sich mit der West-Ost-Linie schneidet, die Essen mit Stalleicken verbindet. Es ergibt sich aus diesem Umstand und der vorhin angedeuteten Gesamtlage des Gebietes mit Sicherheit, daß Essen ursprünglich nicht etwa als Siedlung angelegt war, sondern, daß hier ein Heiligtum bestanden hat, das dem Dienst der Sonnenwende geweiht war. Erst dieses Heiligtum im Grenzwalde hat dann die Siedelung nach sich gezogen.«[71] Der Respekt vor der Lebensleistung Jahns verbietet die Kommentierung dieser zeittypischen Spekulationen.[72] Als am 20. Januar 1939 der Alt-Oberbürgermeister Theodor Reismann-Grone[73] über »Siegfried« referierte, war es nicht unbedingt wissenschaftlicher Erkenntnisdrang, der die Zuhörer in großer Zahl zur Teilnahme veranlaßte, Anreiz war vielmehr, noch einmal das ehemalige Stadtoberhaupt zu hören. Reismann-Grone wollte in seinem Vortrag den Beweis erbringen, daß der Siegfried der Nibelungen-Sage mit dem historischen Armin identisch sei. Auch glaubte er, den Ort der Varusschlacht in der Nähe von Paderborn lokalisieren zu können.[74] Ob er das Auditorium überzeugt hat, sei dahingestellt, in der wissenschaftlichen Zunft fanden seine Überlegungen, die er 1937 veröffentlicht hatte,[75] keine Zustimmung. Der Rezensent des »Archivs für das Studium der neueren Sprachen« bemängelte, daß »es der Verfasser aber an wissenschaftlicher Zucht, Selbstkritik und an Benutzung der Fachforschung [habe] fehlen lassen«. Herausgekommen sei daher ein »üppiges Phantasiegebilde«. Sein Fazit: »Da leider einer unser größten Männer der Geschichte und eins unserer größten Literaturdenkmäler dabei das Opfer ist [sic!], so muß vor diesem Buch dringend

---

70 StA Essen 140–1272, Jahn an Ministerium für Wissenschaft, Kultur und Volksbildung, 28.9.1934. – Zu Jahn siehe S. 133 ff.
71 Essener Anzeiger v. 16.11.1934.
72 Jahn hat nach Ende der NS-Zeit seine Fehleinschätzung eingestanden. Siehe StA Essen 45–160, Vermerk vom 23.1.1948.
73 Zu Reismann-Grone siehe Stefan Frech, Theodor Reismann-Grone (1863–1949). Ein radikaler Nationalist zwischen Kaiserreich und Entnazifizierung, in: EB 114 (2002), S. 35–57.
74 Essener Allgemeine Zeitung v. 22.1.1939; National-Zeitung v. 22.1.1939.
75 Theodor Reismann-Grone, Siegfried, Dortmund 1938.

gewarnt werden!«[76] Schon vor der Drucklegung hatte Robert Jahn aus Sicht des Sprachwissenschaftlers Einwände gegen die sprachliche Herleitung erhoben, doch Reismann-Grone zeigte keine Einsicht und hielt an seinen Auffassungen fest.[77] Ebenso hartnäckig verhielt sich Jahn, der im Februar 1939 in einem Vortrag vor den »Freunden germanischer Vorgeschichte« der Gleichsetzung Arminius – Siegfried eine »eindeutige Absage« erteilte.[78] Der Historische Verein zeigte sich bei diesen Vorträgen angepaßt gegenüber den Zeittendenzen und bot den Referenten gerne das Forum zur Erörterung ihrer abstrusen Theorien.

7. Da das jüdische Vorstandsmitglied Salomon Heinemann, der sehr klarsichtig die politischen Verhältnisse analysiert hatte, sein Amt niederlegte,[79] bot sich auch in dieser Hinsicht kein Angriffspunkt für die Nationalsozialisten.

Fassen wir zusammen. Mit seinen Bekenntnissen zum NS-Staat und zur »völkischen Erneuerung«, mit seinen Konzessionen an den Zeitgeist konnte der Historische Verein nicht nur seine Arbeit ohne Eingriffe fortsetzen, sondern sie war anerkannt und willkommen. Ein Zeichen der Wertschätzung war die finanzielle Förderung seitens der Stadt, die 1938 ihren Mitgliedsbeitrag von 600 auf 3.000 Mark erhöhte. Als Gegenleistung sollten »zur Förderung und Vertiefung der Heimatpflege in den Schulen« diese je einen Band der Essener Beiträge erhalten.[80]

Bei dieser positiven Grundeinstellung durfte im Einzelfall auch einmal wider den Stachel gelöckt werden. Gleich eine der ersten Maßnahmen der Nationalsozialisten in Essen, die Umbenennung von Straßen[81], rief den Protest

76 Rezension von Hellmut Rosenfeld, in: Archiv für das Studium der neueren Sprachen 176, S. 67 ff. – Weitere Besprechungen in StA Essen 652–64.
77 Siehe die Korrespondenz in StA Essen 652–62. Siehe auch Theodor Reismann-Grone, Die Geographie des Ptolemäus für Niederrhein-Westfalen, in: EB 57 (1938), S. 5–20 u. Robert Jahn, Ein kritischer Streifzug durch das Kartenwerk des Claudius Ptolemäus, in: ebd., S. 21–38.
78 National-Zeitung v. 18.2.1939.
79 Am 3. April 1933 schrieb Heinemann an Mews: »Der Wandel der Zeiten hat eine Strömung mit sich gebracht, die mich nötigt aus allen Vorständen, in denen ich bisher mich betätigen konnte, auszuscheiden. Ich möchte der Sache, die ich im Vorstande des Historischen Vereins fördern konnte, durch meine Zugehörigkeit zum Vorstande nicht schaden, deshalb bitte ich Sie davon Kenntnis zu nehmen, daß ich mein Amt niederlege.« StA Essen 703–13.
80 StA Essen 412–17, OB an Historischen Verein, 21.9.1938.
81 Siehe Erwin Dickhoff, Die Entnazifizierung und Entmilitarisierung der Straßennamen, in: EB 101 (1986/87), S. 77–104.

Abb. 26: Die Umbenennung des Burgplatzes

des Historischen Vereins hervor. Auf Antrag der NSDAP beschloß die Stadtverordnetenversammlung, Adolf Hitler anläßlich seines Geburtstages am
20. April das Ehrenbürgerrecht zu verleihen und zugleich den Burgplatz sowie
die Kettwiger, Burg- und Viehofer Straße nach ihm zu benennen. Eine weitere
Welle politisch motivierter Straßenumbenennungen folgte am 8. Mai. Auch
der preußische Ministerpräsident Hermann Göring, damals der mächtigste
Mann nach Hitler, erhielt am 14. Juli 1933 »seine« Straße. Nicht an der Benen-
nung von Straßen nach NS-Größen und den sog. »Blutzeugen der Bewegung«
entzündete sich der Konflikt, sondern an der Umbenennung von »geschichtlich bedeutsamen Straßen und Plätzen« wie des Burgplatzes, der Viehofer
Straße oder auf dem Rott.[82] »Nachdem schwere Notzeiten, die immer wieder
Essen heimsuchten, und die jähe Entwicklung zur Industriegroßstadt fast alle

82 Jahresbericht 1933, in: EB 51 (1933), S. 210.

Erinnerungen einer tausendjährigen Geschichte bis auf wenige Reste getilgt haben, ist die Erhaltung obiger historischer Namen dringend erwünscht«,[83] argumentierte der Historische Verein, doch sein Widerspruch, den er im Jahresbericht öffentlich machte,[84] verhallte ungehört. Die Verteidigung der traditionellen Straßenbezeichnungen darf aber nicht zu einem oppositionellen Akt gegen das NS-System hochstilisiert werden. Es handelte sich um einen strukturell angelegten Streit, bei dem der Historische Verein auf der lokalen Eigenständigkeit beharrte, aus dem sich sein Selbstverständnis herleitete. Während die Lokalhistoriker die »Heimat«ebene akzentuierten, hatten die Nationalsozialisten das Nationale im Blickfeld.[85]

Die geschilderte Auseinandersetzung war der einzige Dissens des Vereins mit den neuen Machthabern, der sich ausmachen läßt. Ansonsten lief die Tätigkeit des Historischen Vereins in den 1930er Jahren in den gewohnten Bahnen.

Bei den Vortragsveranstaltungen gab es neben den erwähnten Vorträgen zum Germanentum und zur Zeitgeschichte die bekannte bunte Mischung von volkstümlichen »Plaudereien über Alt-Steele« (Anton Lehnhäuser), populären Überblicksdarstellungen[86] und der Präsentation neuer Forschungsergebnisse[87] Allerdings ist es auffällig, daß die Geschichte des Stifts, von einer Ausnahme abgesehen,[88] nicht mehr behandelt wurde. Ebenso befaßte sich kein Vortrag mehr mit den Fürstäbtissinnen. Fehlanzeige ist auch zu erstatten für die Geschichte der katholischen Kirche oder eine ihrer Einrichtungen. Dies war sicherlich kein Zufall.

Wie in den Jahren zuvor beschränkte sich der Verein nicht länger auf die Essener Geschichte. Herbert Dickmann sprach am 22. Oktober 1937 über »Deutschen Eisenkunstguß um 1800«, während Wilhelm Claas am 30. Oktober 1936

---

83 StA Essen 703-12, Historischer Verein an OB, 29.4.1933.
84 Jahresbericht 1933, in: EB 51 (1933), S. 210.
85 Siehe auch Stefan Laux, Zwischen Konservatismus und Konjunkturwissenschaft: Der Düsseldorfer Geschichtsverein und die rheinischen Geschichtsvereine im Nationalsozialismus (erscheint demnächst in den Blättern für deutsche Landesgeschichte). Ich danke Dr. Stefan Laux, daß er mir freundlicherweise sein Manuskript zur Verfügung gestellt hat.
86 5. Februar 1934 – Hans Spethmann, Die Entwicklung des Ruhrgebiets von den Römertagen bis zum Aufkommen der Großindustrie; 21. Oktober 1938 – Karl Mews, Essen und das Reich.
87 4. Januar 1935 – Alfred Kuhlendahl, Die Reformationsversuche in Essen und die erste reformierte Gemeinde (1563-1571); 23. Februar 1938 – Friedrich Meisenburg, Die Stadt Essen in den Revolutionsjahren 1848/49; 23. März 1938 – Robert Jahn, Der Steeler Hoftag 938.
88 19. Januar 1938 – Leo van de Loo, Neues zur Gründungsgeschichte Essens.

Abb. 27: Einladung zur Veranstaltung »Musik in der Stadt Essen vor hundert Jahren«

die technischen Kulturdenkmale Deutschlands behandelte. Ebenso referierte Josef Lappe über regionale Themen.[89] Eine interessante Mischung von Vortrag und Musik wurde in der Veranstaltung »Musik in der Stadt Essen vor 100 Jahren unter besonderer Berücksichtigung J.W.G. Nedelmanns und seiner Werke« am 25. Mai 1935 geboten. Nach der Einführung von Franz Feldens sang der Essener Männer-Gesang-Verein, begleitet von den Schulchören der Viktoriaschule und des Helmholtz-Realgymnasiums.[90] Die Veranstaltung stieß auf große Resonanz »bei der sehr zahlreichen und interessiert mitgehenden Hörerschaft«, die reichen Beifall spendete.[91]

Wenig beeinflußt vom braunen Zeitgeist sind die Essener Beiträge. Die Bände 51 bis 61 (1933–1941) bieten einige auch für die heutige Forschung noch sehr wertvolle Aufsätze. Zu nennen wären: Robert de Vries, Die Landtage des Stiftes Essen (EB 52 – 1934), Robert Jahn, Die ältesten Sprach- und Literaturdenkmäler aus Werden und Essen (EB 60 – 1940) und die Beiträge von Bernhard Kirchner zur Essener Rechtsgeschichte des 16. und 17. Jahrhunderts.[92] Für die Entstehungszeit erstaunlich fair in der Darstellung und im Urteil war die Arbeit von Friedrich Meisenburg über die 48er Revolution in Essen (EB 59 – 1940). Der Einführung der Reformation (in Essen) und der Geschichte der ersten deutsch-reformierten Gemeinde 1563–1571 widmete sich Alfred Kuhlendahl (EB 54 – 1936), während Milly Ascherfeld das Essendische Gesangbuch vom Jahre 1748 untersuchte (EB 53 – 1935). Diese Abhandlung erregte den besonderen Zorn von Klaus Graf von Baudissin, seit 1934 Direktor des Folkwang-Museums. Er erklärte umgehend seinen Austritt aus dem Verein, da »ich als SS-Führer nicht in der Lage bin, Unternehmungen dieser Art für wichtig zu halten und zu fördern«.[93] Eine sehr ergiebige Quelle für die Zeit um 1900 sind die Erinnerungen des damaligen Beigeordneten Paul Brandi[94], der aufschlußreiche Hintergrundinformationen zur Stadtpolitik in der Ära des bedeutenden Oberbürgermeisters Erich

---

89 24. Februar 1933 – Siechenhäuser in Rheinland und Westfalen; 6. März 1936 – Königshöfe und Reichsleute am Hellweg; 29. November 1938 – Grenzumgänge und Schnadjagden.

90 StA Essen 615–379; Jahresbericht 1935, in: EB 53 (1935), S. 293.

91 Westf. Landeszeitung »Rote Erde« Nr. 144, 27.5.1935. – Ebenso positiv war die Berichterstattung der anderen Zeitungen. Siehe StA 615–379.

92 10 Jahre Magistratsgericht Essen 1658–1668, in: EB 57 (1938), S. 39–140; Rechtswesen und Rechtsbräuche in der Stadt Essen während des 16. und 17. Jahrhunderts, in: EB 60 (1940), S. 143–237.

93 StA Essen 703–13, v. Baudissin an Mews, 25.1.1936. Zur Person von Baudissin siehe Dickhoff, Köpfe, S. 12; Andrea Schmidt, Klaus Graf von Baudissin. Kunsthistoriker zwischen Weimarer Republik und Drittem Reich, Magisterarbeit Universität Heidelberg 1991 (MS).

94 Der Aufstieg der Stadt Essen zur Industriemetropole, in: EB 60 (1940), S. 239–294.

Zweigert liefert. Urkundliches Material boten auch Emil Dösseler (Essen und der deutsche Ostseeraum zur Hansezeit, Regesten vornehmlich zur Geschichte der westfälischen Ostwanderung)[95] und Konrad Krägeloh (Urkundliche und statistische Unterlagen der Abhandlung: Die Lehnkammer des Frauenstiftes Essen).[96] Eine wichtige Veröffentlichung – vor allem für Familienforscher – ist die Aufstellung der Bürger, Häuser und Straßen in Essen zu Anfang des 19. Jahrhunderts von Fritz Gerhard Kraft (EB 51 – 1933), die in den Mitteilungen der Westdeutschen Gesellschaft für Familienkunde überschwenglich gelobt wurde.[97]

Ein Sonderband der Essener Beiträge (56 – 1938) erschien anläßlich der 1000-Jahr-Feier von Steele. In einer detaillierten, vor allem sprachwissenschaftlich angelegten Studie untersuchte Robert Jahn die Quellen zum Hoftag in Steele 938. Nachdem er dargelegt hatte, welchen Charakter die Versammlung hatte und worüber verhandelt und geurteilt wurde, fragte er, ob das von Widukind und in der Urkunde Ottos I. vom 18. Mai 938 genannte *Stela* überhaupt Essen-Steele sei. Diese Frage beantwortete Jahn wiederum aufgrund sprachwissenschaftlicher Überlegungen positiv. – Der Aufsatz von Leo van de Loo über den Oberhof Eickenscheidt und seine Unterhöfe setzte die Reihe der Hofgeschichten fort, die Mews jetzt als »Ahnentafel heimatlichen Bauerntums«[98] deklarierte. van de Loo wollte aber zugleich einen Beitrag zur Gründungsgeschichte von Essen leisten. – Den Abschluß bildete der Abdruck des Steeler Bürgerbuches, transkribiert von Anton Lehnhäuser.

Bei dem kursorischen Überblick sind nicht alle Beiträge erwähnt worden. Übergangen wurden u. a. die Dissertation von Joseph Lange und die Aufsätze von Hubert Schmitz zur Lebensmittelversorgung Essen während des Ersten Weltkrieges[99], ebenso die volkskundlichen Arbeiten von Johannes Fritzen, die schon an anderer Stelle behandelt worden sind.[100]

Die Aufsätze der Essener Beiträge waren weitgehend frei vom NS-Jargon, wenngleich dieser nicht völlig fehlte. Leo van de Loo konnte als NS-Funktionär nicht aus seiner Haut und redete natürlich vom »Bauernstand als Urquell aller menschlichen und volklichen Entwicklung«.[101]

---

95 EB 55 (1937), S. 5–62
96 EB 58 (1939), S. 5–171.
97 Bd. VIII (1933–36), Sp. 229.
98 StA Essen 412–17, Mews an OB, 26. 11. 1937.
99 Joseph Lange, Die Lebensmittelversorgung der Stadt Essen während des Krieges, in: EB 53 (1935), S. 179–285; Hubert Schmitz, Ausgewählte Kapitel aus der Lebensmittelversorgung der Stadt Essen in der Kriegs- und Nachkriegszeit, in: EB 54 (1936), S. 121–168; ders., Lebensmittelkarten der Stadt Essen in der Kriegs- und Nachkriegszeit, in: EB 58 (1939), S. 173–202.
100 Siehe oben S. 57.
101 Eickenscheidt, in: EB 56 (1936), S. 96.

Heftige rassistische Ausfälle finden sich nur in einem Beitrag aus dem Jahre 1941. Fritz Quint[102], bis 1933 hauptamtlicher Führer des Verbandes »Der Deutsche Arbeiter« und damit ein sehr guter Bekannter von Mews, von 1935 bis 1942 freier Mitarbeiter der Verbindungsstelle für Schrifttum und Presse beim Bergbau-Verein, erinnerte sich an seine Zeit im Bergbau, die er in ein rosiges Licht tauchte, denn er wollte die Abneigung der Jugend gegen eine Arbeit unter Tage überwinden und somit seinen Beitrag zur Behebung der Nachwuchssorgen des Bergbaus leisten. »Daß der Ruhrkumpel so in Achtung und Ansehen der Öffentlichkeit gesunken« sei, dafür machte Quint »das fremde Gesocks«, die Polen, verantwortlich.[103] »Sie waren es, die keine Bodenständigkeit, keine Tradition kannten. Und niemand wird bestreiten können, daß alles Bemühen, diese Leute in den schönen Koloniehäusern zu seßhaften und sauberen Menschen zu erziehen, tausendfältig mißachtet wurde. Welche Frechheiten nahmen sich die Polacken heraus, die in verschiedenen Ortschaften des Ruhrgebietes durch eine kurzsichtige Regierung sogar eigene Schulen und Gottesdienste hatten.«[104] Natürlich seien sie auch »den Gewerkschaften mit ihrem marxistischen Gewäsch zuerst zum Opfer« gefallen,[105] und in seinen Augen waren sie es, die nach dem Kriege die Unruhen anzettelten und »die Zechenplätze zum Affentheater« herabwürdigten. »Da war jeder Polack oder sonstige Drecksack in der Lage, wenn ihm etwas nicht paßte, eine ganze Zeche stillzulegen.«[106] Doch glücklicherweise hätten sich die Zeiten gewandelt: »Jetzt ist der deutsche Bergbau frei, keine Aussperrungen und Streiks werden ihn mehr beunruhigen, der Erfindergeist kann Wege suchen, die dem Bergbau immer höhere Leistungen bringen, ohne mit den Kräften des Kumpels Raubbau zu treiben. Und wir Alten, die wir ›bergfertig‹ sind, werden uns mit denen, die noch im Pütt sind, freuen, wenn der Tag da ist, wo der Bergmann in der Öffentlichkeit so geehrt und geachtet ist, daß er wirklich, wie es der Reichsmarschall sagte, als erster Soldat des Vaterlandes anzusehen ist. Und wird er dann den Spitzenlohn aller Arbeiter verdienen, so wie es ihm zugesagt ist, dann wird seine Treue zum Volksganzen unverbrüchlich sein.«[107]

102 Angaben aus StA Essen Wiedergutmachungsakte Qu 2. Siehe auch den knappen Nachruf in Ruhr-Nachrichten v. 22.3.1968.
103 50 Jahre Bergbau, vom Kumpel gesehen, in: EB 61 (1941), S. 55–77, S. 70.
104 Ebd., S. 74.
105 Ebd.
106 Ebd., S. 75.
107 Ebd., S. 77 – Zur Umwerbung der Bergarbeiter und zum Kontext des Göring-Zitates siehe Helmuth Trischler, »An der Spitze der Lohnarbeiterschaft«. Der Bergmann im Spannungsfeld von nationalsozialistischer Arbeitsideologie und bergbaulicher Tradition, in: Der Anschnitt 41 (1989), S. 29–37.

Mit dem Abdruck dieser Propagandaschrift trug auch der Historische Verein sein Scherflein bei zur ideologischen Aufwertung des Bergmannes und seines Berufes.

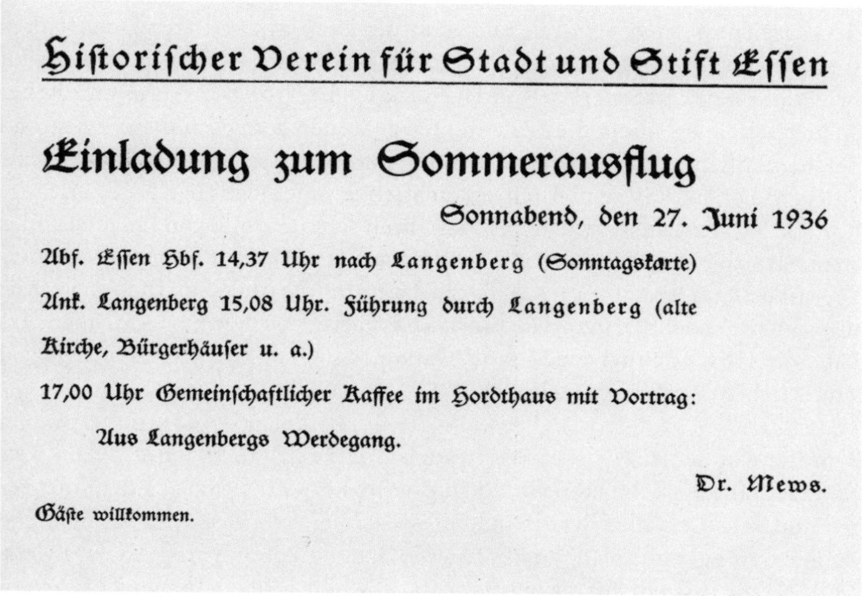

Historischer Verein für Stadt und Stift Essen

Einladung zum Sommerausflug

Sonnabend, den 27. Juni 1936

Abf. Essen Hbf. 14,37 Uhr nach Langenberg (Sonntagskarte)

Ank. Langenberg 15,08 Uhr. Führung durch Langenberg (alte

Kirche, Bürgerhäuser u. a.)

17,00 Uhr Gemeinschaftlicher Kaffee im Hordthaus mit Vortrag:

Aus Langenbergs Werdegang.

Dr. Mews.

Gäste willkommen.

Abb. 28: Einladung zum Sommerausflug 1936

Weiterhin führte der Historische Verein seine beliebten Sommerausflüge durch. Mülheim (Abtei Saarn), Kettwig, Horst an der Ruhr, Langenberg, Heisingen, Steele und Hattingen, das »Rothenburg an der Ruhr«[108], waren die Ziele der Jahre 1933 bis 1939. Ausführlich zitiert sei der Bericht über den Ausflug am 22. Juni 1938, der beispielhaft stehen mag für alle anderen Exkursionen: »Traditionsgemäß war herrliches Sommerwetter, ... Unter der Losung: Schnadgang am Leithebach führten wir unsere Freunde in einen Grenzwinkel unserer Heimat, den keine Wanderstrecke durchzieht, den nur wenige kennen. Zwischen dem uralten Hellweg und den Eisensträngen modernen Verkehrs, mit einem Blick weit in das gigantische Industriegebiet der Emscherniederung und zu den Waldhöhen des Bergischen Landes, führte uns der Weg, auf und nieder, durch wogende Kornfelder, vorbei an alten Höfen, die alle einst

---

108 Jahresbericht 1939, in: EB 58 (1939), S. 203 f.

zum Hofesverband Eickenscheidt gehörten. Der alte Oberhof Eickenscheidt in Essen-Kray, landschaftlich schön gelegen in einem gepflegten Park, war der Ausgangspunkt unserer Wanderung. Über Isingshof durch die Fünfhöfe, wo uns der Besitzer des Köllmannshofes nicht nur den sog. Passionsbalken über dem Deelentor wies, sondern uns auch die alten geschnitzten Brauttruhen und anderes Urvätergut zeigte, ging es am Leithebach entlang zum Helfshof bei Stalleiken. Unterwegs nahm Oberstudiendirektor Dr. Wilhelm Löscher wiederholt Gelegenheit, die Beziehungen zwischen dem geologischen Aufbau der heimatlichen Landschaft und ihren charakteristischen Siedlungen darzulegen. Bei der Kaffeetafel unter den alten Bäumen des Helfshofes erzählte Konrektor Lehnhäuser von den Höfen, ihren Aufsitzern, ihren Prozessen und Grenzstreitigkeiten, von den ›Galgenköttern‹ und ihren Pflichten, von alter Sage und altem Brauchtum. Als die Sonnwendsonne über dem Industrielande mit seinen Schachttürmen, Hochöfen und ragenden Schornsteinen, über dem Land der tausend Feuer niedersank, wanderten wir auf dem alten Hellweg zu gemütlichem Ausklang Steele zu.«[109]

Beteiligt war der Historische Verein auch an der Feier »1000 Jahre Steele«. Der NS-Staat nutzte solche Jubiläen, um die »Pflege der Tradition« zu demonstrieren und den »Gefühlen der Heimatverbundenheit« Ausdruck zu verleihen.[110] Zugleich mündeten solche Festlichkeiten in einer Lobpreisung Adolf Hitlers. Ähnlich wie zuvor Bismarck wurde er als derjenige gefeiert, der »nach Jahrtausenden des Haders und der Zwietracht« die Einheit Deutschlands geschaffen habe.[111] In diesem Sinne endete die Artikelserie in der National-Zeitung über die Geschichte Steeles: »Nach tausendjährigem Kampfe, der auch in Steele seine Spur hinterließ, hat das Reich durch Adolf Hitler endgültige, herrliche Gestalt erhalten. Ihm in Treue und unter Einsatz aller Kräfte zu dienen, soll das Gelöbnis sein, mit dem Steele und mit ihm ganz Essen die Schwelle des zweiten Jahrtausends überschreitet.«[112] Deutlicher kann die Instrumentalisierung der Heimatgeschichte für die politische Propaganda nicht sein.

Der Historische Verein, der an der Vorbereitung der großangelegten Festwoche mitgearbeitet hatte, gab zu diesem Anlaß einen Sonderband der Essener Beiträge heraus.[113] Den Autoren dankte Oberbürgermeister Dillgardt auf seine Art: Sie hätten bewiesen, »daß wir in Essen nicht nur Geschichte machen kön-

---

109 Jahresbericht 1938, in: EB 57 (1938), S. 143.
110 StA Essen 102–297, Eröffnungsrede des OB Dillgardt zur Festwoche am 14. Mai 1938.
111 Ebd.
112 National-Zeitung v. 14.5.1938 (Sonderbeilage).
113 Siehe oben.

Abb. 29: Festumzug 1000 Jahre Steele

Abb. 30: Festumzug 1000 Jahre Steele

nen, sondern auch Geschichte zu erforschen und wissenschaftlich einwandfrei darzustellen vermögen«.[114]

Nicht allein durch solche Feste zeigte die nationalsozialistische Stadtverwaltung ihr völkisches Heimatverständnis.[115] Mit zwei weiteren Entscheidungen – der Einrichtung eines hauptamtlich besetzten Stadtarchivs und der Eröffnung des Heimatmuseums – erfüllten sich langgehegte Wünsche des Historischen Vereins.

Als Hans Theodor Hoederath nach dem Tode von Konrad Ribbeck das Amt des Stadtarchivars übernommen hatte, war dies nur eine Verlegenheitslösung, geboren aus der Not der Zeit. Der Historische Verein wurde daher nicht müde, »das Fehlen eines hauptamtlich geleiteten Stadtarchivs« zu beklagen, »wie es andere Städte des rheinisch-westfälischen Industriegebietes schon seit längerem besitzen«.[116] Es sei – die Argumente wiederholen sich – »für eine Stadt,

114 StA Essen 102–297, Eröffnungsrede des OB Dillgardt zur Festwoche am 14. Mai 1938.
115 Siehe auch die Feier »600 Jahre Karnap« im August 1937, an der das Ruhrland- und das Heimatmuseum beteiligt waren. Festschrift 600 Jahre Karnap, Essen. 1937.
116 Jahresbericht 1932, in: EB 50 (1932), S. 364. – Der Historische Verein hat, um seiner Forderung Nachdruck zu verleihen, die Situation falsch dargestellt. 1932 besaß im Ruhrgebiet allein Dortmund ein hauptamtlich geleitetes Stadtarchiv.

die auf eine bedeutende Vergangenheit zurückblickt und in ihren Archivbeständen über wertvolle, unerschlossene Quellen verfügt, eine kulturelle Notwendigkeit«.[117]

Bei dem neuen Oberbürgermeister Theodor Reismann-Grone, selbst promovierter Historiker, lief der Verein offene Türen ein. Sobald sich die Finanzlage der Stadt besserte, begann die Stadtspitze mit der Umsetzung, und sie hatte auch schon einen Kandidaten an der Hand: Robert Jahn.[118]

Jahn, geboren am 25. März 1885 in Berlin-Charlottenburg, ausgebildeter Germanist und vergleichender Sprachwissenschaftler, war seit 1914 Studienrat am Bredeneyer Realgymnasium. Er zählte nicht nur zu den beliebtesten Lehrern, sondern war ein ausgewiesener Wissenschaftler, der u. a. mit Fritz Rahn eine Sprachlehre »Die Schule des Schreibens« (Diesterweg) verfaßt hatte.[119] Als Sprachwissenschaftler[120] hatte sich Jahn frühzeitig mit den Essener Orts- und Flurnamen beschäftigt und avancierte zum besten Kenner auf diesem Gebiete.

Robert Jahn, der an derselben Schule wie Karl Mews tätig war, unterschied sich aber im Habitus und in seiner politischen Einstellung grundlegend von seinem Kollegen. Hier der strenge autoritär »deutschnationale Reserveoffizier«, der »mit Vorliebe umgearbeitete Uniformröcke trug« und dessen Tonfall »knapp, oft militärisch« war,[121] dort der moderne Lehrer, der aus der Wandervogelbewegung kam und mit seinen Schülern selbst auf Wanderungen ging. Hier der Vorsitzende des Verbandes »Der Deutsche Arbeiter«, dort der Anhänger der Deutschen Staatspartei. Und während Mews sich nach dem Kriege der Einwohnerwehr anschloß, wurde Jahn Mitglied der Deutschen Friedensgesellschaft. Dies sollte ihm 1933 zum Verhängnis werden, denn Jahn hatte seine kurze passive Mitgliedschaft in dem Fragebogen, der bei der Umsetzung des sogenannten Gesetzes zur Wiederherstellung des Berufsbeamtentums auszufüllen war, angegeben, woraufhin er trotz Fürsprache der lokalen Stellen aus

---

117 Jahresbericht 1934, in: EB 52 (1934), S. 227
118 Zu Jahn siehe STA Essen 140–1250, 140–1272; Hermann Schröter, Robert Jahn, in: Der Archivar 16 (1963), Sp. 326 ff.; Dickhoff, Köpfe, S. 278; Martin Kamp, Der Bredeneyer Lehrer Robert Jahn, in: Erfahrungen – Begegnungen – Herausforderungen. 100 Jahre Goetheschule Essen 1899–1999, hrsg. v. Vera Bittner u. Patrick M. Goltsche, Essen 1999, S. 139–141.
119 Kamp, Jahn, S. 140.
120 StA Essen 45–2718, Jahn an Reisner, 21.5.1946: »Meine größte wissenschaftliche Neigung gilt der Linguistik, insbesondere der vergleichenden Sprachwissenschaft. Ich bin Indogermanist, Germanist, Romanist, betreibe Slavistik, Chinesisch und Polynesische Sprachen.«
121 Schröder, Mews, S. 13.

dem Schuldienst entlassen worden war. Das Ministerium berief sich auf die Vorschriften und wollte keine Ausnahmeregelung zulassen.

Jahn wandte sich den altgermanischen Forschungen zu, in der Hoffnung, auf diesem Weg wieder in den Schuldienst kommen zu können. »Ich bitte, diese Arbeiten am deutschen Volkstum als wahrhaft nationale Betätigung eines Mannes, der sein Lebtag nur volkserzieherische und deutschwissenschaftliche Arbeit gekannt hat, anzuerkennen und mir durch Zurücknahme der Entlassung Wirkungskreis und vaterländische Ehre wiederzugeben,« schrieb er dem Ministerium für Wissenschaft, Kultur und Volksbildung.[122]

Abb. 31: Bernhard Vollmer, Robert Jahn, Oberbürgermeister Dillgardt und der Kreisleiter der NSDAP, Peter Hütgens, bei der Eröffnung des neuen Stadtarchivs

Obwohl Jahn die Sympathien der zuständigen Dezernenten in der städtischen Verwaltung genoß, einschließlich der des nationalsozialistischen Schuldezernenten Dr. Bubenzer, durfte er seine Lehrertätigkeit nicht wieder aufnehmen. Statt dessen wollte man ihm die Stelle des Stadtarchivars anvertrauen. Gegen diese Personalentscheidung legte das Preußische Staatsarchiv zwar schärfsten Protest ein,[123] doch die Stadtverwaltung ließ sich nicht mehr beirren. Sie wies

122 StA Essen 140-1272, Jahn an Ministerium für Wissenschaft, Kultur und Volksbildung, 28.9.1934.
123 StA Essen 140-1250, Preuß. Staatsarchiv an Reg.-Präs. Ddorf, 17.1.1936. – Die Stellenbesetzung in Essen ist ein interessantes Kapitelchen in der deutschen Archivgeschichte und

den Vorwurf, einen »unqualifizierten Interessenten« eingestellt zu haben, mit Nachdruck zurück.[124] Auch eine Intervention von Mews zugunsten des Bibliothekssekretärs Franz Michels, der im Band 50 der Essener Beiträge eine groß angelegte Studie zu Huttrop publiziert hatte, konnte die Haltung der Stadtverwaltung nicht mehr beeinflussen.[125] Sie hielt Jahn für den besseren Kandidaten, den sie mit folgenden, uns teils schon bekannten Aufgaben betraute:

1. Die von Ribbeck angefangenen Ordnungs- und Verzeichnungsarbeiten sind fortzuführen.
2. Das Archiv soll »zu einem Mittelpunkt der lokalen Familienforschung« ausgebaut werden.[126]
3. Die von Ribbeck begonnene Stadtgeschichte ist zu vollenden.
4. Die geschichtliche Grundlage der Steeler 1000-Jahr-Feier, die für das Jahr 1938 anstand, ist wissenschaftlich zu überprüfen.[127]

Da die Stadt Essen viel Wert darauf legte, keinen Schriftgelehrten zu beschäftigen, der nur im stillen Kämmerlein vor sich hin forscht, sondern eine Persönlichkeit suchte, die in die Öffentlichkeit hinein wirken, die publizieren und Vorträge halten sollte, wurde Jahn ein fleißiger Mitarbeiter des Historischen Vereins, der bald in Konkurrenz zum Vorsitzenden Karl Mews stand.

Auch wenn die Personalentscheidung nicht im Sinne Mews' ausgefallen war, so war die Freude beim Historischen Verein darüber, daß »unser seit mehr als einem Jahrhundert sehr kümmerlich behandeltes Stadtarchiv der Pflege und Hut eines hauptamtlichen Stadtarchivars anvertraut« wurde, »besonders groß«.[128]

Ebenso wie für das Stadtarchiv kämpfte der Historische Verein für eine bessere Unterbringung des Ortsgeschichtlichen Museums, das im Dachgeschoß des Goldschmidt-Hauses an der Bismarckstraße ein »Aschenbrödeldasein« führte. Groß war daher die Enttäuschung, als sich die Pläne, in der Essener Innenstadt die ehemalige Gaststätte »Zum Malepartus« für das Museum anzukaufen, zerschlugen.[129] Die Stadtverwaltung erwog nach dem Scheitern ihres Vorhabens,

---

soll an anderer Stelle ausführlicher behandelt werden. Im Zusammenhang mit der Vereinsgeschichte muß die Kurzschilderung genügen.

124 Ebd., OB Essen an Reg.-Präs. Ddorf, 19.2.1936.
125 StA Essen 45–138, Mews an OB, 6.9. u. 4.12.1935.
126 StA Essen 140–1250, OB Essen an Reg.-Präs. Ddorf, 19.2.1936.
127 Siehe EB 56 (1938), S. 5.
128 Jahresbericht 1936, in: EB 54 (1936), S. 193.
129 Siehe Jahresbericht 1929/31, in: EB 49 (1931), S. 459 u. Jahresbericht 1932, in: EB 50 (1932), S. 364. – Zu den Ankaufsplänen siehe Essener Anzeiger v. 25.12.1929; Essener Volks-Zeitung v. 23.3.1930 u. Essener Anzeiger v. 17.6.1931.

die Sammlungen mit dem Museum für Heimat-, Natur- und Völkerkunde, das im ehemaligen Kruppschen Ledigenheim in Essen-West untergebracht war, zu vereinigen. Dieser Gedanken löste sogleich den Protest nicht nur des Historischen Vereins aus, so daß der Plan ad acta gelegt wurde.[130] Die Eigenständigkeit nahm einen solch hohen Stellenwert ein, daß man dafür die schlechten Präsentationsmöglichkeiten in Kauf nahm.

Die Wende zum Besseren erfolgte in den 1930er Jahren. Der Oberbürgermeister Reismann-Grone hatte die von einem herrlichen Park umgebene Villa von Albert von Waldthausen erworben, um hier das Museum unterzubringen. Unter dem Namen »Heimat. Stadthaus für Volkstum, Geschichte und Kultur des Ruhrgebietes – Essen« eröffnete es am 4. April 1937 seine Pforten und zeigte auf drei Etagen die Zeugnisse der Stifts- und Stadtgeschichte, des Volkstums und der Industrieentwicklung.[131] »Aus dem malerisch-wunderlichen Durcheinander eines schummerigen Raritätenkabinetts«[132] im Goldschmidt-Haus war eine anschauliche Präsentation hervorgegangen mit einer klaren ideologischen Ausrichtung. Es sollte vor allem Erziehungsarbeit geleistet werden. Im Jargon der Zeit formulierte der Museumsleiter: »Mit ihrem Wachstum zog diese zum industriellen Mittelpunkt gewordene Großstadt aber ungezählte fremdstämmige und fremdländische Menschen heran, die bald die eigentliche Heimatbevölkerung überwucherten. Unberührt vom Werden und Geschehen in unserer Heimat stand diese neue Bevölkerung den heimatlichen Dingen fremd gegenüber. Wurzellos wurde sie bald das Opfer artfremder Verhetzung. Da ist das neue Haus der Heimat berufen, seine hohe Kulturaufgabe zu erfüllen, nämlich Erziehungsarbeit zu leisten und Verständnis und Achtung zu erwecken für die Geschehnisse der heimatlichen Vergangenheit.«[133] Zugleich galt es, die Bedeutung der »Führergestalten« zu betonen. »Beim Aufbau all dieser Schätze ist es immer oberster Grundsatz gewesen, einmal herauszustellen, daß immer nur das Genie und die Tatkraft großer Persönlichkeiten den Gang der Ereignisse in einem bestimmten Raum getragen haben und daß zum anderen diese großen Führergestalten immer nur aus dem allgemeinen Hintergrund des Volkstums und heimatlichen Bodens verstanden und gewürdigt

---

130 StA Essen 45–33236, Jahresbericht des Ortsgeschichtlichen Museums für 1932.
131 Heimat. Stadthaus für Volkstum, Geschichte und Kultur des Ruhrgebiets, Essen 1937; Heinz Grewe, Das Essener Heimatmuseum (Stadthaus »Heimat«) und seine kulturpflegerischen Aufgaben, in: Heinrich Wefelscheid/Otto Lüstner, Essener Heimatbuch, 2. Aufl. Essen 1938, S. 249–258.
132 Klaus von Baudissin, Zwischen Heimatmuseum und Folkwang-Museum, in: Heimat. Stadthaus für Volkstum, Geschichte und Kultur des Ruhrgebiets, Essen 1937, S. 14–15, S. 14.
133 Grewe, Das Essener Heimatmuseum, S. 252.

Abb. 32: Die Villa Waldthausen in der Lindenallee

werden können.«[134] Angesichts dieser Konzeption überrascht es nicht, daß sich gleich neben dem Eingang eine »Ehrenhalle« für das deutsche Winterhilfswerk (WHW)[135] befand.

Abb. 33: Der Äbtissinnensaal

Der Historische Verein war mit dem neuen Museum sehr zufrieden und »als äußeres Zeichen der Freude und des Dankes« überwies er dem Winterhilfswerk »einen namhaften Betrag, der durch freiwillige Spenden der Mitglieder aufgebracht wurde«.[136] In der Folgezeit fanden im sogenannten Äbtissinnensaal viele Vortragsveranstaltungen des Vereins statt.

134 Heinz Grewe, Das Essener Museum »Heimat«, in: Rheinische Blätter 15 (1938), S. 265–269, S. 266.
135 Mit dem WHW, das sich durch Lohnabzüge, Sammlungen und Spenden finanzierte, sollte die materielle Not von Bedürftigen bekämpft werden. Doch genauso wichtig war der propagandistische Effekt der Sammlungen – Demonstration der »Deutschen Volksgemeinschaft« –, weshalb das WHW stets von großangelegten Werbeaktionen begleitet war. Siehe z. B. die Abbildung in Wisotzky, Jahre der Gewalt, S. 453.
136 Jahresbericht 1937, in: EB 55 (1937), S. 185.

Leiter des Hauses Heimat wurde der Lehrer Heinz Grewe (16. Juli 1898 – 1. Juli 1984), der aber nicht wie Jahn in den Essener Beiträgen veröffentlichte und nur selten vor den Mitgliedern referierte.[137]

Über die Personalia des Vereins in der NS-Zeit können wir leider nur wenige Aussagen machen. Der – durch die Zeitumstände erzwungene – Rücktritt von Salomon Heinemann wurde bereits erwähnt. So gehörten 1933 dem Vorstand an:[138] Studienrat Dr. Hans Theodor Hoederath, Verbandspräsident Dr. Max Huesker,[139] Generaldirektor Dr.-Ing. Otto Krawehl, Kunstmaler Heinrich Kunolt, Konrektor Anton Lehnhäuser, Agnes Meyer, Oberbürgermeister Theodor Reismann-Grone, Dechant Hermann Schulte-Pelkum und Buchhändler Heinrich Vos[140].

Als Agnes Meyer, »die treue Hüterin der Finanzen«,[141] am 25. März 1935 starb, wurde Otto Flothmann (22. August 1873 – 1. November 1964) als Nachfolger bestimmt und in den Vorstand aufgenommen.[142] Der Inhaber eines Schreibwarengeschäftes mit Druckerei und Buchbinderei auf der Kettwiger Straße[143] versah das Amt mehr als 20 Jahre.

Ob die durch den Tod von Heinrich Kunolt und Otto Krawehl bzw. durch den Wegzug von Hans Theodor Hoederath entstandenen Lücken aufgefüllt worden sind, läßt sich nicht feststellen. Wir wissen auch nicht, wann Robert Jahn und Hans Spethmann in den Vorstand eingetreten sind.

Mit der Ehrenmitgliedschaft zeichnete der Verein am 29. Januar 1938 den Kaufmann Hermann Böhmer (29. Januar 1858 – 7. Oktober 1947)[144] aus. Der 80jährige, seit fast 40 Jahren aktiv, der auch in den Essener Beiträgen publiziert hatte,[145] wurde besonders für seine »mit köstlichem Humor durchwirkten Plaudereien und Erinnerungen« gelobt. Sie seien »bleibende Merksteine« seiner Vereinstätigkeit.[146]

---

137 25. Februar 1940: Ernst Honigmann, ein Pionier des Ruhrbergbaues vor 100 Jahren. – Die Vorträge über Brauchtum und Sitte in Vergangenheit und Gegenwart am 22. und 29. Januar 1937 wurden gemeinsam mit dem Vortragsamt der Stadt Essen veranstaltet.
138 Jahresbericht 1933, in: EB 51 (1933), S. 212.
139 Max Huesker (8.3.1883–18.10.1961) war von 1930 bis 1949 Präsident des Siedlungsverbandes Ruhrkohlenbezirk. Siehe Dickhoff, Köpfe, S. 277.
140 Zu Vos siehe EB 63 (1948), S. 158.
141 Jahresbericht 1935, in: EB 53 (1935), S. 292.
142 Ebd., S. 294.
143 Zu Flothmann siehe NRZ v. 22.8.1963 u. WAZ v. 22.8.1963.
144 Nachruf in: EB 63 (1948), S. 159.
145 Ein Gang über den alten Friedhof am Kettwiger Tor, in: EB 49 (1931), S. 439–454; Gewerbe, Handel und Industrie in Essen. Gewesenes und Bestehendes, in: EB 54 (1936), S. 169–187.
146 Text der Ehrenurkunde, in: EB 57 (1938), S. 143 f.

Da die Unterlagen fehlen, tappen wir auch bei der Mitgliederentwicklung im Dunkeln. Die letzte veröffentlichte Angabe von 710 Mitgliedern findet sich im Bericht für das Jahr 1929.[147] Danach beklagte Mews, daß die »Not viele unserer Mitglieder zwang, aus unserem Kreis auszuscheiden«.[148] Wie groß die Zahl der Austritte war, können wir nicht genau ermitteln, denn die Angaben widersprechen sich. In seinem Rückblick anläßlich des 60jährigen Bestehens sprach Mews von einem Rückgang von 700 auf 500, während er bei seiner Abschiedsrede für die 1930er Jahre eine Mitgliederzahl von 300 angab.[149] Das letzte, ungedruckt gebliebene Mitgliederverzeichnis von 1932 führt 507 Personen und Institutionen auf.[150]

Wegen des Verlustes der Vereinsdokumente können wir auch nichts über die Behandlung der jüdischen Mitglieder aussagen. Wurden sie, wie wir es von anderen Vereinen her kennen,[151] ausgeschlossen, oder zogen sie sich »freiwillig« zurück? Wurde ihre Mitgliedschaft hingenommen, sofern sie nicht zu den Versammlungen kamen? Oder waren sie weiterhin im Vereinsleben integriert? Wir wissen es nicht.

Da Karl Mews, die Stütze des Vereins, wegen seines Alters nicht eingezogen worden war, stellte der Historische Verein seine Tätigkeit nach Kriegsausbruch nicht wie im Jahre 1914 ein. Im Gegenteil. »Trotz Krieg und langdauernder Winterkälte haben wir, wie es unser Wille war ..., unsere dem kulturellen Leben dienende Arbeit durchgeführt«, bekundete der Vereinsvorsitzende.[152] Das Hauptaugenmerk der Vereinsarbeit galt dem Festakt zum 60jährigen Bestehen, der am 27. Oktober 1940 im Stadthaus Heimat stattfand. Karl Mews feierte in seiner Begrüßungsansprache zunächst euphorisch die Siegestaten der deutschen Soldaten, die »ehrenvolle Blätter dem Buche der Geschichte einfügen, mit ehernen Lettern unvergleichliche Großtaten heldenhaften Soldatentums Seite für Seite einmeißeln«[153], um dann all die Erfolge nach dem »Umbruch der Nation 1933« in Erinnerung zu rufen: Stadtarchiv, Heimatmuseum, Kupferdreher Eisenhammer, Steeler Jahrtausendfeier. Ansporn und Ermunterung für die

---

147 Jahresbericht 1929, in: EB 47 (1930), S. 361.
148 Jahresbericht 1932, in: EB 50 (1932), S. 363.
149 Mews, Zum 60jährigen Bestehen, S. 5 f.; NRZ v. 10. 11. 1967.
150 StA Essen 412-6.
151 Für Aachen siehe Herbert Lepper, Der »Aachener Geschichtsverein« 1933–1944, in: ZAGV 101 (1997/98), S. 267–302; für Düsseldorf siehe Horst A. Wessel, 125 Jahre Düsseldorfer Geschichtsverein. Kontinuitäten im Wandel politischer und gesellschaftlicher Rahmenbedingungen, in: Düsseldorfer Jahrbuch 75 (2004/2005), S. 13–44, S. 29.
152 Jahresbericht 1940, in: EB 59 (1940), S. 275.
153 Mews, Zum 60jährigen Bestehen, S. 7.

Arbeit sei ferner die Unterstützung der Stadtverwaltung und die Anteilnahme der Bevölkerung. So blicke man mit »stolzer Zuversicht« und »unerschütterlichem Vertrauen zu Führer und Volk« in die Zukunft.[154]

Die Feierstunde war verbunden mit der Eröffnung der Sonderschau des Heimatmuseums »Essener Heimatforschung und Heimatforscher«, die auf großes Interesse in der Bevölkerung stieß. Ausgestellt waren die Niederschriften der Essener Stadtschreiber des Mittelalters und der Frühen Neuzeit, Aktenstücke und alte Bücher zur Stadt-, Kriegs-, Schul- und Wirtschaftsgeschichte sowie die Porträts der Essener Geschichtsschreiber.[155]

Trotz der kriegsbedingten Schwierigkeiten erschien zum Jubiläum ein stattlicher Sonderband der Essener Beiträge mit mehr als 300 Seiten. Danach konnte der Verein nur noch 1941 ein schmales Heft von 90 Seiten herausbringen. Für Band 62 stellte die Wirtschaftsstelle des deutschen Buchhandels kein Papier zur Verfügung. Einen entsprechenden Antrag lehnte sie mit den Worten »Druckgenehmigungen für derartige Vorhaben können für die Dauer des Krieges nicht erteilt werden. Das Vorhaben ist bis nach dem Sieg zurückzustellen.« ab.[156] Um weiterhin den Kontakt mit den Mitgliedern aufrecht zu erhalten, speziell zu denen, die eingezogen worden waren, verschickte Mews Rundschreiben.[157] Leider hat sich von diesen Rundbriefen nur ein Exemplar erhalten, in dem der Historische Verein nach den schweren Bombenangriffen im März 1943[158] an die Mitglieder appellierte, den Mut nicht zu verlieren: »Unser Wissen um 1000 Jahre heimatlicher Schicksalsgestaltung mit schweren Heimsuchungen und bitterer Not, das Erleben böser Krisenjahre nach dem Weltkrieg geben uns geistige und seelische Kraft, in treuer Schollenverbundenheit unverzagt allen bösen Gewalten zu trotzen.« (Siehe Abb. 34)

Daß für die Essener Bevölkerung vor den großen Luftangriffen das Leben noch unter friedensähnlichen Bedingungen ablief, zeigte auch die Mitglieder-Werbeaktion des Historischen Vereins im Frühjahr 1941. In einem extra zu diesem Zweck gedruckten Werbeblatt war zu lesen: »Der erfreuliche Wandel, der

---

154 Ebd.
155 Rheinisch-Westfälische Zeitung v. 31.10.1940; Heinz Grewe, Sonderausstellungen und Neuerwerbungen des Essener Heimatmuseums, in: Heimatkalender für Groß-Essen 4 (1942), S. 61–71, S. 68f.
156 StA Essen 703–13, Wirtschaftsstelle des deutschen Buchhandels an Historischen Verein, 19.11.1942; Karl Mews, Rückblick – Ausblick, in: EB 62 (1947), S. 5–9, S. 5. – Über den Zeitpunkt, zu dem die anderen rheinischen Geschichtsvereine die Herausgabe ihrer Periodika einstellen mußten, siehe die Übersicht bei Laux, Konservatismus.
157 Mews, Rückblick, in: EB 62, S. 5.
158 Norbert Krüger, Die Luftangriffe auf Essen 1940–1945. Eine Dokumentation, in: EB 113 (2001), S. 159–328.

Hiſtoriſcher Verein
für Stadt und Stift Eſſen

Liebe Eſſener Geſchichtsfreunde!

Unſer Wiſſen um 1000 Jahre heimatlicher Schickſalsgeſtaltung mit ſchweren Heim-
ſuchungen und bitterer Not, das Erleben böſer Kriſenjahre nach dem Weltkrieg geben
uns geiſtige und ſeeliſche Kraft, in treuer Schollenverbundenheit unverzagt allen böſen
Gewalten zu trotzen.

Wir gedenken in Trauer unſerer Freunde, die den Terrorangriffen zum Opfer fielen,
wir grüßen in herzlicher Teilnahme all jene Freunde, denen Bomben oder Brand
Haus, Hab und Gut raubten. Wir bitten ſie, uns ihre neue Anſchrift baldigſt übermitteln
zu wollen, uns auch dann verbunden zu bleiben, wenn eine Umſiedlung in einen
anderen Ort notwendig wurde. Insgeſamt aber bitten wir all unſere Freunde, uns
in unſern Beſtrebungen und unſerer Arbeit im Dienſte der Heimatforſchung weiterhin
treue Helfer zu ſein. Trotz aller kriegsbedingten Erſchwernis bleibt unſer Kulturwille
lebendig, und unſere Forſchungsarbeit bricht nicht ab. Leider mußten wir den Druck
des 62. Jahrbuchs und die Vorträge von Dr. Kahrs, Dr. Lappe, Dr. Spethmann
zurückſtellen. Die Ereigniſſe der letzten Wochen weiſen uns ganz beſonders Aufgaben zu.

Auf beiliegender Zahlkarte bitten wir den Mitgliedsbeitrag für 1943 einzahlen zu
wollen. Mitglieder, die im Februar und März ihren Beitrag bereits überwieſen haben,
wollen ſich bitte melden, da eine Anzahl Belege verbrannt iſt und ihre Zahlung nicht
verbucht werden konnte.

All unſern Getreuen unſere beſten Wünſche und herzlichen Heimatgruß.

Otto Flothmann	Dr. K. Mews
Schatzmeiſter	Vorſitzender
Eſſen, Lindenallee 75	Eſſen-Rell., Goldfinkſtr. 54

Sommerausflug: Am Samstag, den 5. Juni wandern wir von Bahnhof

Höſel nach Krummenweg

Abfahrt Eſſen HB 14²², Höſel Ankunft 14⁵⁶

Für Nachzügler: Eſſen HB ab 15³², Höſel an 16⁰⁷.

G/0294

Abb. 34: Rundschreiben: »Liebe Essener Geschichtsfreunde«

142

sich nicht nur politisch und wirtschaftlich, sondern auch geistig und seelisch in unserem Volke vollzogen hat, gibt uns Hoffnung, daß nunmehr mancher, den die Nöte der vergangenen Jahre zur Zurückhaltung zwangen, aus Treue zur Heimat und im Gefühl der Schicksalsverbundenheit mit der Scholle, die ihm Brot und Arbeit gibt, sich wieder bereit findet, die Bestrebungen des Historischen Vereins zu unterstützen.«[159] Ob die Werbeaktion, die sich zeittypisch nur an Männer richtete – »Deshalb treten wir auch an Sie, sehr geehrter Herr, mit der Bitte heran« –, erfolgreich war, geht aus den Unterlagen leider nicht hervor.

Auf ihren beliebten Sommerausflug wollten die Mitglieder zunächst nicht verzichten. Er führte am 29. Juni 1940 bei schönem Wetter nach Überruhr. »Nach so vielen durch Sirenengeheul, feindliches Fliegersurren und Bombenwerfen gestörten Nächten war diese Wanderung durch friedliches Bauernland, in das nur noch vereinzelt die Industrie greift, eine erquickende Entspannung.«[160] Ein Jahr später ging es auf Schusters Rappen rund um die Kluse, doch dann wurde diese Art der Zerstreuung aufgegeben. Entweder fehlte die Zeit oder eine Wanderung erschien bei potentieller Gefährdung durch Luftangriffe als zu gefährlich.

Größere Ausdauer bewies der Verein bei seinen Vortragsveranstaltungen, die kriegsbedingt auf die Sonntagvormittage verlegt werden mußten und dennoch rege besucht waren. 1940 gab es fünf, 1941 vier und 1942 wiederum fünf Vorträge, die vor allem von Grewe, Jahn, Meisenburg, Mews und Spethmann gehalten wurden. Zu Gast waren Bernhard Vollmer, der Leiter des Preußischen Staatsarchivs in Düsseldorf und zu dieser Zeit Beauftragter für das Archivwesen beim Reichskommissar Seyss-Inquart in den Niederlanden und der Forscher Frans Vermeulen, die über »Die Niederlande und das Reich« (16. März 1941) bzw. »Die Baugruppe Essen-Werden und die Baukunst in den Niederlanden in salisch-staufischer Zeit« (28. November 1942) sprachen. Die Vorträge, die zusammen mit der Essener Ortsgruppe der Deutsch-Niederländischen Gesellschaft organisiert worden waren, fügten sich ein in den Rahmen der »Westforschung«[161], denn die Redner unterstrichen – ebenso wie die 1944 erschienene Veröffentlichung »Essen und die Niederlande« – die Verbundenheit der Niederlande mit dem Deutschen Reich. Während Vollmer nur vorsichtig die Hoffnung äußerte, »daß ein Rückbesinnen [der Niederländer] auf die eigenen

---

159 StA Essen 703–13, Werbeblatt, Frühjahr 1940.
160 Jahresbericht 1940, in: EB 59 (1940), S. 275.
161 Zur Westforschung siehe Burkhard Dietz u. a. (Hrsg.), Griff nach dem Westen. Die »Westforschung« der völkisch-nationalen Wissenschaften zum nordwesteuropäischen Raum (1919–1960), 2 Bde., Münster u. a. 2003.

stammesmäßigen Werte ... für die neuen Beziehungen zwischen den Nachbarländern eine wertvolle Grundlage bilden« werde,[162] schloß Mews seinen Vortrag »Ein Jahrtausend Essen und die Niederlande« am 25. Januar 1942 voller Zuversicht. Er war, »nachdem mit dem 10. Mai 1940 [dem Tag der Besetzung der Niederlande durch deutsche Truppen] ein Kreislauf voller Tragik wieder geschlossen wurde«, fest davon überzeugt, daß sich »die künftige Schicksalsgestaltung« »im Rahmen einer völkischen, politischen und wirtschaftlichen Gemeinschaft vollziehen muß und wird«.[163]

Die großen Bombenangriffe am 5. und 12. März 1943[164] beendeten auf längere Zeit die Vortragsveranstaltungen. Jahn hatte noch am 21. Februar 1943 über die Frühzeit von Rellinghausen gesprochen, danach bestimmten die Sorgen des Alltags die Gedanken der Essener. Trümmer mußten beseitigt werden, die Kinder wurden in die Kinderlandverschickung gegeben, und auch viele Frauen verließen das luftgefährdete Essen. Für manche überraschend kündigte der Verein nach einem Jahr Pause den nächsten Vortrag für den 20. Februar 1944 an. Ernst Kahrs trug seine Überlegungen über die Burg von Essen vor. Es sollte der letzte Vortrag während des Krieges sein.

Noch einmal meldete sich der Verein zu Wort. Als die Stadtbibliothek bei den Bombenangriffen 80 Prozent des wissenschaftlichen Bestandes verlor, da rief u. a. der Historische Verein im Mai 1944 nicht ohne Erfolg zu Spenden und zur Hergabe von Heimatliteratur und Geschichtswerken auf.[165]

Je länger der Krieg dauerte, je öfter Essen den Bombenangriffen ausgesetzt war, desto mehr löste sich die gesellschaftliche Ordnung auf. Angesichts der Umstände war auch nicht daran zu denken, das 700jährige Stadtjubiläum zu feiern.[166] Zu diesem Anlaß sollte Jahn seine Stadtgeschichte vorlegen. Ebenso war ein großer Festakt geplant. Da die Kriegsumstände das Feiern verhinderten, schlug Mews als Ersatz und zur Erinnerung an diese »Schicksalszeit 1943/44« vor, eine Münze schlagen zu lassen. »An Schrott fehlt es uns in Essen

---

162 National-Zeitung v. 19.3.1941.

163 Rheinisch-Westfälische Zeitung v. 28.1.1942. Siehe auch National-Zeitung v. 29.1.1942.

164 Zur Bombardierung der Stadt siehe Krüger, Luftangriffe.

165 Klaus Wisotzky, Im Dienste der NS-Ideologie. Die Stadtbücherei in den Jahren 1933 bis 1945, in: Reinhard Brenner/Klaus Wisotzky, Der Schlüssel zur Welt. 100 Jahre Stadtbibliothek Essen, Essen 2002, S. 58–75, S. 72 f.; Mews, Rückblick, in: EB 62, S. 6.

166 Anlaß war der Vertrag über den Bau der Stadtmauer 1244, in dem erstmals eine Vertretung der Essener Bürgergemeinde erkennbar ist. Zum Vertrag und seiner Bedeutung siehe Thomas Schilp, Überlegungen zur Stadtwerdung, in: Jan Gerchow/Ruhrlandmuseum (Hrsg.), Die Mauer der Stadt. Essen vor der Industrie 1244 bis 1865, Essen 1995, S. 82–92, S. 86–92; Jan Gerchow, 1244 – Mauerbau und Stadtgründung, in: Ulrich Borsdorf/Heinrich Theodor Grütter/Oliver Scheytt (Hrsg.), Gründerjahre. 1150 Jahre Stift und Stadt Essen, Essen 2005, S. 43–63.

Historischer Verein für Stadt und Stift Essen

Einladung zum Vortrag

Sonntag, den 19. April 1942, von Dr. Hans Spethmann, Essen,
im Stadthaus Heimat, Lindenallee 49
vormittags 11 Uhr

Forschungen über die Entwicklung des Ruhrbergbaus

Neue zweite Folge (Mit Lichtbildern)

Gab es am Anfang des Ruhrbergbaus eine allgemeine Kohlengräberei?
Die vermeintliche Bergordnung von 1542.
Der Bredeneyer Kohlberg von 1566.
Das älteste noch vorhandene technische Baudenkmal des Ruhrbergbaus
von 1568.
Der Dreizigjährige Krieg und die Belebung des Ruhrbergbaus.
Die Abwehr der Juden im Ruhrbergbau.
Die Anfänge der Ruhrorter Kohlenhändler.
Frh. vom Steins Bedeutung für den Ruhrbergbau in neuem Licht.
Die angeblich treulosen Schichtmeister und die widerspenstigen Gewerken.
Die bergbaulichen Vorlesungen an der Universität Duisburg.
Der Unterwerksbau und der Pfeilerbau 1784.
Die Preisaufgaben Friedrichs des Großen.
Der Bergrat Caspar Heinrich Anton Morsbach.
Wiederum Unbekanntes von Franz Dinnendahl aus mehreren hundert im
letzten Jahr aufgefundenen Schriftstücken.
War Dinnendahls Essener Gasfabrik die erste derartige Anlage auf dem
europäischen Festland?
Der Endkampf um das Direktionsprinzip.
Die großen Leitlinien in der Entwicklung des Ruhrbergbaus.

Heil Hitler!

Dr. Mews

Gäste willkommen.

G/0294

Abb. 35: Einladung zum Vortrag

145

ja nicht u. ein Künstler wird schon neben den zwei Stadtschwertern ein treffendes Symbol für Essens schweres Schicksal finden.« Mit der Medaille sollten »verdiente Männer und Frauen« geehrt werden, und sie sollte zugleich »den kommenden Geschlechtern eine Mahnung sein«.[167]

Wie der Vorschlag vom Oberbürgermeister aufgenommen wurde, wissen wir nicht. Aber auch wenn er ihn positiv beurteilt hätte, so hatte er andere Sorgen. Die alliierten Truppen rückten weiter vor und standen nur wenige Wochen später am Rhein, von wo aus sie Essen unter Artilleriebeschuß nahmen.[168]

167 StA Essen 703-10, Mews an OB Dillgardt, Dez. 1944.
168 Siehe Hans G. Kösters, Essen Stunde Null. Die letzten Tage März/April 1945, Düsseldorf 1982.

5. Die langen 1950er Jahre

In einem Rundschreiben vom Januar 1946 gab der Historische Verein erstmals nach dem Kriege ein Lebenszeichen an seine Mitglieder:[1] »Die mehr als 1000jährige Geschichte unserer Heimat mit ihrem Auf und Nieder, mit ihrer wechselvollen Schicksalsgestaltung heißt uns, unverzagt und zukunftsmutig unser Wissen und Streben in den Dienst des Wiederaufbaus unserer schwer geprüften Heimat zu stellen. Viel kostbares Gut, Zeugen geistigen und kulturellen Schaffens vergangener Zeiten, ging verloren. Museen, Archive und Bibliotheken beklagen den Verlust wertvoller Dokumente. Weit verstreut, fern der Heimatscholle, sehnen sich Tausende zur Essener Heimat hin, der sie als dem Land ihrer Vorfahren oder der Stätte ihres Schaffens fest verbunden sind. Mit ihnen wissen wir Daheimgebliebenen uns eins, wenn wir unsere Essener Geschichtsfreunde aufrufen, wie ehedem durch ihre Treue und Mitarbeit unsere Arbeit zu fördern und zu unterstützen. ... Mehr denn je werden wir all unsere seelischen und geistigen Kräfte, tiefwurzelnd in der Liebe und Verbundenheit zur Heimat, zum Einsatz bringen, der Stadt und ihren Menschen zum Besten.« Das Rundschreiben war typisch für die vielen Stellungnahmen in der Nachkriegszeit. Neben der Klage über die Verluste stand das Bekenntnis, sich zum Besten der Stadt einzusetzen.

Die Beschäftigung mit der Geschichte sollte von den Nöten des Alltags ablenken, und die geschichtlichen Erkenntnisse sollten Kraft geben, die schweren Zeiten zu überstehen. In den Worten von Mews: »In seiner 1000jährigen Geschichte verzeichnet der Großraum Essen ... manch schweren Schicksalsschlag, Blüte und Verfall, Aufstieg und Niedergang. Und immer wieder gab es ein Empor, an das wir zuversichtlich glauben wollen, an dem wir mitarbeiten wollen mit all unsern Kräften, auch mit denen, die aus der Ehrfurcht vor dem Gewordenen, aus dem Wissen um die Vergangenheit und aus der Liebe zur Heimatscholle erwachsen. In alles Mühen und Sorgen kommender Tage, in den grauen Alltag mit seinem Kampf um Arbeit und Brot wollen wir diese ethischen Kräfte hineintragen und späteren Geschlechtern übermitteln. Aus dem tiefen Ergriffensein, das Zeugnisse und Zeugen entschwundener Zeiten erwecken, wachsen uns Kräfte des Glaubens und Mutes zu, die wir zum Einsatz bringen wollen.«[2]

Doch obwohl Mews »im Erinnern an schöpferische Kräfte und Gestalten« die »Heilkräfte für unser bedrohtes, entwurzeltes und irrendes Volk« sah, wie

---

1 Erhalten u. a. in: HAK FAH 21/2203.
2 Mews, Rückblick, in: EB 62, S. 8. Siehe auch Mews, Essen im Ausgang des 19. Jahrhunderts, in: EB 65 (1950), S. 13–32, S. 31.

er Theodor Reismann-Grone schrieb,[3] begann der Historische Verein relativ spät mit seinen Veranstaltungen. Während die anderen Essener Bildungsvereine ihre Vortragstätigkeit schnell wieder aufnahmen,[4] fanden seine Vorträge erst am 27. November 1946 (Emil Jung, Der Wiederaufbau des Essener Münsters) und 29. Januar 1947 (Karl Mews, Als Essen Großstadt wurde) statt. Danach folgte eine recht lange Pause bis zum März 1948. Mews begründete die Passivität des Vereins mit den vielen Schwierigkeiten, die das zerstörte Essen bot. Zum anderen erschien es ihm aber »geboten, erst einmal den Rummel sogenannter Kulturveranstaltungen verklingen zu lassen«.[5] Eine Begründung, die nicht zu überzeugen vermag, man verspürt vielmehr die Verbitterung über den Ausgang des Krieges und die erneute Besetzung Essens. Um so mehr war Mews in dieser Lage davon überzeugt, »daß die in der Pflege der Heimatliebe und Heimatgeschichte beruhenden seelischen und geistigen Kräfte in dem schwierigen Aufbauwerk kommender Jahre nicht entbehrt werden können«.[6]

Ebenso wie in den anderen rheinischen Geschichtsvereinen gab es im Essener Verein keine programmatisch kontroversen Diskussionen.[7] Zweifel an der Arbeit in der Vergangenheit kamen nicht auf. »Im Geiste der Gründer des Historischen Vereins, die in Absage an ein seelenloses materialistisches Zeitalter den Sinn für das geschichtlich Gewordene und die Bewahrung der Denkmäler der Vorzeit weckten, haben wir trotz manchen Anfechtungen und Bedrängnissen fest und zielsicher den gewiesenen Weg verfolgt, sind – bildlich gesprochen – der Fahne treu geblieben. So soll es auch künftig sein. Ernster, wissenschaftlicher Forscherarbeit, die keineswegs hochmütig auf den forschenden Liebhaber herabblickt, der vornehmlich in der örtlichen Geschichtsforschung willkommen ist, bleiben wir auch weiterhin verbunden,«[8] bekundete Mews.

---

3 StA Essen 652-24, Mews an Reismann-Grone, 12.12.1948.
4 Die Goethe-Gesellschaft begann ihre Veranstaltungen am 1. Dezember 1945 mit einem Vortrag von Wolf von Niebelschütz (»Goethe in dieser Zeit«). Bereits am 5. November hatte von Niebelschütz in der »Vortragsstunde« im Stadtgarten Steele über Jacob Burckhardt referiert. Ihm folgte am 12. November der Direktor des Ruhrsiedlungsverbandes Philipp Rappaport mit dem Thema »Deutsche Stadt und deutsche Seele«. Chronik der Stadt Essen 1945, S. 280.
5 Jahresbericht 1946/47, in: EB 63 (1947), S. 157.
6 Mews, Rückblick, S. 7.
7 Ulrich Helbach, Der Historische Verein für den Niederrhein in der Nachkriegszeit (1945–1979), in: Der Historische Verein für den Niederrhein 1854–2004. Festschrift zum 150jährigen Bestehen = Annalen 207, S. 185–260, S. 206.
8 Mews, Rückblick, S. 7.

Unberührt von den Geschehnissen der jüngsten Vergangenheit, wäre der Historische Verein am liebsten sofort zur Tagesordnung übergegangen. Entsprechend sah die Auseinandersetzung mit der NS-Vergangenheit aus. An erster Stelle wurde der Mitglieder gedacht, »die diesem Kriege, insbesondere den schweren Luftangriffen, zum Opfer fielen«.[9] »Ihre Treue und Hingabe soll uns Vorbild bleiben in unserem Dienst für die Heimat.«[10] Indem die Leidensgeschichte der Deutschen in den Vordergrund rückte, unterblieb die Auseinandersetzung mit der eigenen Schuld. Ebenso wurden die Verantwortlichen dafür, daß Essener als Soldaten sterben mußten und bei den Bombenangriffen umkamen, nicht benannt. Statt dessen raunte Mews vom »schweren Geschick oder hoher Pflicht«[11], von »tragischer Schicksalsverkettung«[12].

Kein Wort wurde den Opfern des NS-Regimes gegönnt, weder den Essener Juden, die am hellichten Tage vom Hauptbahnhof gen Osten in die Ghettos und Vernichtungslager verfrachtet wurden, noch den politisch und religiös Verfolgten, die von der Gestapo gedemütigt und gequält worden waren. Wäre nicht eine Würdigung von Salomon Heinemann jetzt angebracht gewesen?[13] Hätte der Vorsitzende nicht an die ehemaligen Mitglieder Gustav Blum, Dr. Karl Cosmann, Dr. Richard Heßberg, Dr. Georg Hirschland oder Dr. Ernst Levy, um nur einige zu nennen, die in die Emigration gezwungen worden waren, erinnern können? Nein, der Historische Verein gedachte vielmehr des verstorbenen nationalsozialistischen Oberbürgermeisters Reismann-Grone. Er »war uns – so Mews – stets ein treuer Freund und verdienstvoller Mitarbeiter, dem unser Gedenken allzeit in Dankbarkeit und Verehrung bleiben wird«.[14]

Die Untaten des deutschen Volkes wurden nicht thematisiert. Statt dessen beklagte Mews immer wieder aufs Neue den Luftkrieg und seine Folgen: »Tiefe Runen des Leides, der Not und der Zerstörung hat dieser Krieg in das Antlitz unserer Heimat gemeißelt. Was faustisches Streben und menschlicher Schöpfergeist in der kurzen Zeitspanne eines Jahrhunderts schufen, ward zu einem

---

9 Ebd., S. 5.
10 Jahresbericht 1946/47, in: EB 63 (1947), S. 159.
11 Karl Mews, Unsere gute Stadt Essen, in: Die Heimatstadt Essen 1948, S. 100–107, S. 100.
12 Karl Mews, Vom 60. zum 70. Geburtstag, in: EB 65 (1950), S. 3–11, S. 6.
13 Erst 1967 bei seiner Verabschiedung als Vorsitzender erinnerte Mews an »die in den Vorstand berufenen Persönlichkeiten wie Verbandspräsident Dr. Huesker, Dr. ing. Otto Krawehl, Dr. Reismann-Grone und Justizrat Dr. S. Heinemann, dessen vornehmes Mäzenatentum bis zu seinem tragischen Tod in der ›Kristallnacht‹ nicht vergessen werden darf«. StA Essen 703-13, Rede Mews zu seiner Verabschiedung, S. 7 f.
14 StA Essen 703-18, Nachruf auf Reismann-Grone, April 1949. – Siehe auch EB 65 (1950), S. 95, in der Reismann-Grone als »geistvolle, wegweisende, kämpferische, eigenwillige und kantige Persönlichkeit« charakterisiert wurde.

erschütternden Chaos, das der letzte schwere Luftangriff des 11. März 1945, der härter denn alle früheren den Lebensnerv unserer Stadt traf, zerwühlte und vergrößerte und Geist wie Seele dieser einst so schaffensfrohen Menschen in seinen lähmenden Bann zwingt.«[15] Entgegen der heutigen Auffassung, die durch das Buch von Jörg Friedrich verstärkt wird, wurde das Leiden der deutschen Bevölkerung keineswegs beschwiegen. Im Gegenteil, im Historischen Verein Essen war es in der Nachkriegszeit das Hauptthema. Dabei kontrastierte Mews die Zeit der Besatzung mit den letzten Vorkriegsjahren unter Hitler, die in ein geradezu idyllisches Licht getaucht wurden. Die »liebe, gute und schöne Stadt Essen mit ihren beispielhaften Wohnsiedlungen, ihrer reizvollen Landschaft, ihrem regen geistigen und kulturellem Leben und ihrem einzigartigen Arbeitsrhythmus«[16] gab es nicht mehr. Ihr Antlitz war durchfurcht durch »tiefe, finstere Runen schwerster Schicksalsschläge«[17].

Des weiteren forderte Mews aufzuzeichnen, »was hier unter den sehr schweren Daseinsbedingungen fortgesetzter Luftangriffe geleistet wurde, wie in Katastrophentagen Verwaltungsbehörden, Reichsbahn, Reichspost, städtische Werke, RWE, Militärbehörden, RAD, NSV und Nachbarschaft tatkräftig an das Rettungs- und Hilfswerk gingen.« Bezeichnend ist die Begründung. Dies sei notwendig, damit nicht »Gleichgültigkeit, Vergessen, zeitgemäße ›Hofhistoriographie‹, Gegenwartsnöte und wirrwahnige Zeittendenzen das Bild dieser Zeit verdunkeln«.[18]

So berichteten in den Essener Beiträgen Band 65 (1950) Wilhelm Neumann »vom Bombenkrieg und seinen Folgen« und Hans Spethmann über »die Eroberung des Ruhrgebiets im Frühjahr 1945«. Im Heft 67 durfte Werner von Raesfeld eine verklärende Selbstdarstellung seiner Tätigkeit als Wehrmachtskommandant in Essen von 1943 bis 1945 abliefern. Es ist aus heutiger Sicht nicht nachzuvollziehen, daß sich der Generalmajor, der in den Goebbelschen Propagandajargon verfiel, wenn er von den »Terrorangriffen« sprach, der sich der Sprengung der Rheinbrücken in seinem Abschnitt rühmte und der so gerne den Endkampf um Essen geführt hätte, zum Retter der Stadt hochstilisieren konnte.

---

15 Mews, Rückblick, S. 8.
16 Mews, Unsere gute Stadt, S. 107.
17 Ebd., S. 100. – Das Vokabular ist altbekannt. So hatte auch die Not und das Leid des Ruhrkampfes »tiefe Runen in das Antlitz unserer Ruhrheimat und ihrer Menschen geritzt«. Karl Mews, Der Werdegang der heimischen Industrie, in: Heinrich Wefelscheid/Otto Lüstner (Hrsg.), Essener Heimatbuch, Frankfurt 1925, S. 106–150, S. 150.
18 Mews, Vom 60. zum 70., S. 6.

Abb. 36: Oberbürgermeister Reismann-Grone

Beschämender Höhepunkt in der Geschichtsschreibung des Historischen Vereins Essen über die NS-Zeit sind die Gedenkworte von Karl Mews zum 100jährigen Geburtstag Reismann-Grones, des ersten nationalsozialistischen Oberbürgermeisters von Essen.[19] Dieser Beitrag, der einzige bis zum Jahre 1981, der sich mit den 1930er Jahren beschäftigt, grenzt an Geschichtsklitterung. Reismann-Grone, Mitbegründer des Alldeutschen Verbandes, war seit seinem Studium ein eingefleischter Antisemit und hatte sich schon zahlreichen völkischen Bünden und Organisationen angeschlossen, ehe er zur NSDAP fand.[20] Seit Januar 1930 Mitglied der Partei, gehörte er im Herbst 1932 zum Beraterkreis Hitlers und sah sich selbst als »100prozentigen nationalsozialistischen Agitator«.[21] Mews hingegen stellte Reismann-Grone als »wegweisende Persönlichkeit«[22] dar, wobei er allerdings – wider besseren Wissens – sowohl die Unterstützung der NSDAP verschwieg als auch die antisemitische Grundhaltung des Oberbürgermeisters. Dessen Kommentar zu den antijüdischen Ausschreitungen in Essen »Die Juden ernten Sturm – mit Recht. 80 % unserer Arbeit ist Beseitigung der Juden.«[23] wurde ebenso wenig erwähnt wie die antijüdischen Anordnungen, die Reismann-Grone erlassen hatte. Statt dessen wurde er zu einem »gerechten« Stadtoberhaupt hochstilisiert, das in Personalangelegenheiten nicht nach dem Parteibuch sondern nur nach der Leistung entschieden habe. Dagegen sprechen allerdings die Entlassungen u. a. des renommierten Büchereileiters Eugen Sulz und des über die Stadtgrenzen hin anerkannten Direktors des Museums Folkwang, Dr. Ernst Gosebruch, die Mews stillschweigend überging. Ebenso abwegig ist der Versuch, aus Reismann-Grone einen Widerstandskämpfer zu machen, nur weil er im Clinch mit der lokalen Parteiclique lag. Solche Auseinandersetzungen, die es in zahlreichen Städten gab, waren typisch für die Polykratie des NS-Staates. Der Rückzug aus dem Amt erfolgte denn auch nicht, nachdem die Nachfolge in seinem Sinn geregelt worden war, sondern Reismann-Grone mußte zurücktreten, weil die Finanzverwaltung seinen Verstoß gegen die Devisengesetzgebung entdeckt hatte. Nur wegen seiner Verdienste vermied die Staatsführung den öffentlichen Skandal und erlaubte ihrem alten Parteigenossen einen ehrenvollen Abgang.

Nicht in Abrede zu stellen ist, daß sich Reismann-Grone Verdienste bei der Wirtschaftsförderung, beim Erwerb von Grünflächen, bei der Schaffung von

19 Karl Mews, Dr. Th. Reismann-Grone. Gedenkworte zum 100jährigen Geburtstag Reismann-Grones († 1949) am 30. September 1963, in: EB 79 (1963), S. 5–32.
20 Zur Biographie siehe jetzt Frech, Reismann-Grone.
21 StA Essen 652–13.
22 Mews, Reismann-Grone, S. 7.
23 StA Essen 652–139, Eintrag in seinem Tagebuch, 8.3.1933.

Kinderspielplätzen und bei der Förderung der Heimatgeschichte erworben hatte, doch bei einem Porträt einer so in die NS-Zeit verstrickten Persönlichkeit wie Reismann-Grone ist es verfehlt, sich nur auf das Positive zu beschränken und alles Negative einfach zu übergehen. Auch wenn Mews und Reismann-Grone in der politischen Beurteilung der Zeitläufe oft übereinstimmten und auf dem Gebiete der Heimatgeschichte bestens kooperiert hatten, darf die sich daraus ergebende Sympathie nicht zu einer verfälschenden Geschichtsdarstellung führen.

Erstaunlich für den Chronisten und bezeichnend für die Zeit vor der Studentenbewegung ist die Tatsache, daß die Öffentlichkeit von der Gedenkveranstaltung Kenntnis nahm, ohne dagegen zu protestieren.[24] Wenngleich nicht allen die Darstellung von Mews gefallen hatte,[25] so wurde aber keine Kritik laut, daß der Historische Verein einen Antisemiten und Nationalsozialisten mit Lobeshymnen feierte.[26] Im Gegenteil, noch ein Jahrzehnt später lobte Ernst Schröder den Beitrag: »Mews hat der Persönlichkeit und der Leistung Reismann-Grones ein schönes Denkmal gesetzt.«[27]

Das Ausbleiben einer kritischen Auseinandersetzung mit der NS-Vergangenheit, das Beschweigen der »braunen Jahre«, das Verdrängen der eigenen Schuld und der eigenen Verstrickungen ins System, das Ergehen ins Selbstmitleid, all diese Handlungsweisen entsprachen dem Zeitgeist der unmittelbaren Nachkriegszeit und der 1950er Jahre. Sie waren nichts Spezifisches für den Essener Verein, sondern lassen sich auch bei den anderen Geschichtsvereinen im Rheinland beobachten.[28]

Da die Unterlagen der Ära Mews fehlen, lassen sich die Änderungen im Vorstand nicht nachvollziehen und genau datieren. Er besaß aber nicht mehr das Gewicht wie in den Anfangsjahren des Vereins. Mews erledigte die Dinge lieber selbst. Er hielt nicht viel von »§§mäßigen Sitzungen«, sondern bevorzugte

---

24 Gedenkveranstaltung: Ruhr-Nachrichten v. 2.10.1963; EB: WAZ v. 8.1.1964.
25 StA Essen 703–18, Mews an den Vors. der Historischen Kommission Westfalens, Bauermann, 9.4.1966: »Ich weiß, daß meine Lebensskizze, die manches andeutet u. das wesentlich Positive herausarbeitet, hier u. da nicht gefallen hat, wie zu erwarten war.«
26 Mews war sich der Problematik seiner Würdigung durchaus bewußt. So hatte er den Vorstand nicht eingeweiht und zuvor auch nicht die Presse informiert. »Wir müssen vermeiden«, schrieb er an die Tochter Siglinde Börnsen, »daß vorher irgendeiner mit seiner Kritik vorprescht u. dadurch die Einstimmung zum Vortrag vielleicht beeinträchtigt.« StA Essen 703–18, Mews an Börnsen, 21.3.1963.
27 Schröder, Mews, S. 19.
28 Siehe Laux, Konservatismus.

das Einzelgespräch.[29] Diese Tendenz zur Alleinherrschaft, begründet in der NS-Zeit, als das »Führerprinzip« auch im Vereinswesen propagiert wurde, verstärkte sich nach seinem Ausscheiden aus dem Schuldienst am 31. März 1950. Das Pensionärsdasein gab Mews die Zeit, alles allein tun zu können.

Dennoch benötigte er Mitstreiter, dies schrieb das Vereinsrecht vor, und für das Jahr 1950 wurden genannt: Schatzmeister Otto Flothmann, Verbandspräsident a. D. Dr. Max Huesker, Stadtarchivar Robert Jahn, Landgerichtspräsident Dr. Franz Laarmann,[30] Pfarrer Karl Reinhardt,[31] Dr. Hans Spethmann und Pfarrer Josef Zaunbrecher[32].

Einer der wichtigsten Mitarbeiter im Historischen Verein sowohl bei den Vortragsveranstaltungen als auch für die Essener Beiträge war **Robert Jahn.** Der Stadtarchivar blieb nach Kriegsende weiterhin aktiv im Verein, hielt vier Vorträge und publizierte in den Essener Beiträgen bis 1953, doch scheint das Verhältnis von Jahn zu Mews immer problematischer geworden zu sein. Letzterer beklagte 1948, daß Jahn »zu wenig national-völkisches Empfinden« besäße und der wirtschaftlichen Entwicklung Essens im 19. Jahrhundert und dem »Wirken bahnbrechender Persönlichkeiten« nicht gerecht werde.[33] So mußte Jahn auf Druck des Vereinsvorsitzenden die Schlußkapitel seiner Ausführungen über die »Wandlungen Essens im geistigen Raum« (EB 62 – 1947) abändern.[34]

Neben den politischen Differenzen und der unterschiedlichen Geschichtsauffassung erschwerte die zunehmende Rivalität zwischen den beiden die Kooperation.[35] Ursache für diese Konkurrenz war nicht zuletzt die Essener Stadtgeschichte.

---

29 StA Essen 652-24, Mews an Reismann-Grone, 12.12.1948.

30 Franz Laarmann (4.12.1892–12.3.1957), Stadtverordneter der Zentrumspartei bis 1933, engagiert auf karitativem Gebiet, wurde 1945 von der Militärregierung zum Präsidenten des Landgerichtsbezirks Essen ernannt. Dickhoff, Köpfe, S. 146.

31 Zu Reinhardt siehe Schatten über der Altstadtgemeinde, in: Die Marktkirche in Essen. Festschrift aus Anlaß der Wiedereinweihung der Marktkirche am 30. Oktober 1952, Essen 1952, S. 115–117, S. 117.

32 Josef Zaunbrecher (9.2.1891–25.6.1969) war von 1937 bis 1967 Pfarrer der Münsterkirche. 1960 wurde er zum Domkapitular ernannt. Siehe Zur Erinnerung an Josef Zaunbrecher, in: MaH 22 (1969), S. 187–190; Wilhelm Astrath, In memoriam: Prälat Dompfarrer Domkapitular Josef Zaunbrecher – Rendant Oberregierungsrat Dr. Wilhelm Lucke, in: MaH 44 (1991), S. 66–72.

33 StA Essen 652-24, Mews an Reismann-Grone, 12.12.1948.

34 Ebd.

35 Siehe StA Essen 652-24, Mews an Reismann-Grone, 12.12.1948: »In Bezug auf Jahn sehe ich noch nicht klar, ob er auf den summus episcopus hinstrebt. Ich glaube, das gelingt ihm nicht, wenigstens nicht so lange ich das Ruder des Histor. Vereins führen darf und kann.«

Abb. 37: Stadtarchivar Robert Jahn (l.) und sein Nachfolger Hermann Schröter

Obwohl Robert Jahn seit seiner Ernennung zum Stadtarchivar fleißig an der Erstellung des Manuskriptes arbeitete, ging Mews 1941 davon aus, daß die Grundlagen noch nicht »restlos geschaffen« seien. Es sei »vielleicht notwendig«, die Arbeit unter zwei bis drei Forschern zu teilen.[36] Vielleicht hoffte Mews, an der Stadtgeschichte beteiligt zu werden. Jahn ließ sich von solchen Einwänden nicht beirren, sondern vollendete ganz allein sein Werk, das die

36 Karl Mews, Essener Geschichtsschreibung und ihre Aufgaben für die Zukunft, in: EB 61 (1941), S. 5–17, S. 15.

Essener Allgemeine Zeitung bereits vor dem Erscheinen als »Krönung« der Forschungsarbeiten feierte, »die nicht zuletzt im Schoße des Historischen Vereins durch sieben Jahrzehnte hindurch gepflegt worden sind«.[37] Die Vorschußlorbeeren waren gerechtfertigt. Die 1952 erschienene »Essener Geschichte«, die »die geschichtliche Entwicklung im Raum der Großstadt Essen« – so der Untertitel – im Blick hatte, festigte Jahns Stellung als erster Geschichtsschreiber der Stadt, denn die ausführliche Darstellung bis zur Französischen Revolution ist ausgezeichnet und fand überall – auch außerhalb Essens[38] – Anerkennung. Das Essener Tageblatt war sich gewiß, »daß alle, die Essen lieben, dieses Buch lesen und nicht nur in ihm nachblättern« werden, und empfahl: »Vor allem der Jugend sollte man es vorlegen, damit sie sich des Wertes der Heimat bewußt wird.«[39] Die Essener Allgemeine Zeitung lobte vor allem die Darstellungsart: »Das Buch liest sich spannend wie ein Roman, ohne daß die Genauigkeit der Darstellung, die Geschichtstreue, seine Wissenschaftlichkeit, darunter auch nur im mindesten gelitten hat. Das ist das Besondere des Buches: Es ist kein ›Schinken‹ für den Fachgelehrten, sondern ein Buch, das jeder lesen kann.«[40] Beifall fand die Einbettung der Essener Geschichte in die allgemeine deutsche Geschichte. »Das ist der große Vorzug dieses Buches, es sieht die Dinge im großen Zusammenhang. So werden sie zu einem erheblichen Teil erst recht verständlich. Der Blick des Lesers wird geweitet und angeregt für die weiter gespannte Geschichtsbetrachtung«, urteilte die Essener Allgemeine Zeitung.[41]

Jahns Werk traf den Nerv der historisch interessierten Bevölkerung, denn schon bald war das Buch vergriffen. Eine zweite erweiterte Auflage erschien 1957.

Während die WAZ das Buch als »großes Epos« feierte,[42] vermerkten die Essener Beiträge lediglich: »Nach Abschluß unseres Jahrbuches erscheint soeben des Essener Stadtarchivars Essener Geschichte, ein ausgezeichnetes Werk, dessen Würdigung leider erst später erfolgen kann, auf das wir aber jetzt schon empfehlend hinweisen möchten.«[43] Die angekündigte Würdigung blieb aus. Weder die 1. noch die 2. Auflage wurden in den Essener Beiträgen besprochen. Möglicherweise war Jahn über diese Unterlassung derart verärgert, daß

---

37 Essener Allgemeine Zeitung v. 26.10.1950.
38 Das Historisch-Politische Buch 1 (1953), S. 167 f.; Erasmus 8 (1955), S. 176 f.; Duisburger Forschungen 2 (1959), S. 261–266 (Helmut Weigel).
39 Essener Tageblatt v. 6.5.1952.
40 Essener Allgemeine Zeitung v. 6.5.1952.
41 Ebd.
42 WAZ v. 12.4.1952.
43 EB 67 (1952), S. 276.

er seine Veröffentlichungen und seine Vortragstätigkeit im Historischen Verein einstellte.

Als Robert Jahn am 7. November 1962 starb, würdigte ihn Mews auf der folgenden Hauptversammlung des Vereins »als immer hilfsbereiten Menschen und gewissenhaften Wissenschaftler« und rühmte vor allem seine Stadtgeschichte. »Es ist und bleibt ein Dokumentarwerk für alle, die als Bürger dieser Stadt sich verbunden fühlen und hier geistiges Wurzelgefühl suchen. Wie wir Lebenden, so werden auch die nachlebenden Generationen Robert Jahn Dank wissen, und die Chronik des Historischen Vereins wird seinen Namen ebenso rühmend nennen wie den von Konrad Ribbeck.«[44] Trotz dieser lobenden Anerkennung erschien in den Essener Beiträgen kein Nachruf auf das verdiente Vereinsmitglied. Die Rivalität mit dem Konkurrenten, der, obwohl von Hause aus kein Historiker, doch der bessere Historiker war, hielt anscheinend über den Tod hinaus an. Erst 15 Jahre später, nach dem Tode Mews', gab es eine kleine Wiedergutmachung. Wilhelm Sellmann veröffentlichte in den Essener Beiträgen eine umfassende Bibliographie der Werke Jahns.[45]

Als zweites Vorstandsmitglied der 1950er Jahre verdient es **Hans Spethmann** (11. Dezember 1885 – 19. März 1957) hervorgehoben zu werden.[46] Sein Lebensweg hatte ihn nach dem Geologiestudium in Zürich, Berlin und Kiel und der Habilitation 1913 ins Ruhrgebiet geführt, wo er 1925 eine Anstellung beim Bergbau-Verein fand. In dessen Auftrag arbeitete er u. a. die Geschichte des Bergbaus in den Jahren 1914 bis 1925[47] auf, die bis heute trotz der Einseitigkeit in der Darstellung ein unverzichtbares Quellenwerk für die Forschung ist. Daneben verfolgte Spethmann seine Karriere als Hochschullehrer, wobei er sich umorientierte: weg von der Geologie, hin zur Geographie, zur Landes- und Wirtschaftskunde. Doch seine »Dynamische Länderkunde« stieß auf die scharfe Ablehnung von Alfred Hettner, dem führenden und einflußreichsten Geographen seiner Zeit, so daß Spethmann frustriert von den andauernden Kämpfen seine Lehrtätigkeit an der Universität Köln 1937 niederlegte.

Im Essener Historischen Verein war Spethmann, der von 1932 bis 1941 der Geographischen Gesellschaft für das Ruhrgebiet vorstand, ein gern gesehener

---

44 StA Essen 703–13, Tätigkeitsbericht 20. März 1963.
45 EB 92 (1977), S. 97–117.
46 Zum folgenden siehe Gustav Ihde/Hans-Werner Wehling, Hans Spethmann und die Geographie – Aspekte einer schwierigen Beziehung, in: Hans Spethmann, Das Ruhrgebiet im Wechselspiel von Land und Leuten, Wirtschaft, Technik und Verkehr, unveränderter Nachdruck hrsg. v. Gustav Ihde u. Hans-Werner Wehling, Essen 1995, S. XI-LXXIX; Hans-Werner Wehling, »Auf andersartigen Pfaden zu neuen Erkenntnissen«. Leben und Werk Hans Spethmanns, in: EB 114 (2002), S. 59–72.
47 12 Jahre Ruhrbergbau, 5 Bde., Berlin 1928–31.

Redner. Von 1933 an referierte er regelmäßig über die Geschichte des Bergbaus und des Ruhrgebiets, »das große Thema seines Lebens«,[48] aber auch über die Ausgrabungen in Xanten, für die er sich nicht nur aus persönlichen Interessen – seine Vorfahren stammten aus der Gegend – einsetzte und die auf seine Initiative hin begannen.[49]

Als Spethmann 1947 zurück in seinen Geburtsort Lübeck zog, endete die Vortragstätigkeit. Statt dessen veröffentlichte er in den Essener Beiträgen die Aufsätze »Die Anfänge der ruhrländischen Koksindustrie« (EB 62 – 1947), »Die Eroberung des Ruhrgebiets im Frühjahr 1945« (EB 65 – 1950), »Der Kampf der Zeche Schölerpad um einen Tiefbau unter dem Direktionsprinzip« (EB 70 – 1955) und »Der Essen-Werdensche Bergbau beim Übergang auf Preußen im Jahre 1802« (EB 71 – 1956). Waren diese Publikationen auch nur Nebenprodukte der Forschungen zu Franz Haniel[50], so sind sie dennoch wichtige Beiträge zur Geschichte des Bergbaus unter dem Direktionsprinzip.

Am 18. Januar 1957 sprach Hans Spethmann ein letztes Mal vor dem Historischen Verein. »800 Jahre Ruhrbergbau« lautete das Thema. Wenige Wochen später, am 19. März, starb der vielseitig interessierte Forscher, der Geologe, Geograph und Bergbauhistoriker.

Als Otto Flothmann 1957 das Amt des Schatzmeisters aus Altersgründen niederlegte, folgte ihm **Dr. Wilfried Vogeler.** Vogeler, am 31. Mai 1916 in Essen geboren, hatte Medizin in Kiel, München, Graz und Innsbruck studiert.[51] Nach dem Kriege, den er als Truppenarzt in Rußland erlebte, wo er auch in Gefangenschaft geriet, ließ er sich 1956 als Facharzt für innere Krankheiten nieder. Neben seinem Beruf galt das Interesse Vogelers der Geschichte, vor allem der Familiengeschichte. Aus seiner Feder stammt eine Reihe genealogischer Arbeiten, die u. a. in den Essener Beiträgen gedruckt wurden.[52] Er war lange Zeit 2. Vorsitzender der Westdeutschen Gesellschaft für Familienkunde, deren Essener Ortsgruppe er mitbegründet und deren Vorsitz er von 1963 bis 1996 innehatte. Vogeler, der nicht nur die mühevolle Arbeit des Schatzmeisters über 30 Jahre bis 1989 auf sich nahm, hatte die Entwicklung des Vereins über einen langen Zeitraum hin mitgeprägt. Da aber das neue Statut des Vereins keine Ehrenmitgliedschaft mehr vorsieht, ernannten ihn die Mitglieder 1993 zum

---

48 Ihde/Wehling, Spethmann, S. XIV.

49 Siehe Arndt Kleesiek, »Siegfrieds Edelsitz« – Der Nibelungen-Mythos und die »Siegfriedstadt« Xanten im Nationalsozialismus, Münster 1998.

50 Franz Haniel. Sein Leben und seine Werke, Duisburg 1956.

51 Zum folgenden siehe den Nachruf in: EB 114 (2002), S. 7 f.

52 Die Vorfahren und Nachkommen des Dr. Georg Florenz Heinrich Brüning, in: EB 74 (1959), S. 111–149; Die Essener Vorfahren Alfred Krupps, in: EB 77 (1961), S. 45–66. – Zu den weiteren Arbeiten siehe Sellmann, 3, Sp. 1415 f.

Ehrenvorsitzenden, obwohl Wilfried Vogeler dieses Amt niemals ausgeübt hatte. Seine Verbundenheit zur Essener Geschichte belegt seine testamentarische Verfügung, in der Wilfried Vogeler, der am 25. März 2002 verstarb, dem Historischen Verein eine namhafte Summe für die Publikation eines familienkundlichen Werkes vermachte.

Auch wenn er nicht dem geschäftsführenden Vorstand angehörte, zählte **Friedrich Meisenburg** (30. Oktober 1905 – 1. November 1967), seit 1953 im Vorstand, zu den »geachtetsten Mitarbeitern des Historischen Vereins«[53]. Meisenburg, geboren in Mülheim, besuchte in Duisburg und Essen die Volksschule und in Bottrop das Gymnasium. Nach seinem Studium in Göttingen und Bonn – seine Dissertation »Der Deutsche Reichstag während des Österreichischen Erbfolgekrieges (1740–1748)« entstand bei Max Braubach – kehrte er 1932 als Lehrer zurück ins Ruhrgebiet. Der Schuldienst behagte Meisenburg nicht, so daß er das Angebot, Werksarchivar der Firma Colsman zu werden, gerne annahm. Doch schon nach einem Jahr erfolgte der nächste Wechsel, Meisenburg wurde Assistent, 1939 Kustos im neu eingerichteten Heimatmuseum. Nach der kriegsbedingten Schließung des Museums warteten neue Aufgaben auf ihn, im Kriegsschädenamt, in der Stadtbücherei, dann in der Verwaltungs- und Wirtschaftsakademie, deren Leitung er 1952 übernehmen sollte. Zugleich war Meisenburg auch seit 1952 Leiter der Volkshochschule. Während seines gesamten Berufslebens blieb Meisenburg der Essener Stadtgeschichtsforschung treu.[54] Seine früheren Aufsätze in den Essener Beiträgen sind bereits erwähnt worden. In den 1950er Jahren erschienen Abhandlungen über die »Cholera in Essen im Jahre 1866« (EB 70 – 1955) und über die »Essener Volkshalle«, eine demokratische Zeitung aus den Jahren 1849/50 (EB 69 – 1953). Letztere war nach Meinung von Schröder »das Ansprechendste« aus der Feder Meisenburgs.[55]

Die Vereinstätigkeit lief nach dem Kriege in den ausgetretenen Pfaden weiter. Es gab die Vortragsveranstaltungen und die jährlich erscheinenden Essener Beiträge, die Sommerfahrten und einige herausragende Feste.

Nach dem zögerlichen Beginn in den Jahren 1946/47 bot der Historische Verein seinen Mitgliedern in den 1950er Jahren jährlich drei bis fünf Vorträge, während in den 1960er Jahren ihre Zahl auf zwei bis drei zurückging.

Den größten Teil nahmen kunst- und kulturgeschichtliche Themen ein. Angeboten wurden allgemeine Überblicksdarstellungen (z. B. 21. 2. 1951: Karl

---

53 Ernst Schröder, Zur Erinnerung an Friedrich Meisenburg, in: EB 83 (1968), S. 111–127, S. 115. Auch zum folgenden.
54 Bibliographie ebd., S. 125 ff.
55 Ebd., S. 122.

Mews, Ein Jahrtausend Essener Theatergeschichte; 21.11.1961: Ullmann, Wesen und Bedeutung alter Waffenschmiedekunst) ebenso wie Spezialstudien (z.B. 29.2.1956: Heinz Wissig, Das Essener Theater von 1892–1914, seine Förderer und die städtische Kulturpolitik; 27.2.1963: Bernhard Ortmann, Westwerke und Krypten in Nordwest-Europa unter Berücksichtigung der Grabungen in Essen, Werden und Paderborn). Mehrfach berichtete Richard Drögereit über die kulturelle Bedeutung des Werden-Essener Raums zur Karolingerzeit.

Entsprechend der Forderung von Mews, der Wirtschaftsgeschichte größere Aufmerksamkeit zu schenken, widmeten sich elf Vorträge diesem weiten Themenfeld. Mews selbst sprach über das Unternehmen Neuschottland, während der Werksarchivar von Krupp, Ernst Schröder, die Geschichte der Kruppschen Konsumanstalt behandelte oder die Bedeutung von Krupp bei der Entstehung des Industriereviers herausarbeitete.

Viel Platz räumte der Verein den biographische Porträts und familiengeschichtlichen Vorträgen ein, die anschließend in erweiterter Form in den Essener Beiträgen erschienen. Groß war auch das Interesse an der Archäologie. Hans Martin Gärtner informierte die Mitglieder 1956 und 1958 über die neuen Grabungsergebnisse im Raum der Alteburg in Werden, und Gerhard Bechthold berichtete 1966 über die neuentdeckte germanische Siedlung in Überruhr.

Vergleichsweise wenige Referate widmeten sich der Stadtgeschichte Essens. Hingegen fand die Geschichte einzelner Stadtteile stärkere Berücksichtigung: 28.4.1948: Ludwig Potthoff, Aus Rellinghausens Vergangenheit; 8.3.1950: Robert Jahn, Neue Beiträge zur Geschichte von Stoppenberg; 8.5.1959: Johannes Reinirkens, Kupferdreh – Name, Ruhrschiffahrt und Eisenbahn; 21.3.1960: Helmut Weigel, Die Bauerschaft Rotthausen; 15.3.1961: Inge Schröder, Zur Geschichte Haarzopfs von 1215–1915.

Wie schon in den Jahren zuvor überging man die Fürstäbtissinnen. Sehr selten wurden die Stiftsgeschichte und die Kirchengeschichte behandelt, letztere war nur mit einem einzigen Vortrag (27.4.1966: Helmut Müller, Täufer in Stadt und Stift Essen 1532–1615) vertreten.

Eine Analyse der Essener Beiträge vermittelt ein ähnliches Bild, doch liegen die Schwerpunkte etwas anders verteilt. Während Kunst- und Kulturgeschichte zurücktraten, beanspruchten Autobiographien, Biographien und genealogische Themen großen Raum. Hervorzuheben sind vor allem die Erinnerungen des Oberbürgermeisters Hans Luther an seine Essener Amtszeit[56] und

---

56 Zusammenbruch und Jahre nach dem ersten Krieg in Essen, in: EB 73 (1958), S. 5–138.

die des Beigeordneten Paul Brandi[57], beides wertvolle Quellen für die Stadt-geschichte. Das Wirken Otto Wiedfeldts (1871–1926), einer für die Stadt wie für Krupp gleichermaßen wichtigen Persönlichkeit, schilderte Ernst Schröder in einer eingehenden biographischen Studie (EB 80 – 1964). Wiedfeldt war ein vergleichsweise modern eingestellter Beigeordneter, der sich schon vor dem Ersten Weltkrieg für Verhandlungen mit den Gewerkschaften aussprach und 1905 einen Tarifvertrag für die Bauarbeiter des Ruhrgebietes aushandelte. Im Oktober 1918 berief ihn Gustav Krupp von Bohlen und Halbach zum Vorsitzen-den des Direktoriums der Fa. Fried. Krupp, so daß er die schwierige Umstel-lung von der Kriegs- zur Friedensproduktion zu meistern hatte. 1922 verließ Wiedfeldt Essen, als man ihn zum ersten deutschen Botschafter in Washing-ton ernannte.

Die anderen biographischen Beiträge basierten zumeist auf Vorträgen. Es behandelten: Robert Jahn den holländische Seeheld Jan van Galen (1604–1653) (EB 69 – 1953), Heinz Meyer den Arzt Dr. Georg Florenz Heinrich Brüning (EB 74 – 1958), Karl Mews den Hofapotheker Dr. Franz Wilhelm Flashoff (1771–1837) (EB 77 – 1961), Albert Rosenkranz den Essener Reformator Heinrich Baren-broch (EB 78 – 1962), Joseph Jacquart den Essener Bürgermeister Jonas von Bas-serodt (1602–1633) (EB 79 – 1963).

Die familienkundlichen Aufsätze von Wilfried Vogeler sind bereits genannt worden, weitere Quellenpublikationen aus diesem Bereich stammten von Her-mann Schröter (Bürgerbuch der Stadt Essen; EB 81 – 1965 und Die Geburtsbriefe des Essener Stadtarchivs; EB 78 – 1962) sowie von Hanns-Joachim Maßner (Eine Werdener Bürgerliste des 17. Jahrhunderts; EB 81 – 1965).

Zu den wichtigsten Veröffentlichungen in den Essener Beiträgen, solange Mews der Herausgeber war, gehörten sicherlich die Quellenpublikationen: das von Bernhard Kirchner und Anni Eger herausgegebene Annotationsbuch von Heinrich Kaufmann (EB 67 – 1952), die Essener Chronik des Johannes Ursinus, ediert von Günther Aders (EB 67 – 1952), und die Texte von Essener Geschichts-schreibern (Nünning, Halffmann, Jeger und Hiltrop), die Helmut Müller zusammengetragen hatte (EB 82 – 1966).

Unter den wirtschaftsgeschichtlichen Arbeiten stechen die »Studien zur Verfassung und Verwaltung des Grundbesitzes des Frauenstiftes Essen (852–1803) von Helmut Weigel hervor (EB 76 – 1960). Last but not least sei die Geschichte des Stadtteils Haarzopf erwähnt, die Inge Schröder erarbeitet hat (EB 81 – 1965).

---

57 Essener Arbeitsjahre, in: EB 75 (1959).

Insgesamt fiel der Forschungsertrag geringer aus als in früheren Jahren. Da große Teile der alten Essener Geschichte bereits erforscht waren, ließen sich mit den herkömmlichen Methoden keine neuen Themenfelder der Essener Stadt- oder Stiftsgeschichte erschließen. Doch wurden weder neue Fragestellungen aufgeworfen noch die aufkommende Sozialgeschichte rezipiert. So wich man auf die Lebensbeschreibungen einzelner Personen aus oder widmete sich eher am Rande liegenden Themen wie »Vier Jahrhunderte Essener Apothekenwesen« (Karl Mews, EB 74 – 1958).

Seine beliebten Sommerfahrten nahm der Verein im Jahre 1947 wieder auf, doch sie führten nicht in weite Fernen. Am 28. Juni besichtigten die Mitglieder die Sammlung des Museums Folkwang, die in Schloß Hugenpoet eine vorläufige Bleibe gefunden hatte. Ein Jahr später war wieder einmal Werden das Ausflugsziel. Etwas Neues bot der Historische Verein bei seiner Besichtigungstour nach Stoppenberg an. Auf dem Programm standen nicht nur die Stiftskirche, sondern auch Schacht 12 der Zeche Zollverein. 150 Teilnehmer waren bester Dinge, zumal sie die Zechenverwaltung zum gemütlichen Beisammensein ins Kasino eingeladen hatte.[58] In den folgenden Jahren blieb der Verein in der näheren Umgebung – die Villa Hügel, Bottrop, Velbert, Werden und Rellinghausen waren die Ziele –, ehe er seine Fahrten mit dem Besuch der Liudgerausstellung in Werden am 24. Juni 1959 einstellte. Ein Grund für diesen überraschenden Entschluß war nicht in Erfahrung zu bringen.

Die frühen 1950er Jahre standen im Zeichen von Jubiläen und Festveranstaltungen. Den Auftakt bildete die Feier »1100 Jahre Essen« im Jahre 1952,[59] die im Kontext des Wiederaufbaues und einer christlich geprägten Abendland-Vorstellung zu sehen ist.[60]

58 Essener Tageblatt v. 23.7.1950.
59 Zur 1100-Jahr-Feier erschienen: 1100 Jahre Essen. 852–1952. Weg und Wesen einer großen Stadt. Sonderausgabe der »Essener Woche« zum Jubiläumsjahr, Essen 1952; Essen – starkes Herz der deutschen Lande, hrsg. v. Heinz Grewe, Essen 1952.
60 Michael Zimmermann, 1150 Jahre Stift und Stadt Essen: Die neue Suche nach einem alten Ursprung, in: Paul Münch (Hrsg.), Jubiläum, Jubiläum … Zur Geschichte öffentlicher und privater Erinnerung, Essen 2005, S. 145–167, S. 152; Ulrich Borsdorf/Heinrich Theodor Grütter/Oliver Scheytt, 2002 – Essen feiert, in: Ulrich Borsdorf/Heinrich Theodor Grütter/Oliver Scheytt (Hrsg.), Gründerjahre. 1150 Jahre Stift und Stadt Essen, Essen 2005, S. 7–23, S. 13 f. – Auch Mews paßte sich den jeweiligen Gegebenheiten an. War 1938 das Münster mit seinem Schatz ein »Denkmal … germanischer Ausdrucksform« (Mews, Überblick, S. 20), so wurde es 1952 zu einem »Stützpunkt … der abendländisch-christlichen Kultur« (Karl Mews, Blick durch ein Jahrtausend Essener Geschichte, in: Essen – starkes Herz der deutschen Lande, S. 17–21, S. 17).

Der Anstoß, der Gründung des Stiftes zu gedenken, kam aus den Reihen der katholischen Kirche, den die Stadt mit dem Oberbürgermeister Hans Toussaint (CDU) an der Spitze nach einigem Zögern aufnahm.[61] Bedenken gegen das Datum 852, das auf einen Eintrag auf dem Vorsatzblatt des *liber ordinarius*, einer Handschrift aus dem 14. Jahrhundert, zurückgeht, zerstreuten die als Gutachter herangezogenen Experten Robert Jahn und Bernhard Vollmer, der Leiter des Hauptstaatsarchivs in Düsseldorf.[62] Der Historische Verein blieb bei den zumeist kirchlich geprägten Veranstaltungen außen vor. Er gehörte auch nicht dem Organisationskomitee an. Lediglich am Festakt, der am 9. Mai 1952 im Saalbau gefeiert wurde, war er indirekt beteiligt, denn die Rede von Paul Egon Hübinger »1100 Jahre Stift und Stadt Essen« erschien als Sonderband der Essener Beiträge (EB 68 – 1952).

Abb. 38: Die Titelseite des Sonderbandes der Essener Beiträge

Offensichtlich herrschte beim Historischen Verein Unzufriedenheit über die Nichtberücksichtigung. Ebenso war bei den alten Essener Familien Kritik laut geworden, die sich gleichfalls nicht genügend beachtet fühlten. Daher beabsichtigte der Oberbürgermeister Hans Toussaint, Angehörige dieser Familien einzuladen, »um ihnen das Gefühl der Vernachlässigung zu nehmen und vor allem aber, um mit den alt-eingesessenen Essener Familien in Stärkung und

---

61 Zum folgenden siehe StA Essen 45-35051; Astrath, In memoriam, S. 70. Siehe auch die kritischen Anmerkungen von Zimmermann, 1150 Jahre.

62 Zur Fragwürdigkeit, einen bestimmten Zeitpunkt für einen hoch komplexen Vorgang wie die Stiftsgründung anzugeben, sowie zur Datierung siehe Thomas Schilp, 852 – Gründung des Stifts Essen?, in: Ulrich Borsdorf/Heinrich Theodor Grütter/Oliver Scheytt (Hrsg.), Gründerjahre. 1150 Jahre Stift und Stadt Essen, Essen 2005, S. 25-41, S. 25-28; Zimmermann, 1150 Jahre, S. 147 ff. Thomas Schilp, ein ausgewiesener Experte für die Frühgeschichte des Stifts, urteilt: »Wir können mit Gewißheit lediglich davon ausgehen, daß die Essener Frauenkommunität vor oder um 850 gegründet worden ist.« Schilp, Gründung und Anfänge, S. 32.

Abb. 39: 1100-Jahr-Feier im Saalbau

Wiederbelebung des Bürgersinnes engeren Kontakt zu gewinnen«.[63] Die Idee, die sowohl Jahn als auch Mews begrüßten, hatten beide in der Folgezeit umzusetzen. Mit Hilfe der Bezirksamtsleiter in den eingemeindeten Stadtteilen und aufgrund der städtischen Unterlagen erfaßten sie alle Nachkommen der Familien, die schon vor 1802 in Essen ansässig waren oder deren Mitglieder maßgeblich zur Entwicklung der Stadt in kultureller, wirtschaftlicher und sozialer Hinsicht beigetragen hatten.[64] Mehr als 400 Personen konnten sie ermitteln, die für den 11. Dezember 1952 in den Großen Saal des Saalbaus geladen wurden. Auf Vorschlag von Mews gehörten zu den Gästen auch alle Mitglieder des Historischen Vereins.[65] Mehr als 1.700 Essener und Essenerinnen konnte der Oberbürgermeister begrüßen – unter ihnen Bertha Krupp, die zum ersten Mal seit 1944 aus Österreich nach Essen gekommen war. Die Festrede hielt Robert Jahn, der 1100 Jahre »Essener Familiengeschichte« Revue passieren ließ, ehe im geselligen zweiten Teil der Veranstaltung zu Kaffee und Kuchen Mitglieder der städtischen Bühnen Arien, Lieder und Menuette aus bekannten Opern und Operetten anstimmten, begleitet vom städtischen Orchester unter der Leitung von Gustav König.[66]

63 StA Essen 45–189a, Vermerk, 8.8.1952.
64 Ebd., Besprechung am 12.9.1952.
65 Ebd., Besprechung am 8.10.1952.
66 Siehe NRZ v. 12.12.1952; WAZ v. 12.12.1952.

Abb. 40: Bertha Krupp im Gespräch mit Oberbürgermeister Toussaint,
aufmerksamer Zuhörer ist Robert Jahn.

Die Feier hatte bei allen Beteiligten einen »nachhaltigen Eindruck« hinterlassen, so daß der Wunsch geäußert wurde, ein solches Fest »in regelmäßigen
Zeitabständen zu wiederholen, um damit mehr und mehr eine ›Tradition‹
aufkommen zu lassen, der niemand besser den Weg bereiten könnte als die
alten Essener Familien aus allen Stadtteilen«.[67] Einer Anregung Karl Mews'
folgend, organisierte die Stadt die nächste Feier im engen Zusammenhang mit
dem 75jährigen Jubiläum des Historischen Vereins. Inzwischen hatte sich der
Kreis der einzuladenden Nachkommen immer mehr vergrößert, so daß nicht
alle Interessenten an dem Fest teilnehmen konnten. Berücksichtigung fanden
nur die ältesten Familienmitglieder. Trotz der Einschränkung erschienen
am 8. November 1955 mehr als 1400 Gäste zu dem Fest, dessen Ablauf dem der
ersten Veranstaltung entsprach. Oberbürgermeister Toussaint, der erstmals
die neue, von Elisabeth Treskow geschaffene Amtskette trug – die alte war im
Krieg vernichtet worden –, verstand die Feier nicht allein als Traditionspflege,
sondern auch als ein Zeichen des immer größer werdenden »Essener Gesamtbe-
wußtseins«. Er betonte, »daß die Stadt Essen stets die Verpflichtung gegenüber

67 StA Essen 45–189a, Vermerk, 31.5.1954.

165

dem Alten wahren und Aufgeschlossenheit gegenüber dem Neuen bekunden werde« und »daß sie über der stürmischen Entwicklung in der Gegenwart ihre Vergangenheit nicht vergißt«. Nicht ohne den »Unternehmergeist« der alteingesessenen Familien herausgestellt zu haben, schloß er mit den Worten: »Möge diese Feierstunde sinnfällig zum Ausdruck bringen, daß echter Bürgersinn und Traditionsbewußtsein in der Metropole Essen lebendig sind. Seien wir wie eine einzige große Familie. Seien wir stolz auf unsere Vaterstadt. Glückauf Essen!«[68] Als Festredner war Hans Spethmann verpflichtet worden, der »Ernstes und Heiteres aus vergangenen Tagen« vortrug. Den Abend beschloß wiederum ein Reigen bunter Melodien aus Oper und Operette.

Obwohl die Feier den eingeladenen Gästen soviel Spaß wie beim ersten Mal bereitet hatte, fanden die Treffen der alten Essener Familien keine Fortsetzung mehr. Möglicherweise war der politische Machtwechsel in der Stadt die Ursache dafür, denn in den Reihen der Sozialdemokraten, die 1956 erstmals die absolute Mehrheit bei der Kommunalwahl erreicht hatten und mit Wilhelm Nieswandt den Oberbürgermeister stellten, waren Angehörige der Alteingesessenen eher selten anzutreffen.

Kurz vor dem zweiten Treffen der alten Essener Familien feierte der Historische Verein am 26. Oktober 1955 sein 75jähriges Bestehen.[69] Das Jubiläum sollte »ein geistiger Markstein in der Geschichte Essens« sein, wie Karl Mews, die Bedeutung des Vereins überschätzend, stolz verkündete.[70] Geladen und erschienen waren die Honoratioren der Stadt, der Oberbürgermeister, die Beigeordneten, die Ratsherren und viele andere, die am »Webstuhl der Heimatgeschichte« saßen. Mews stellte in seiner Begrüßung die Essener Geschichtsschreiber der Vergangenheit vor, lobte besonders das Werk des Stiftsarchivars Nikolaus Kindlinger und beklagte das geschichtslos denkende Essener Bürgertum in der ersten Hälfte des 19. Jahrhunderts. Erst der Schock der Gründerkrise habe einen Wandel im Geschichtsdenken ausgelöst, welcher letztlich zur Gründung des Historischen Vereins geführt habe. Daß Mews dessen Wirken in den höchsten Tönen lobte, ist selbstverständlich, und er betonte ein weiteres Mal, daß man »gerade aus dem Wissen um die vergangenen Jahrhunderte essendischer Geschichte die Kraft zum Wiederaufbau der Stadt gewonnen« habe. »Hand in Hand – Vaterstadt, Vaterland« – mit diesem Leitmotiv, das auch die

---

68 Ebd., Redemanuskript.
69 Siehe die Berichterstattung der Lokalpresse. Essener Tageblatt v. 27. u. 28.10.1955; NRZ v. 26. u. 27.10.1955; WAZ 27. u. 28.10.1955.
70 Essener Tageblatt v. 27.10.1955. Auch zum folgenden.

Festakt

W. A. Mozart: Andante-D-Dur-Quartett K. V. Nr. 575

Begrüßung durch den Vorsitzenden

Vortrag von Universitätsprofessor Dr. M. Braubach/Bonn

Entwicklung der landesgeschichtlichen
Bestrebungen und historischen Vereine
am Niederrhein mit besonderer Berücksichtigung
des Essener Raums

Jos. Haydn: Andante cantabile aus dem C-Dur-Quartett

Anschließend zwangloses Beisammensein

Es spielt das Folkwangquartett

Karl Glaser, Violine / Hans Jurich, Violine
Josef Holzapfel, Viola / Fritz Bühling, Cello

Abb. 41: Einladung zur Jubiläumsfeier 1955

zukünftige Arbeit des Historischen Vereins bestimmen werde, schloß Mews seine Begrüßung.

Als Festredner hatte der Verein den Bonner Professor Max Braubach[71] gewonnen, dessen »innovatives Werk«[72] über die landesgeschichtlichen Bestrebungen und die historischen Vereine im Rheinland gerade erschienen war. Dies war auch das Thema des Festvortrages.[73]

Mit Josef Haydns *andante cantabile* aus dem C-Dur-Quartett, gespielt vom Folkwangquartett, endete die würdige Feier im kleinen Festsaal des Saalbaus.

Anläßlich des Jubiläums erhielten die Mitglieder als besondere Jahresgabe das großartige Werk von Walther Zimmermann »Das Münster zu Essen«. Dessen Drucklegung hatte der Historische Verein zu einem Drittel finanziert, wofür er einen Großteil seines im Krieg angesparten und dann in Industriewerten angelegten Vereinsvermögens verwandte.[74]

Als der Festakt vorbei war, bemerkten die Vorstandsmitglieder, daß niemand Karl Mews gedankt hatte, der doch dem Verein seit 25 Jahren vorstand. Hans Spethmann bat daher den Oberbürgermeister, das Versäumte auf der Feier der alten Essener Familien nachzuholen.[75] Die Stadt nahm die Idee gerne auf und wollte Mews am 8. November ein von Frieda Schoy erstelltes, ledergebundenes Exemplar der Essener Geschichte von Robert Jahn, versehen mit einer Würdigung des Oberbürgermeisters und des Oberstadtdirektors, überreichen. Aus welchem Grunde die Übergabe in diesem Rahmen nicht erfolgte, läßt sich den Akten nicht entnehmen. Statt dessen nahm Mews das Buch am 19. November im Dienstzimmer des Oberbürgermeisters in Empfang.[76]

Der Historische Verein machte seine Unterlassung wieder gut, indem er am 25. Januar 1956 zu einer festlichen Versammlung in den Kammermusiksaal des Saalbaus einlud. Nach einem Lichtbildervortrag von Walter Hanstedt, dem Baudirektor des Siedlungsverbandes Ruhrkohlenbezirk, über »Sonderheiten des rheinisch-westfälischen Wirtschaftsgebietes«, bei dem er die »Entwicklung des größten Ballungsraumes der Industrie in Europa« darstellte und die sich daraus ergebenden Kernprobleme erörterte, erfolgte die Ehrung.[77] Robert Jahn würdigte das Wirken von Karl Mews recht knapp und hob als besonderes Verdienst hervor, »daß es gelungen ist, den Verein durch alle Fährnisse hindurchzusteu-

---

71 Zu Braubach siehe Konrad Repgen, Max Braubach. Leben und Werk, in: Annalen des Historischen Vereins für den Niederrhein 202 (1999), S. 9–42.
72 Helbach, Nachkriegszeit, S. 227.
73 Leider berichten die Lokalzeitungen nichts über die Rede Braubachs.
74 StA Essen 703–13, Rede Mews zu seiner Verabschiedung, S. 5.
75 StA Essen 45–189a, Schreiben von H. Spethmann vom 28. 10. 1955.
76 StA Essen 45–1795.
77 StA Essen 703–13, Einladung, Jan. 1956.

ern«.[78] Zum weiteren Gelingen der Feier, die »in geselligem Rahmen« stattfand und während der die Jubilare, die 40 und mehr Jahre dem Verein angehörten, einen Abdruck des Essener Stadtsiegels erhielten, trug Elli Hagedorn bei, die aus dem Werk ihres verstorbenen Gatten, des Heimatdichters Hermann Hagedorn, las.[79]

Über die Mitgliederentwicklung der 1950er und 1960er Jahre können wir nur wenige Angaben finden. Im Jahr 1950 wurden 287, ein Jahr später 337 Mitglieder gezählt.[80] Bis 1963 blieb die Zahl konstant und nahm dann etwas ab.[81] Die Zahlen der Weimarer Republik konnten nicht annähernd erreicht werden. Ursachenforschung für die geringere Attraktivität des Historischen Vereins wurde aber nicht betrieben. Mews lamentierte vielmehr über die »geschichtsfremd und traditionslos gewordene Zeit«.[82]

Zum ersten und einzigen Male nach dem Kriege veröffentlichte der Verein 1963 ein Mitgliederverzeichnis.[83] Danach hatte er 285 persönliche Mitglieder, unter ihnen 50 Frauen. Damit hatte sich ihr Anteil abermals vergrößert – gegenüber 1928 von 8 auf 17,5 Prozent.

Die größte Gruppe stellten, wie gewohnt, die Kaufleute/Industriellen (67 Personen), allerdings waren sie auf 23,5 Prozent zurückgegangen. Gleiches gilt für die Lehrerinnen und Lehrer (46), deren Prozentsatz auf 16 absank. Die Gruppe der Freien Berufe hielt ihren Anteil von 15 Prozent, doch innerhalb der Gruppe gab es einige Veränderungen. Architekten – 1928 wurden 18 aufgelistet – waren nur noch mit einer Person vertreten, und die Zahl der Rechtsanwälte und Notare hatte sich halbiert (12 statt zuvor 23). Lediglich die Ärzteschaft und die Apotheker (27) konnten ihre Stellung behaupten, sicherlich auch ein Verdienst des Schatzmeisters Dr. Wilfried Vogeler. Die Akademiker, die an Universitäten, Archiven, Bibliotheken und Museen tätig waren, hatten ihre Position sowohl prozentual (von 2 auf 5 %) als auch real (von 13 auf 15) ausgebaut. Ein Indiz, daß es in diesem Sektor in den vergangenen Jahrzehnten eine Spezialisierung und – teils dadurch hervorgerufen – auch eine Vermehrung der Stellen gegeben hat.

78 StA Essen 703–13, Jahn, Herrn Mews zum 25. Vorstandsjahr (Ms).
79 WAZ v. 26.1.1956; Ruhr-Nachrichten v. 26.1.1956.
80 WAZ v. 22.2.1951.
81 1963–335, 1968–300. Mitgliederverzeichnis, in: EB 79 (1963), S. 73–80 u. Jahresbericht 1968, in: EB 84 (1969), S. 212.
82 Karl Mews, Gesellschaft Verein Essen 1828–1953, Essen 1953, S. 71.
83 In: EB 79 (1963), S. 73–80.

Tabelle 8: Sozialstruktur der Mitglieder 1963[84]

Beruf	Anzahl	Prozent	Anzahl	Prozent
1. Beamte	19	7		
Verwaltung			13	5
Justiz			6	2
2. Militär	2	1		
3. Geistliche	9	3		
4. Lehrer	46	16		
5. Akademiker	15	5		
Universität			2	1
Archivare/Bibliothekare			10	3
Museumsleute			3	1
6. Freie Berufe	44	15		
Notare/Rechtsanwälte			12	4
Ärzte/Apotheker			27	9
Architekten			1	
Journalisten/Schriftsteller			1	
sonstige			3	1
7. Kaufleute/Industrielle	67	24		
Kaufleute			39	14
Bankiers			7	2
Fabrikanten			–	
Manager			21	7
Gewerken			–	
Bauunternehmer			–	
8. Gutsbesitzer/Landwirte	4	1		
9. Rentiers	–			
10. Handwerker	4	1		
11. Wirte	–			
12. Technische Berufe	11	4		
13. Angestellte	7	2		
14. Arbeiter	–			
15. sonstige	1			
16. ohne Angabe	56	20		
insgesamt	285			

84 EB 79 (1963), S. 73–80.

Fassen wir die Ergebnisse der statistischen Auswertung zusammen, so bleibt festzuhalten, daß der Historische Verein seinen Charakter als eine bürgerliche Organisation nicht verloren hat. An diesem Gesamteindruck können die vier Handwerker und sieben Angestellten nichts ändern. Gegenüber 1928 sind einige augenfällige Veränderungen zu konstatieren. Zum einen fehlten die bekannten jüdischen Familien, die die Nationalsozialisten in die Emigration getrieben oder die sie ermordet hatten. Zum anderen waren die Spitzen der lokalen Politik, der Verwaltung und der Wirtschaft nicht mehr im Historischen Verein vertreten. Weder der Oberbürgermeister Wilhelm Nieswandt noch seine Stellvertreter, die Bürgermeister Fritz Schewe und Dr. Anton Pauly, gehörten zu den Mitgliedern. Gleiches gilt für den Oberstadtdirektor und seine Beigeordnetenriege sowie für den Präsidenten der Industrie- und Handelskammer und seinen Geschäftsführer. Ebenso war niemand aus dem Kruppschen Direktorium im Verein. Während im Kaiserreich zahlreiche Stadtverordnete Vereinsmitglieder waren, besaß der Verein 1963 mit Hermann Friebe nur noch einen Ratsherrn in seinen Reihen. Der Bedeutungsverlust des Historischen Vereins läßt sich an diesen personellen Nachrichten ablesen.

Als Karl Mews 1967 seinen Rücktritt anbot, ernannte ihn der Verein in Würdigung seiner Verdienste zum Ehrenvorsitzenden.[85] Trotz der vorhandenen Dankbarkeit für die aufopfernde und mühevolle Arbeit war aber auch etwas Erleichterung zu spüren, denn an dem Dreiundachtzigjährigen waren die Jahre nicht spurlos vorbei gegangen und die Altersbeschwerden wirkten sich hemmend auf seine Arbeit aus.[86]

Mews blieb nach seinem Rücktritt – sofern es die Gesundheit zuließ – aktiv am Vereinsgeschehen beteiligt. Er kam zu den Vorstandssitzungen und den Vortragsveranstaltungen, und in den Essener Beiträgen des Jahres 1970 erschien noch seine Lebensskizze von Heinrich Arnold Huyssen (1779–1870). Am 29. Juli 1973 verstarb Karl Mews im hohen Alter von 89 Jahren.

Karl Mews hatte mehr als 37 Jahre die Arbeit des Vereins geprägt. Seine Verdienste als Vorsitzender, als Herausgeber von 27 Bänden der Essener Beiträge, als unermüdlicher Organisator der Vortragsveranstaltungen und der Tagesfahrten seien ausdrücklich gewürdigt. Nur durch den persönlichen Einsatz ehrenamtlicher Kräfte, die in der Vereinsarbeit aufgehen, kann ein historischer Verein überleben.

---

85 WAZ v. 10. 11. 1967; NRZ v. 10. 11. 1967.
86 Schröder, Mews, S. 21.

Trotz der Belastungen, die der Schuldienst und die Vereinsführung mit sich brachten, war Mews ein fleißiger Historiker.[87] Umfangreichere Forschungen widmete er u. a. der Gesellschaft Verein, der Huyssenstiftung, der Haßlinger Hütte, dem Essener Apothekenwesen und dem Hofapotheker Dr. Franz Wilhelm Flaßhoff. Die zahlreichen kleineren Aufsätze, erschienen u. a. im Heimatkalender, im Münster am Hellweg, in der Heimatstadt Essen und in den Blättern der städtischen Bühnen, sind mit dem Tag, für den sie bestimmt waren, vergangen.[88] Im Gegensatz zu Ribbeck oder Jahn hat Mews kein großes Geschichtswerk verfaßt, das mit seinem Namen unmittelbar verbunden wäre. Seine vielen Aktivitäten ließen ihm wohl keine Zeit dazu.

Das Schlußwort des letzten von Mews verantworteten Tätigkeitsberichts, dessen antimoderner Grundton nicht zu überhören ist, belegt ein weiteres Mal, welche Bedeutung Mews der Heimatforschung zuerkannt hat. Es macht zugleich deutlich, warum er soviel Zeit seines Lebens für den Historischen Verein eingesetzt hat: »Wer sich vergangenen Generationen und deren Leistungen verbunden weiß, wird, da er nicht nur dem Tag und der Stunde verhaftet ist, der Not und dem Zwang eines nur animalischen Lebens nicht unterliegen. Wer so in seiner Heimat, sei sie es von Geburt, sei sie es durch Beruf, verwurzelt ist, hat seinen festen, *rechten Standort, dessen Verlust Ursache aller Not und Angst des modernen Menschen ist.*«[89]

---

87 Siehe das Schriftenverzeichnis in: EB 89 (1974), S. 23–31.
88 So Schröder, Mews, S. 22.
89 Jahresbericht 1962/66, in: EB 82 (1966), S. 103. Hervorhebung im Original.

6. Neuanfang in schwieriger Zeit

Der Rücktritt von Karl Mews nach 37jähriger Amtzeit als Vorsitzender war ein bedeutender Einschnitt in der Geschichte des Historischen Vereins, der zu grundlegenden Änderungen in der Organisation führte. Eine Alleinherrschaft nach dem Motto *La société c'est moi* wollte der Vorstand verhindern, weshalb er nun die Arbeit auf viele Schultern verteilte.

Als Nachfolger wurde erstmals in der Vereinsgeschichte kein Lehrer, sondern der Bankier und Kaufmann **Karl-Heinrich von Waldthausen** (11. Juni 1910 – 18. April 1985) ausgewählt, der das »ehrenvolle Amt« gerne annahm.[1] Von Waldthausen, der der alten Essener Familie entstammte, hatte sich nach Kriegsende als Rechtsanwalt in Essen niedergelassen und wurde 1953 Justitiar, später einer der Gesellschafter und Geschäftsführer des Bankhauses Waldthausen & Co. Zudem betrieb er noch mehrere Großhandelsfirmen in Essen und Düsseldorf.[2] Der Vorstand begründete seine Wahl »mit den wachsenden wirtschaftlichen Schwierigkeiten«, die sich auch

Abb. 42: Karl-Heinrich von Waldthausen

auf die Arbeit des Vereins auswirken würden. »Um so notwendiger erscheint es daher, wie bisher eine Persönlichkeit mit dem Vorsitz zu beauftragen, die völlig unabhängig von allen offiziellen politischen und konfessionellen Bindungen und von öffentlichen Ämtern in Rat und Verwaltung die Interessen des Vereins in der Öffentlichkeit vertritt. Weiterhin erschien es wünschenswert, nicht nur einen in der Öffentlichkeitsarbeit und den Tagesfragen erfahrenen Mann, sondern dem Charak-

1 StA Essen 703–13, v. Waldthausen an Vogeler, 19.4.1967.
2 WAZ v. 11.6.1975.

ter des Vereins entsprechend auch einen weiteren Nachkommen und Namensträger alten Essener Bürgertums an die Spitze zu stellen«.[3]

Historisch hatte sich der neue Vorsitzende, wie er vor der Mitgliederversammlung selbst zugestand, nie hervorgetan,[4] und er sollte es auch in seiner beinahe zwanzigjährigen Amtszeit nicht tun. Aus seiner Feder stammt kein historischer Aufsatz, und auf keiner Versammlung hielt er einen Vortrag. Er sah seine Aufgabe einzig und alleine darin, den Verein nach außen hin zu repräsentieren.[5] Als bescheidenes Ziel seiner Arbeit gab er an: »Wir versuchen den historischen Gedanken zur Geltung zu bringen.«[6]

Für die organisatorische und inhaltliche Arbeit des Vereins waren die anderen Mitglieder des Vorstandes zuständig, der sich 1967 wie folgt zusammensetzte: Dr. Gerhard Bechthold, geschäftsführender Vorsitzender, Dr. Wilfried Vogeler, Schatzmeister, Hubert Schmitz, Schriftführer,[7] Dr. Ernst Schröder, Dr. Hermann Schröter, Prälat Josef Zaunbrecher, Hanns-Joachim Maßner und Dr. Wilhelm Sellmann.[8]

Gerhard Bechthold (14. November 1911 – 2. März 1989)[9] fungierte als geschäftsführender Vorsitzender, der für die Vortragsveranstaltungen Verantwortung trug. Bechthold, der Zoologie, Anthropologie, Völkerkunde und Vorgeschichte in Bonn, Greifswald und Berlin studiert hatte und 1938 zum Dr. rer. nat. promoviert wurde, war seit 1937 beim Ruhrlandmuseum angestellt, dessen Leitung er nach der Pensionierung von Ernst Kahrs am 1. Mai 1945 übernahm. Der Museumsleiter, der mehrere Sprachen sprach und über ein exzellentes Fachwissen verfügte, engagierte sich vor allem in den Bereichen Zoologie und Biologie. Seit 1949 war er Kreisbeauftragter für Naturschutz und Landschaftspflege und eine lange Zeit auch Vorsitzender des Essener Tierschutzvereins.[10] Wenngleich sich sein besonderes Interesse auf Keramiken vergangener Zeiten richtete,[11] war er jedoch kein Historiker – ein »Manko«, das sich negativ auf

---

3 StA Essen 412–3, Rundschreiben »An unsere Mitglieder!«, 31.10.1967.
4 WAZ v. 10.11.1967.
5 Überregional bekannt wurde von Waldthausen, als er in einem Prozeß um Millionenschwindel mit angeblichen DDR-Waren angeklagt wurde. Siehe Der Spiegel 20/1981; NRZ v. 20.10.1981; WAZ v. 20.10.1981.
6 NRZ v. 8.11.1967.
7 Hubert Schmitz (18.12.1902 – 30.1.1971) war zunächst im Ernährungsamt der Stadt Essen tätig. 1950 wurde er zum Leiter des Amtes für Statistik und 1953 zum Bezirksamtsleiter von Werden ernannt. NRZ v. 2.2.1971. Liste seiner Veröffentlichungen in Sellmann, Bibliographie, Bd. 3, Sp. 1189–1195.
8 Jahresbericht 1967, in: EB 83 (1968), S. 137.
9 Erich Schumacher, Dr. Gerhard Bechthold, in: EB 103 (1989/1990), S. 1–7.
10 WAZ v. 8.6.1963.
11 Essener Stadtanzeiger v. 12./13.11.1976.

die Tätigkeit des Vereins auswirken sollte. Als Bechthold am 1. Dezember 1976 in den wohlverdienten Ruhestand ging, legte er den geschäftsführenden Vorsitz nieder.

Zu seinem Nachfolger wählte der Vorstand **Karlotto Bogumil** (*18. August 1938). Bogumil hatte nach seinem Studium in Köln und Tübingen und nach seiner Promotion die Archivarslaufbahn eingeschlagen. Vom Historischen Archiv der Stadt Köln kommend, war er seit 1973 am Stadtarchiv Essen tätig, das er von 1974 bis 1993 leitete.

Die Herausgeberschaft der Essener Beiträge teilten sich **Hermann Schröter** (26. August 1909 – 12. November 1990) und **Ernst Schröder** (5. November 1907 – 17. November 1999). Schröter, geboren in Dresden, hatte in Halle, Münster und Innsbruck studiert und 1934 seine Dissertation zur Geschichte des Eichsfeldes im 19. Jahrhundert fertiggestellt.[12] Am 1. April 1936 begann seine Berufslaufbahn als Archivreferendar am Geheimen Staatsarchiv in Berlin-Dahlem. Über die Station Osnabrück führte sie Schröter 1955 nach Essen. Er war der erste ausgebildete Archivar im Stadtarchiv und auf ihn warteten Massen von unverzeichneten Akten des 19. und 20. Jahrhunderts. Hier Ordnung zu schaffen war ihm ein besonderes Anliegen. Zu seinen Verdiensten gehörte auch die Verlagerung des Archivs aus den dunklen und engen Räumen im alten Rathaus in das ehemalige Rabbinerhaus der Essener Synagoge. War dies Anfang der 1960er Jahre ein gewaltiger Schritt vorwärts, so ist das Domizil heute, mehr als vierzig Jahre danach, schon längst überfüllt, so daß für die Unterbringung eine neue Lösung gefunden werden muß.

Schröter verband die Archivarstätigkeit mit einer regen Forschungsarbeit. Zahlreiche Veröffentlichungen zur Essener Stadtgeschichte des 19. und 20. Jahrhunderts, die vor allem in der von ihm herausgegebenen Zeitschrift Das Münster am Hellweg[13] erschienen, zeugen von seinem Fleiß. Sein Lebenswerk wurde gekrönt von der umfangreichen Darstellung »Geschichte und Schicksal der Essener Juden«, mit der er den verfolgten und ermordeten Essener Juden und Jüdinnen ein bleibendes Denkmal setzte.

Schröter, der dem Vorstand des Historischen Vereins seit 1955 angehörte, wurde für seine Verdienste um den Verein mit der Ernennung zum Ehrenvorsitzenden besonders geehrt.

Ernst Schröder, geboren in Loitz (Vorpommern), war nach seinem Studium (Germanistik und Geschichte) in Berlin, Heidelberg und Kiel und der Promo-

---

12 Wilfried Vogeler, Dr. Hermann Schröter zum Gedenken, in: EB 104 (1991/1992), S. 5–9.
13 Joseph Weier, Dr. Hermann Schröter und »Das Münster am Hellweg«, in: MaH 39 (1986), S. 130–132.

Abb. 43: Hermann Schröter bei der Arbeit im Stadtarchiv

tion[14] Mitarbeiter am Neuen Goedeke, der großen germanistischen Bibliographie, die die preußische Akademie der Wissenschaften herausgab.[15] Nach dem Kriege fand er zunächst eine Anstellung als Bibliothekar an der Kruppschen Bücherhalle und übernahm am 1. Februar 1955 das Werks- und Familienarchiv von Krupp, das er bis zum 1. April 1972 leitete.[16] Schröder, den die Mitglieder 1963 in den Vorstand gewählt hatten, war ein produktiver Mitarbeiter der Essener Beiträge. Neben Otto Wiedfeldt[17] beschäftigten ihn vor allem die Essener Oberbürgermeister, über die quellengesättigte Studien entstanden.[18] Des weiteren veröffentlichte er zahlreiche Studien zu Krupp.[19]

Ende der 1970er Jahre gab es gewichtige Personalentscheidungen. Zum einen schied Bechthold als geschäftsführender Vorsitzender aus, und 1978 legten Schröter und Schröder ihre Funktionen als Herausgeber der Essener Beiträge nieder.

Ihnen folgte der evangelische Pfarrer **Hanns-Joachim Maßner** (14. Juni 1911 – 19. November 1981),[20] der in Rostock, Tübingen, Wien und Bonn Theologie, Philosophie, Geschichte und Kunstgeschichte studiert hatte. 1947 war er zur Pfarrgemeinde Essen-Werden-Land gekommen, der er bis zu seiner Versetzung in den Ruhestand im Jahre 1978 treu blieb. Großen Raum im Leben des engagierten und beliebten Gemeindepfarrers nahm die Erforschung der Kirchengeschichte ein. Maßner gehörte 1952 zu den Mitbegründern des Vereins für Rheinische Kirchengeschichte, in dessen Zeitschrift er zahlreiche Aufsätze veröffentlichte. Zeugnisse seiner wissenschaftlichen Tätigkeit sind die vierbändige Edition der Düsseldorfer Synodal- und Presbyterial-Protokolle des 17. und 19. Jahrhunderts sowie die Geschichte der evangelischen Kirche in

---

14 1933: Die Pfarrerstochter von Taubenhain. Stoff- und motivgeschichtliche Studien zur Volkskunde und Literaturwissenschaft.

15 Dr. Ernst Schröder zum Gedenken, in: EB 112 (2000), S. 7–9.

16 Ralf Stremmel, 100 Jahre Historisches Archiv Krupp. Entwicklungen, Aufgaben, Bestände, München – Berlin 2005, S. 83–94.

17 Neben der bereits erwähnten Biographie gab Schröder noch eine Dokumentation »Otto Wiedfeldt als Politiker und Botschafter der Weimarer Republik« heraus. EB 86 (1971), S. 157–238.

18 Um Zweigerts Nachfolge. Die Wahl Wilhelm Holles zum Essener Oberbürgermeister im Jahre 1906, in: EB 90 (1975), S. 25–50; Neue Beiträge zur Biographie Erich Zweigerts, in: EB 93 (1978), S. 215–227; Von Holle zu Luther. Der Essener Oberbürgermeisterwechsel im ersten Weltkrieg, in: EB 95 (1980), S. 249–278.

19 Bis 1968 siehe Sellmann, Bibliographie, Bd. 3, Sp. 1212–1215. – Besonders erwähnt sei: Krupp – Geschichte einer Unternehmerfamilie, Göttingen 1991 (4. Aufl.).

20 Zum folgenden Hanns-Joachim Maßner, Rückblick, in: 25 Jahre gemeinsam vor Ort in Werden/Heidhausen 1947–1972, o. O. 1972, S. 4–34; Helmut Dahm, Hanns Joachim Maßner †, in: Monatshefte für Evangelische Kirchengeschichte des Rheinlandes 31 (1982), S. 335–337; S. Boeckhorst, In Memoriam Hanns-Joachim Maßner, in: EB 98 (1983), S. V.

Essen.[21] Maßner, der auch in den Essener Beiträgen publizierte – zu nennen ist vor allem seine auf den Presbyteriumsprotokollen basierende Darstellung des Kirchenkampfes in den evangelischen Gemeinden in den Jahren 1932 bis 1945 (EB 96 – 1981) –, war es nicht vergönnt, lange als Herausgeber des Vereinsorgans tätig zu sein. Bei der Anreise zu der Jahrestagung des landeskirchlichen Ausschusses für Rheinische Kirchengeschichte mußte er ins Krankenhaus, wo er am 19. November 1981 einem tödlichen Herzinfarkt erlag.

Die Herausgeberschaft der Essener Beiträge fiel nun dem geschäftsführenden Vorsitzenden, Karlotto Bogumil, zu, der damit zur wichtigsten Person für die zukünftige Vereinsarbeit und -ausrichtung wurde.

Der Rückzug von Mews bot die Chance einer Neuorientierung und Neupositionierung. Die programmatischen Äußerungen des neuen Vorstands unterschieden sich auch gravierend von denen der Nachkriegszeit. Vorbei waren die Zeiten der pathetischen Reden von der »Liebe zur Heimatscholle«. Statt dessen sah der Verein seine Tätigkeit relativ nüchtern. Er wollte nur noch »mithelfen, ein lebendiges und verpflichtendes Geschichtsbewußtsein und eine unromantische und unsentimentale, auf geschichtlichem Verständnis gegründete Verbundenheit mit unserer Vaterstadt zu fördern«.[22] Zugleich war es dem Vorstand bewußt, daß es immer schwieriger werde, »das Interesse an der Vergangenheit unserer Stadt und das auf Geschichte und Tradition gegründete Gefühl der Verbundenheit mit ihr lebendig zu halten. Diese Lage – so die Schlußfolgerung – erfordert daher dringend eine verstärkte Tätigkeit, die geeignet ist, in die Öffentlichkeit zu wirken und dem Verein die Unterstützung weiterer Mitglieder zuzuführen.«[23]

Die Möglichkeiten, öffentliche Wirkung zu erzielen, sind aber für einen Historischen Verein begrenzt. Er kann, da ihm spektakuläre »events«, wie es neudeutsch heißt, verschlossen bleiben, nur bei den Vortragsveranstaltungen andere Akzente setzen oder die Essener Beiträge umstrukturieren. Beide Wege sind beschritten worden. Zudem wurden die beliebten Sommerfahrten wieder aufgenommen. Nachdem der Verein 1968 noch einmal Werden besucht hatte, steuerte er in den Folgejahren weiter entfernt liegende Ziele an. So besichtigte man 1970 Xanten (durch den Dom führte Prof. Dr. Bader), Kalkar und das Freilichtmuseum Arnheim, während 1971 die Reise über Limburg, Runkel, Dietkirchen und Weilburg nach Braunfels ging. Aufgrund einer Einladung von RWE

---

21 Aus Vergangenheit und Gegenwart unserer Kirche in Essen (Kleine Essendische Kirchengeschichte), Köln 1978.
22 Jahresbericht 1970, in: EB 86 (1971), S. 252.
23 StA Essen 412–3, Rundschreiben »An unsere Mitglieder!«, 31. 10. 1967.

standen 1972 Paffendorf, der Braunkohletagebau Fortuna und das Kraftwerk Niederaußem auf dem Programm.

Unter dem neuen Vorsitz wurde die Zahl der Vorträge stark erhöht. Gab es 1966 nur zwei und 1967 drei Veranstaltungen, so bot das Programm des Jahres 1969 elf Referate. Gleichfalls wurde das Themenspektrum erweitert. Nun konnten sich die Mitglieder Vorträge über »Mexiko gestern und heute« oder über die Reise mit dem Luftschiff LZ 129 – Hindenburg – nach Südamerika anhören. Wer sich mehr für Philosophie interessierte, ging zu »Kants Beitrag zur Kenntnis der Erde«. Stadtgeschichtliche Themen fehlten nicht völlig, doch sie wurden überlagert durch kulturgeschichtliche und vor allem durch Referate zur Ur- und Frühgeschichte. Daß der letztgenannte Themenbereich zu einem Schwerpunkt bei den Vortragsveranstaltungen wurde, ergab sich aus der von Bechthold initiierten Zusammenarbeit des Vereins mit dem Bonner Institut für Ur- und Frühgeschichte, dessen Referenten über »die fränkische Besiedlung des Trierer Landes« oder über »keltische Fürstengräber im Rhein-Main-Gebiet« sprachen. Wie sehr die Ur- und Frühgeschichte das Programm dominierte, mag am Beispiel des Jahres 1974 verdeutlicht werden. Von den neun Vorträgen befaßten sich sechs mit diesem Bereich. Lediglich ein Referat (»Der Maler Januarius Zick und seine Bedeutung für Essen) hatte am Rande etwas mit Essen zu tun.

Wenngleich die Mitglieder die thematische Vielgestaltigkeit und die Ausweitung des sachlichen, zeitlichen und geographischen Rahmens zunächst begrüßten,[24] so regte sich Kritik im Vorstand. Hermann Schröter monierte die Abkehr von der Stadtgeschichte und die Dominanz der Ur- und Frühgeschichte und der kunsthistorischen Themen. Diese Ausrichtung entsprach seiner Ansicht nach nicht der Satzung. »Der Verein ist ein historischer Verein, kein Museumsverein.« Doch seine Kritik fand keine Unterstützung im Vorstand. Nicht zuletzt waren finanzielle Überlegungen – der Verein mußte die Honorare nicht allein tragen – dafür ausschlaggebend, daß man an der Programmgestaltung festhielt.[25]

Erst 1976 mit dem Ausscheiden Bechtholds als geschäftsführendem Vorsitzenden änderte sich erneut die Ausrichtung der Vortragsabende, deren Zahl aber kontinuierlich zurückging: 1977 – 5; 1978 – 4; 1982 – 3 und 1984 – 2. 1977 behandelten auch wieder vier der fünf Vorträge Essener Themen, während Richard Drögereit, der stets gern gesehene Gast, die »Ebstorfer Weltkarte und

---

24 Jahresbericht 1970, in: EB 86 (1971), S. 251.
25 StA Essen 412-4, Vorstandssitzung vom 23.2.1973.

das Weltbild des Mittelalters« vorstellte. In der Folgezeit sollte das ausgewogene Verhältnis von stadtgeschichtlichen und allgemeinen historischen Themen bewahrt bleiben. Philosophische Betrachtungen oder impressionistische Reisebeschreibungen standen nicht mehr auf dem Programm.

Von anderer Seite wurde die inhaltliche Einseitigkeit der Vorträge kritisiert, vor allem, daß der Historische Verein die Zeit des Nationalsozialismus und die Geschichte der Arbeiterbewegung ganz und gar vernachlässige, während die Verdienste von einigen Unternehmern (Krupp und die Bergwerksdirektoren) »völlig unbegründet hochgejubelt« würden. »Durch eine solche Art der Vermittlung der jüngsten Geschichte unserer Stadt wird die historische Wahrheit entstellt.«[26] Bechthold reagierte sofort auf diese Beanstandung und signalisierte Entgegenkommen, »dass ›heiße Eisen‹ jeder Zeit angefaßt werden müssen«. Er machte aber sogleich die Einschränkung, »wenn dies auf sachlicher Grundlage geschieht«.[27]

Vielleicht gab der von Schröter geförderte »Laienhistoriker« Ernst Schmidt, der sich mit dem Widerstand und der Verfolgung in der NS-Zeit beschäftigte,[28] den Anstoß dazu, daß der Historische Verein die Zeitgeschichte verstärkt berücksichtigte und den Kontakt zur neu gegründeten FH/Universität Essen suchte. Aus der Reihe der jüngeren Assistenten konnten 1980 Franz Josef Brüggemeier und Detlef Peukert für einen Vortrag gewonnen werden. Ersterer sprach über die Familie im 19. Jahrhundert, letzterer über die Jugend-Opposition im Dritten Reich. Mehr als dreißig Jahre nach Kriegsende setzte sich der Historische Verein endlich mit diesem dunklen Kapitel der Stadtgeschichte auseinander. Zu diesem Komplex gehörten auch die Vorträge von Hermann Schröter über »Geschichte und Schicksal der Essener Juden« (15. November 1979) und von Hanns Joachim Maßner über »12 Jahre Kirchenkampf in Essen« (21. September 1981).

1984 folgte dann das angemahnte Referat über die Essener Arbeiterbewegung. Gerd Freynik sprach am 11. Mai über die »Anfänge der Sozialdemokratie«.

Aus den ersten Kontakten entwickelten sich leider keine dauerhaften Bindungen zwischen dem Historischen Verein und den Zeithistorikern der FH/Universität Essen. Über die Gründe kann nur spekuliert werden. Die überwie-

---

26 StA Essen 412-4, Ernst Schmidt an Vorstand Historischer Verein, 16.2.1975.
27 StA Essen 412-4, Bechthold an Schmidt, 3.3.1975.
28 Siehe Lichter in der Finsternis. Widerstand und Verfolgung in Essen 1933-1945, 3 Bde., Frankfurt 1979 ff. Zu Schmidt siehe seine Autobiographie »Vom Staatsfeind zum Stadthistoriker. Rückblick auf mein bewegtes Leben« (Essen 1998) u. Lutz Niethammer, Ernst Schmidt zum 80. Geburtstag, in: EB 116 (2004), S. 7-17.

gend ältere Mitgliedschaft, die das »Dritte Reich« noch lebhaft in Erinnerung hatte, wollte wohl gar nicht mit diesem Thema konfrontiert werden. Daher endete die gerade erst begonnene Beschäftigung mit dem Nationalsozialismus sofort wieder und wurde erst in den späten 1990er Jahren erneut aufgenommen. Ebenso lag die Geschichte der Arbeiterbewegung den immer noch aus dem Bürgertum stammenden Mitgliedern weniger am Herzen als beispielsweise die Baugeschichte des Essener Münsters. Der Historische Verein blieb deshalb auf die traditionellen Themen ausgerichtet, zumal die Dozenten der Universität wenig Lust verspürten, vor einem zahlenmäßig nur geringen, mäßig interessierten Publikum zu referieren. Da waren die anderen Orts entstandenen »Geschichtswerkstätten« doch dankbarere Klientele.

Nicht förderlich für die Beziehungen zwischen den modernen Sozialhistorikern und dem Verein war eine negativ ausgerichtete Rezension in den Essener Beiträgen, in der Ernst Schröder den Sprachstil von Lutz Niethammer und Franz Josef Brüggemeier kritisierte: »Diese Untersuchung ist schwer lesbar, weil sie auf Form und Stil verzichtet. Auch der oben besprochene Aufsatz wirkt stilistisch unausgeglichen. Die Autoren haben wohl nicht selber die letzte Hand an ihre Arbeiten gelegt.«[29] Wer eine solche Ablehnung erfuhr, wollte wohl kaum seine Zeit opfern, um beim Historischen Verein zu dozieren.

Läßt sich bei den Vortragsveranstaltungen ein Wechsel in der Programmatik ausmachen, so ist die Ausrichtung der Essener Beiträge in den Jahren 1968 bis 1986 keinen Schwankungen unterworfen. Veröffentlicht wurden weiterhin gewichtige Dissertationen, Magister- und Examensarbeiten. Zu nennen sind: Helmut Müller, Die Reformation in Essen (EB 84 – 1969); Jürgen Brand, Geschichte der ehemaligen Stifter Essen und Werden während der Übergangszeit von 1806–1813 unter besonderer Berücksichtigung der großherzoglich-bergischen Justiz und Verwaltung (EB 86 – 1971); Hans-Jürgen Brandt, Das Herrenkapitel am Damenstift Essen in seiner persönlichen Zusammensetzung und seinen Beziehungen zur Seelsorge (1292–1412) (EB 87 – 1972); Gabriele Fest, Die Entwicklung der Tuch-Manufaktur im Raume Werden-Kettwig während des 18. und 19. Jahrhunderts (EB 93 – 1978). Ansonsten waren die Essener Beiträge wiederum eine bunte Mischung von archäologischen Nachrichten, kunst-

---

29 EB 94 (1979), S. 215 Anm. 2. – Die kritisierten Werke sind: Wie wohnten die Arbeiter im Kaiserreich?, in: Archiv für Sozialgeschichte 16 (1976), S. 61–134 u. Schlafgängerwesen, Schnapskasinos und schwerindustrielle Kolonie, in: Jürgen Reulecke/Wolfhard Weber (Hrsg.), Fabrik, Familie, Feierabend, Wuppertal 1978, S. 135–175.

Neunzigstes Heft

1975

HERAUSGEGEBEN VON DEM
HISTORISCHEN VEREIN FÜR STADT UND STIFT ESSEN

Abb. 44: Umschlag Essener Beiträge

182

historischen[30] und architekturgeschichtlichen Abhandlungen[31], Erinnerungen[32] und Biographien[33], Quelleneditionen[34] und Beständeübersichten[35]. Die Arbeiten von Schröder zu den Oberbürgermeistern und zu Krupp und von Maßner zum Kirchenkampf sind bereits an anderer Stelle erwähnt worden. Auffallend ist, daß die Schulgeschichte nicht an Attraktivität verloren hat. Neben der gründlichen Dokumentation von Inge Schröder (Die Essener Volksschulen von 1850 bis zur Gegenwart, EB 91 – 1976) ist die Arbeit von Franz-Josef Wehnes (Die Geschichte der Pierburger Schule in Essen-Kettwig, EB 98, 101 und 102 – 1983, 1986/87 und 1988) anzuführen.

Eine Neuerung war die Wiederaufnahme der Rubrik Buchbesprechungen, die bis 1958 fester Bestandteil der Zeitschrift war. Warum Mews die Rezensionen nicht weitergeführt hat, läßt sich den Quellen leider nicht entnehmen. Die Wiedereinführung wurde allgemein begrüßt und trug zur vermehrten Attraktivität bei, weshalb der Vorstand 1973 sogar für eine Erweiterung des Besprechungsteils plädierte.[36]

Auch wenn sich die Essener Beiträge, nachdem Maßner die Verantwortung übernommen hatte, mehr modernen Themen und Fragestellungen öffneten – zu denken ist an die Aufsätze von Volker von Berg »Bildung und Industrie in Essen (Ruhr) während des 19. Jahrhunderts« (EB 94 – 1979), Daniel Stemmrich »Vom Kotten zum Mehrfamilienhaus. Entwicklungsschritte in der Wohnarchitektur, dargestellt an Essener Beispielen des 19. Jahrhunderts« (EB 96 – 1981) und Gerd Freynik »Die sozialdemokratische Arbeiterbewegung in Essen von der Gründung des ADAV-Zweigvereins Essen bis zum Erlaß des Sozialistengesetzes« (EB 98 – 1983) –, so erscheinen sie im Vergleich zu »Münster am Hellweg« als altbacken.

Der Zeitschrift des Münsterbauvereins gab Hermann Schröter, der 1965 deren Schriftleitung übernahm, eine neue Ausrichtung. Die kirchen- und kunstgeschichtlichen Arbeiten und die stadtgeschichtlichen Beiträge – viel-

---

30 Rainer Kahsnitz, Die Essener Äbtissin Svanhild und ihr Evangeliar in Manchester, in: EB 85 (1970), S. 13–80.

31 Manfred Petry, Zur älteren Baugeschichte des Essener Münsters, in: EB 98 (1983), S. 1–14.

32 Gustav Forstmann, Eine Kindheit in Werden, in: EB 88 (1973), S. 5–58; Johannes Schröder, Die Entflechtung der Firma Krupp nach dem zweiten Weltkrieg, in: EB 89 (1974), S. 35–52.

33 Erwin Dickhoff, Johann Georg Stemmer. Landrat des Kreises Essen von 1813 bis 1823, in: EB 91 (1976), S. 17–50; Josef Püttmann, Anton Grymholt. Abt der Reichsabtei Werden an der Ruhr am Beginn der Neuzeit (1484–1517), in: EB 94 (1979), S. 5–67.

34 Richard Löwe, Volkskirche im zweiten Weltkrieg. Die Essen-Wester Kirchenchronik 1939–1945, hrsg. v. Hanns-Joachim Maßner, in: EB 90 (1975), S. 51–168.

35 Der Urkundenbestand des Archivs Achtermberg im Gesamtarchiv von Wendt (Crassenstein), bearb.v. Helmut Müller, in: EB 87 (1972), S. 145–286.

36 StA Essen 412–4, Vorstandssitzung v. 23.2.1973.

fach aus Vorträgen vor dem Historischen Verein hervorgegangen –, erschienen zwar weiterhin, daneben wurden aber bereits in den 1970er Jahren die Themenfelder Sozialgeschichte, Arbeiterbewegung und Nationalsozialismus beackert. Stellvertretend seien erwähnt die Aufsätze von Ernst Schmidt zum Bergarbeiterstreik 1872 und zu Franz Schwenninger,[37] die Darstellung der Metallarbeiteraussperrung 1928 von Volker von Berg[38] oder die ausgezeichnete Untersuchung von Klaus Werner Schmidt über die von Theodor Reismann-Grone herausgegebene Rheinisch-Westfälische Zeitung.[39] Alle Arbeiten hätten auch den Essener Beiträgen gut zu Gesicht gestanden. Des weiteren erinnerte Münster am Hellweg eindringlich an das Schicksal der Essener Jüdinnen und Juden. Neben den zahlreichen kleineren Abhandlungen veröffentlichte Schröter seit den 1960er Jahren die – teils erschütternden – Lebenserinnerungen. Dieses Wiederaufgreifen der Essener jüdischen Geschichte, die Darstellung der jüdischen Lebenswelt sowie der Verfolgung im NS-Staat, all das war in den Essener Beiträgen leider nicht zu finden. Es ist das Verdienst des Münsters am Hellweg und des Herausgebers, daß sie diesen düsteren und daher lange vernachlässigten Teil der Essener Stadtgeschichte bearbeitet haben.

Der neue Vorstand wurde mit einem Projekt konfrontiert, das auf eine Initiative von Ribbeck zurückging, mit der Erstellung einer Essener Bibliographie.[40]

Bereits 1916 hatte Ribbeck vorgeschlagen, von der Stadtbücherei nicht nur einen Katalog der vom Historischen Verein übergebenen Bücher, sondern ein Verzeichnis der gesamten zu Essen erschienenen Literatur erarbeiten zu lassen. Der Vorstand, der in einer solchen Zusammenstellung »ein ausgezeichnetes Hilfsmittel« für ortsgeschichtliche Studien sah, setzte für die Bearbeitung ein Honorar von 600 Mark aus.[41] Warum das Bücherverzeichnis, das als Band 37 der Essener Beiträge herausgegeben werden sollte, nicht erschienen ist, geht aus den Quellen nicht hervor. Seither war aber der Gedanke einer Essener Bibliographie in der Welt, und sie wurde zum Lebenswerk von Wilhelm Sellmann.

---

37 Erster Massenstreik der Bergleute – Essen im Jahre 1872, in: MaH 25 (1972), S. 107–128 u. Franz Schwenninger, 1822–1867, Leben und Wirken eines Revolutionärs der frühen deutschen Arbeiterbewegung, in: MaH 27 (1974), S. 83–106.

38 Die große Metallarbeiteraussperrung vom November 1928 im Lichte ihrer kommunalen Probleme – dargestellt am Beispiel der Stadt Essen, in: MaH 32 (1979), S. 127–165.

39 Die »Rheinisch-Westfälische Zeitung«. Geschichte einer schwerindustriell orientierten, bedeutenden Provinzzeitung, in: MaH 26 (1973), S. 17–38.

40 Zum folgenden siehe auch Wilhelm Sellmann, Aus der Werkstatt eines Bibliographen, in: Die Heimatstadt Essen – Jahrbuch 1974, S. 120–124.

41 Stadtbibliothek Essen D II 3132a, Rundschreiben an die Vorstandsmitglieder, 22.7.1916.

Sellmann (20. Februar 1903 – 3. Februar 1993)[42], gebürtiger Altenessener, hatte Geschichte, Germanistik und Geographie studiert und – auf Anregung von Ribbeck – seine Dissertation über die »Mühlen in Stadt und Stift Essen«[43] verfaßt. Im Anschluß an das Studium schlug er die Bibliothekslaufbahn ein und wurde nach seinem Fachexamen 1932 Mitarbeiter in der wissenschaftlichen Abteilung der Stadtbücherei. Bereits in dieser Zeit erstellte er einen Katalog zur Essener Geschichte, der aber im Zweiten Weltkrieg vernichtet wurde. 1956 begann Sellmann seine Arbeit aufs Neue. Sein Ziel war es, nicht nur das gesamte Essener Schrifttum, »das seit Erfindung der Buchdruckkunst geschrieben worden ist«, bis zum Stichjahr 1960 zu erfassen, sondern es sollte auch alles in der Essener Bücherei – im Original oder als Kopie – vorhanden sein.[44] Eine Herkulesaufgabe, die er mit »großem Idealismus, starkem Engagement und einem immensen Arbeitseifer«[45] anging, denn verzettelt wurden auch Beiträge aus Essener Zeitungen, so daß letztendlich die Bibliographie mehr als 35.000 Einträge enthält. Als Sellmann 1968 in Pension ging, war die Arbeit noch nicht abgeschlossen. Doch Bibliotheksdirektor Hans Joachim Kuhlmann ermöglichte die Weiterbearbeitung im Rahmen eines Honorarvertrages.[46]

Die Leistung Sellmanns für die Essener Geschichtsforschung kann gar nicht hoch genug eingeschätzt werden. Der »Sellmann«, um den uns viele Städte beneiden, wurde zum unentbehrlichen Hilfsmittel für alle, die sich mit der Essener Geschichte befassen.

Die Bedeutung des Projektes erkannte auch der Vorstand des Historischen Vereins, weshalb er sich nach Erscheinen des ersten Bandes um eine Fortführung der Bibliographie bemühte. Es gelang ihm, in Verhandlungen mit Kuhlmann folgende Vereinbarung zu treffen:

1. Die Jahre 1960 bis 1968 sollte Sellmann aufgrund eines Sonderauftrages bearbeiten.
2. Für die Jahre danach sollte der Mitarbeiter der Stadtbibliothek Alfred Peter eine jährliche Bibliographie erstellen, die alle Mitglieder des Historischen Vereins zusammen mit den Essener Beiträgen als Jahresgabe kostenfrei erhalten sollten.[47]

---

42 Nachruf in der NRZ v. 6.2.1993.
43 EB 47 (1930), S. 265–357.
44 StA Essen 412-3, Vermerk Sellmann, 11.8.1967.
45 Hans Joachim Kuhlmann, Vorwort zu Wilhelm Sellmann, Essener Bibliographie Bd. 1: 1574–1960, Essen 1980.
46 Band 1 erschienen 1980. Die Bände 2 (1960–1968) und 3 (Namen- und Titelverzeichnis) folgten 1986 und 1991.
47 StA Essen 412-3, Niederschrift über die Vorstandssitzung v. 15.4.1970.

Diese Hefte, die zunächst – wie vorgesehen – jährlich erschienen, wurden von den Mitgliedern lebhaft begrüßt. Leider ist aber angesichts der ständig wachsenden Zahl an Veröffentlichungen das regelmäßige Erscheinen nicht mehr zu gewährleisten.

Obwohl sich der Historische Verein in seinem Gründungsstatut dazu bekannt hatte, die Altertümer zu erhalten, wurde er auf diesem Gebiet nur selten aktiv. Er widersetzte sich nicht der Zerstörung alter Gebäude, da er die Entfernung als notwendig für die weitere Entwicklung der Stadt ansah, und beschränkte sich auf die Dokumentation des verloren gehenden Stadtbildes, indem er alte Photographien sammelte bzw. die Essener Geschichtsfreunde ermunterte, die alten Häuser im Bild festzuhalten. Auch wenn sich der Verein, besonders in der Person seines Vorsitzenden, nach dem Zweiten Weltkrieg für den Wiederaufbau der völlig zerstörten Marktkirche[48] und des Münsters[49] einsetzte, – für den Westbau stiftete er das Michaelfenster[50] –, und dafür Sorge trug, daß das Krupp-Denkmal wieder vor der Marktkirche aufgestellt wurde, änderte sich die grundsätzliche Einstellung des Historischen Vereins in Bezug auf die Erhaltung historisch wertvoller Gebäude nicht. Es gab von seiner Seite keinen Protest, als die Stadt ihr neugotisches Rathaus zum Abriß freigab, damit auf der zentralen Innenstadtfläche ein Kaufhauskonzern eine neue Filiale bauen konnte.[51] Auch als der Abbruch der Kruppschen Hauptverwaltung 1976 hohe Wellen schlug und die Essener Professoren Dirk Blasius, Lutz Niethammer, Hermann Sturm und Klaus Meyer-Abich »die unverzeihliche Vernichtung eines besonders wichtigen historischen Denkmals« als eine »Barbarei« verurteilten,[52] blieb der Historische Verein stumm.

---

48 Siehe Karl Mews, Die Essener Marktkirche, in: EB 78 (1962), S. 5–17.
49 »Wir erachten es als eine Ehrenpflicht, mit allen Kräften für den Wiederaufbau und die Erhaltung dieses ehrwürdigen, edlen Bauwerks zu wirken und zu werben. Im Vorstand und Werbeausschuß des am 31. Januar 1947 gegründeten Münsterbauvereins sind wir durch den Vorsitzenden vertreten. Den Ruf: Helft dem Essener Münster! geben wir gerne weiter mit dem Wunsch, daß er bei den Essener Geschichtsfreunden fern und nah ein opferfreudiges Echo finde.« Jahresbericht 1946/47, in: EB 63 (1948), S. 157.
50 Jahresbericht 1952, in: EB 69 (1953), S. 120.
51 Zum Abriß des Rathauses siehe die ungedruckte Examensarbeit von Till Schraven, Städtebau und Politik in der frühen Geschichte der Bundesrepublik – Das Essener Rathaus im politisch-gesellschaftlichen Konfliktfeld einer Stadt, 1955–1965, Essen 2003.
52 Zit. nach Klaus Wisotzky, Vom Kaiserbesuch zum Euro-Gipfel. 100 Jahre Essener Geschichte im Überblick, Essen 1996, S. 323. – Siehe auch Lutz Niethammer, Ego-Histoire? und andere Erinnerungsversuche, Wien – Köln – Weimar 2002, S. 134 f.

Abb. 45: Der Abriß des Essener Rathauses

Einem Mitglied gegenüber, das das Schweigen kritisiert hatte, entschuldigte von Waldthausen die Passivität des Vereins damit, daß es »nicht immer einfach« sei, »zwischen dem aktuellen Interesse an einer Neugestaltung einerseits und dem Interesse an der Erhaltung des Überkommenen andererseits eine klare Grenze zu ziehen. Hinzu kommt, daß die rechtlichen Grundlagen zur Einflußnahme auf Abbruchs- oder Neubauvorhaben nur beschränkt sind. ... Der Historische Verein kann sich als ein Zusammenschluß interessierter Bürger natürlich im einen oder anderen Falle einsetzen ... Ein wirkliches und effektives Mitspracherecht liegt jedoch außerhalb seiner Möglichkeiten und auch seiner Aufgaben.«[53]

Trotz dieser Absage, sich in die Diskussion einzubringen, war der Vorstand ins Grübeln gekommen, denn auf der nächsten Jahreshauptversammlung bezog der Historische Verein Position und äußerte seine Sorge über den Verlust zahlreicher historischer Gebäude. »Wir sind gegen einen weiteren Abriß weiterer Bauwerke von geschichtlichem Wert in Essen.« Der Verein verwies auf andere Städte, die ihr historisches Erbe besser pflegten. Dies locke Besucher an und brächte der Stadt finanzielle Vorteile.[54]

53 StA Essen 412–38, von Waldthausen an Hirsch, 30.7.1976.
54 Ruhr-Nachrichten v. 18.3.1977 »Stadt soll historisches Erbe besser pflegen. Historischer Verein beklagt Verlust alter Gebäude«.

Wer darauf setzte, daß mit dieser Erklärung ein Umdenken einherging, sah sich getäuscht. Mit dem einmaligen Protest hatte es sein Bewenden. In der Folgezeit verharrte der Verein wiederum im Schweigen, wenn die Veränderung oder der Abbruch historischer Gebäude auf der Tagesordnung stand.

Trotz aller Anstrengungen und der engagierten Arbeit der Vorstandsmitglieder verlor der Historische Verein an Bedeutung. Die Mitgliederzahl, die seit den 1950er Jahren bei 300 stagnierte, war in den 1970er Jahren leicht rückläufig. Der Mitgliederverlust war ein Zeichen dafür, daß das Ansehen des Vereins in der Öffentlichkeit nicht mehr dasselbe war wie vor 75 oder vor 50 Jahren unter Ribbeck. Augenfällig wurde das schwindende Prestige beim 100jährigen Jubiläum im Jahre 1980.

Dieser Anlaß sollte selbstverständlich mit einem besonderen Festakt gefeiert werden, und der Herausgeber der Essener Beiträge hatte einen umfangreichen Band konzipiert, in dem »das gesamte Spektrum historischer Arbeit in Essen zu Wort« kam.[55] Vertreten war die Archäologie, die mittelalterliche Geschichte, die Numismatik, die Heraldik, die Kirchengeschichte, die Genealogie, die Architektur- und Postgeschichte. Ins 19. und 20. Jahrhundert führten die Beiträge von Joseph Weier (Der »Verein zur Erziehung und Pflege katholischer schwachsinniger Kinder beiderlei Geschlechts aus der Rheinprovinz« in Essen und die Errichtung des Franz-Sales-Hauses) und Ernst Schröder (Von Holle zu Luther. Der Essener Oberbürgermeisterwechsel im ersten Weltkrieg). Eingeleitet wurde das Jubiläumsheft, das auch einen Rückblick auf die Vereinsgeschichte aus der Feder von Hanns Joachim Maßner enthielt, mit Grußworten des Oberbürgermeisters Horst Katzor, des Bischofs Dr. Franz Hengsbach und des Stadtsuperintendenten Dr. Jürgen Regul. Alle drei würdigten die Arbeit des Historischen Vereins und lobten dessen Aktivitäten in den höchsten Tönen: »Viel hat er in den hundert Jahren seines Bestehens für die kulturelle Entwicklung und das Ansehen der Stadt getan.« (Katzor) – »Die Bürger der Stadt Essen haben allen Grund, für die Leistungen dieses Vereins und seiner vielen engagierten Autoren zur Erforschung der stiftischen und städtischen Vergangenheit dankbar zu sein. ... Dadurch leistet er einen wichtigen Beitrag, daß wir neue Anregungen aus dem Gestern für das Morgen, für den wahren Fortschritt schöpfen können.« (Bischof Hengsbach)[56] Trotz dieser Lobeshymnen ließen sich der Oberbürgermeister und der Ruhrbischof beim Festakt am 26. November 1980 vertreten, zur Feier erschien lediglich der Superintendent.

---

55 StA Essen 412–18, Protokoll der Vorstandssitzung v. 5.12.1979.
56 EB 95 (1980), S. 5 u. 7f.

Die Öffentlichkeit nahm vom Jubiläum kaum Kenntnis. Während die WAZ die neue Ausgabe der Essener Beiträge völlig ignorierte, faßte die NRZ den Aufsatz von Maßner in wenigen Worten zusammen und genügte damit ihrer Chronistenpflicht.[57] Über die Festveranstaltung informierte die Lokalpresse ihre Leserschaft lediglich mit einem Foto, versehen mit einer knappen Bildunterschrift. Eine Gebäck-Ausstellung im Haus Industrieform war der NRZ wichtiger als das Jubiläum des Historischen Vereins, denn über sie wurde ausführlich auf der Seite 1 berichtet.[58]

Abb. 46: Feier zum 100. Jubiläum (v.l.): Stadtarchivar Dr. Bogumil, Studienrat Alfred Pothmann vom Institut für Kirchengeschichte, Vorsitzender Karl-Heinrich von Waldthausen, Superintendent Regul, Prof. Dr. Anna-Dorothee von der Brincken und Bürgermeister Karnath.

Die 100-Jahr-Feier fand nicht wie die 50- und 75-Jahr-Feier im Saalbau, dem traditionellen Essener Versammlungsort, statt, sondern der Verein hatte das Gemeindehaus der evangelischen Erlöserkirchengemeinde angemietet. Der Vorsitzende von Waldthausen skizzierte in seiner kurzen Begrüßungsansprache vor etwa 150 Gästen die erbrachten Leistungen, wobei er besonders seine Vorgänger und die aktiven Vorstandsmitglieder lobend erwähnte. Von Waldt-

57 NRZ v. 25.11.1980.
58 NRZ v. 28.11.1980; WAZ v. 27.11.1980.

hausen unterstrich »die wissenschaftlich historische Zielsetzung« und legte Wert auf die »politische Neutralität« des Vereins: »Weder ist er dem Neudeutschen Patriotismus der Zeit vor dem ersten Weltkrieg verfallen, noch hat er sich in der Weimarer Republik in besonderer Weise engagiert, noch sich dem Nationalsozialismus im Dritten Reich verschrieben. Er hat gleichsam als Veilchen im Verborgenen geblüht und gewirkt.«[59] Als Festrednerin hatte der Verein Frau Prof. Dr. Anna-Dorothee von den Brincken, eine gebürtige Essenerin, gewinnen können, die über »Raum und Zeit in der Geschichtsenzyklopädie des hohen Mittelalters« sprach. In ihrem sehr gelehrten Vortrag stellte sie Kartenwerke von der Macrobius-Karte bis hin zur Ebstorfer Weltkarte vor und interpretierte sie eingehend.[60]

Mit der Wahl dieses Themas setzte sich der Historische Verein deutlich ab von dem aktuellen lokalen Geschichtsinteresse, das bestimmt wurde von der Auseinandersetzung mit dem Nationalsozialismus und der Erforschung der Arbeits- und Lebenswelt der Arbeiterschaft.

59 StA Essen 412–35, Ansprache zum 100-jährigen Jubiläum (Manuskript).
60 Der Vortrag wurde abgedruckt in EB 96 (1981), S. 5–21.

7. KRISENHAFTE ZEITEN

Die Essener Geschichtslandschaft hatte sich zu Beginn der 1980er Jahre grundlegend geändert.

1. In der von den Nationalsozialisten gebrandschatzten Synagoge eröffnete am 9. November 1980 der Oberbürgermeister Horst Katzor die Dauerausstellung »Widerstand und Verfolgung in Essen 1933–1945«, die bereits in den ersten vier Wochen 20.000 Besucher aufwies. Fortan entwickelte sich die Alte Synagoge zu einem »Erinnerungs- und Lernort« (Wolfgang Rei-

Abb. 47: Eröffnung der Ausstellung in der ALTEN SYNAGOGE, 1980

niger), zu einer erfolgreichen Geschichtsinstitution, die zugleich Gedenkstätte und Kultureinrichtung war (und ist). Sie präsentierte Ausstellungen vor allem zur NS-Zeit und zur Geschichte des Judentums, lud zu Vorträgen und Diskussionen, aber auch zu Konzerten und Theateraufführungen ein und richtete Tagungen aus.[1]

---

1 Siehe ALTE SYNAGOGE (Hrsg.), Ein Haus, das bleibt. Aus Anlass 20 Jahre ALTE SYNAGOGE Essen, Essen 2000.

2. Ebenso erfolgreich war das 1983 neu eröffnete Ruhrlandmuseum, das sich nun auf die Sozialgeschichte des Ruhrgebiets im Kaiserreich konzentrierte. Zur WDR-Spielfilmserie »Rote Erde« präsentierte das Museum eine gleichnamige von Heinz Reif gestaltete Ausstellung, in der die alltäglichen Lebens- und Erfahrungsbereiche der Bergarbeiter und ihrer Familien im Mittelpunkt standen.[2] Diese attraktive »Reviergeschichte von unten«, aus der die Dauerausstellung »Vom Ruhrland zum Ruhrgebiet«[3] hervorging, markierte inhaltlich wie ästhetisch einen »Wendepunkt in der Geschichte des Museums«.[4] Die Dauerausstellung und die Wechselausstellungen begleiteten hochkarätig besetzte Vortragsreihen und Veranstaltungen, die auf starkes Interesse des Publikums stießen.

3. Die Heimat- und Bürgervereine, die unter den unterschiedlichsten Namen in den Stadtteilen bereits existierten oder gerade – teils mit Unterstützung der Stadt oder der VHS – entstanden, erforschten mit großem Engagement und Elan die (Alltags)-Geschichte der Vororte. Das aktive Mittun bei der Forschung, die Auswertung von Quellen, das Führen von Zeitzeugenbefragungen – all diese Aktivitäten prägten die Arbeit der Vereine, die sich 1991 untereinander vernetzten, als sie die Arbeitsgemeinschaft der Essener Geschichtsinitiativen gründeten.[5]

Angesichts dieser zeitgemäßen Angebote geriet der Historische Verein noch mehr ins Abseits. Seine Vortragsveranstaltungen mußten sich gegen starke Konkurrenz behaupten und fanden immer weniger Beachtung in der Öffentlichkeit.

Die Aufmerksamkeit, die ein Verein erzielen kann, ist stark abhängig von den Persönlichkeiten an der Spitze, von deren Eingebundensein in kommunikative Netzwerke, ihrem Ansehen in der Historikerzunft und bei der Bevölkerung. Ribbeck war zu seinen Lebzeiten der Stadthistoriker Essens schlechthin, der stets bemüht wurde, wenn historische Fragen zu klären waren. Mit Abstrichen galt dies auch noch für Mews, Jahn und Schröter. Die Lücke, die sie hin-

---

2 Siehe Tita Gaehme/Karin Graf (Hrsg.), Rote Erde. Bergarbeiterleben 1870–1920. Film – Ausstellung – Wirklichkeit, Köln 1983 mit den Aufsätzen von Heinz Reif »Reviergeschichte von unten. Überlegungen zur sozialgeschichtlichen Konzeption des künftigen Ruhrlandmuseums« (S. 8–11) u. »Wie beginnen mit der »Annäherung an die Geschichte des Ruhrgebiets« (S. 77–80).
3 Siehe Ruhrlandmuseum (Hrsg.), Die Erfindung des Ruhrgebiets. Arbeit und Alltag um 1900. Katalog zur sozialhistorischen Dauerausstellung, Essen – Bottrop 2000.
4 Jamin/Kerner, Gegenwart der Dinge, S. 276.
5 Einen Überblick über die Vielzahl der in der Arbeitsgemeinschaft zusammengeschlossenen Vereine vermittelt die Internet-Seite www.ag-essener-geschichtsinitiativen.de.

terließen, konnte im Verein nicht geschlossen werden. Da der Vorsitzende von Waldthausen kaum Akzente setzte, gewann die Funktion des geschäftsführenden Vorsitzenden um so mehr an Bedeutung. Bogumil, der zudem die Essener Beiträge herausgab und zur wichtigsten Person des Vereins in den 1980er Jahren geworden war, verstand es aber nicht, dem Historischen Verein die erforderliche Anerkennung in der Öffentlichkeit zu verschaffen. Im Gegensatz zu seinen Vorgängern hat er kaum zur Stadtgeschichte geforscht und publiziert – in den Essener Beiträgen ist kein einziger historischer Beitrag aus seiner Feder erschienen. Auch nutzte er seine Tätigkeit als Stadtarchivar nicht, um Kontakte zum Wohle des Vereins zu knüpfen. Im Gegenteil, seine späte Amtszeit war geprägt von den Auseinandersetzungen mit Archivbenutzern um den Zugang zu den Archivalien.[6] Die geringe Bereitschaft zur Kooperation zeigte er auch gegenüber den anderen historischen Einrichtungen der Stadt. So entwickelte sich – unabhängig vom Historischen Verein – das Ruhrlandmuseum unter seinem Direktor Ulrich Borsdorf[7] zur zentralen Geschichtsinstitution in der Stadt, während Ernst Schmidt, der entscheidend beim Aufbau der Dauerausstellung in der »ALTEN SYNAGOGE« beteiligt war, zum »Stadthistoriker« aufstieg.

Die Vorsitzenden, die in rascher Folge das Amt übernahmen, waren allein schon wegen ihrer kurzen Zeit an der Spitze nicht in der Lage, die Vereinsarbeit zu prägen. Als Karl-Heinz von Waldthausen aus gesundheitlichen Gründen den Vorsitz niederlegte, nahm der Vorstand dies mit Erleichterung zur Kenntnis, bestand doch die Gefahr, daß sich die Berichterstattung über die Verurteilung des Bankiers wegen Devisenvergehens und seine »Flucht« negativ auf die Vereinsarbeit auswirkte.[8] Die Suche nach einem geeigneten Nachfolger erwies sich als äußerst schwierig. Als Favorit galt zunächst Wilfried Vogeler, der in der Vorstandssitzung am 16. Januar 1985 vorgeschlagen wurde, ohne daß Widerspruch laut wurde,[9] und der in der Folgezeit alle repräsentativen Verpflichtungen des Vereins wahrnahm. Doch im Juli wurde der Oberstudiendirektor Leo Fonrobert als möglicher Kandidat gehandelt,[10] ohne daß aus den

---

6 Ernst Schmidt urteilte: Bogumil war »für das Stadtarchiv und die Essener Geschichtsforschung eine Belastung. Besonders die ›Hobby-Historiker‹ hatten unter ihm zu leiden. Statt ihnen zu helfen, behinderte er ihre Arbeit stets und ständig.« Schmidt, Staatsfeind, S. 178.

7 Ulrich Borsdorf wurde 1986 zum Direktor ernannt, da Reif den Ruf auf einen Lehrstuhl an der Technischen Universität Berlin angenommen hatte.

8 Siehe Bild v. 8.6.1984 »Auf der Flucht! Bank-Baron kam nicht ins Gefängnis zurück«; WAZ v.9.6.1984 »Baron von Waldthausen nahm Urlaub vom Knast«.

9 StA Essen 412–18, Niederschrift über die Vorstandssitzung v. 16.1.1985.

10 StA Essen 412–18, Niederschrift über die Vorstandssitzung v. 31.7.1985.

Quellen ersichtlich wäre, warum dieser Umschwung erfolgt war. Vermutlich war ein heftiger Streit zwischen Vogeler und Bogumil über die Finanzen die Ursache, denn Vogeler verkündete nach fast dreißigjähriger Amtszeit seinen Rücktritt als Schatzmeister.[11] Zum neuen Vorsitzenden wählte der Vorstand dann den evangelischen Pfarrer Ludwig Söldner. Ihn hatte man kontaktiert, da nach dem Tode von Hanns-Joachim Maßner ein Vertreter der evangelischen Kirche im Vorstand fehlte. Söldner, seit 1956 Pfarrer der Gemeinde Altenessen-Süd, war zwar historisch interessiert – eine Arbeit über die »Evangelischen Kirchengemeinden Essens in den sozialen Spannungen der Zeit von 1870–1914 unter besonderer Berücksichtigung der Streiks von 1889 und 1905« erschien 1984 in den Monatsheften für Evangelische Kirchengeschichte des Rheinlands[12] –, doch wegen seiner bevorstehenden Pensionierung betrachtete er sich nur als Übergangskandidat. Er wollte sein Amt lediglich drei Jahre lang ausüben.[13] Doch nicht einmal für diesen angedachten Zeitraum fungierte er als Vorsitzender, denn er ging bereits im Sommer 1987 in den Ruhestand. Nachdem er seinen Wohnsitz nach Neuss verlegt hatte, schied er aus dem Vorstand des Vereins aus.[14]

So mußte sich dieser erneut auf die Suche begeben und fand einen Nachfolger in der Person des Mathematikers Prof. Dr. Heinrich Wefelscheid (* 16. April 1941), den die Mitgliederversammlung am 25. Februar 1988 in den Vorstand wählte. Wefelscheid, dessen Interesse an der Stadtgeschichte durch seinen Vater, langjähriges Mitglied des Vereins und Herausgeber des »Essener Heimatbuches«, geweckt worden war, blieb ebenfalls nur kurze Zeit im Amt. Da sein Beruf ihn zu stark in Anspruch nahm, trat er am 9. Dezember 1991 zurück und schlug als neuen Vorsitzenden den Ratsherrn und kulturpolitischen Sprecher der FDP, Dr. Thomas Geer (*6. September 1937), Direktor bei Krupp, vor, der seit der Mitgliederversammlung vom 23. April 1991 dem Vorstand angehörte.[15]

1991 setzte sich der Vorstand zum größten Teil aus Personen zusammen, deren Wahl noch nicht lange zurücklag: Prof. Dr. Heinrich Wefelscheid (1988), Susanne Haeger (1989), Dipl.-Kaufm. Klaus Söhngen (1990), Inge Schröder (1990) und Dr. Renate Köhne-Lindenlaub (1991). Hinzu kamen die drei altge-

---

11 Ebd.
12 33 (1984), S. 137–175. – Eine zweite Untersuchung über die »Geschichte der Teilung der Kirchengemeinde Essen-Altenessen« folgte 1987. Monatshefte für Evangelische Kirchengeschichte des Rheinlandes 36 (1987), S. 277–294.
13 StA Essen 412–18, Niederschrift über die Vorstandssitzung v. 27.11.1985.
14 StA Essen 412–18, Söldner an Vorstand Historischer Verein, 29.7.1987.
15 StA Essen 412–27, Niederschrift über die Vorstandssitzung v. 9.12.1991.

dienten: Vogeler, Bogumil und Dr. Erich Schumacher, der Bogumil 1990 als geschäftsführenden Vorsitzenden abgelöst hatte. Daß der Historische Verein »im Bewußtsein vieler Essener nicht registriert« war,[16] daß er drohte, noch weiter in die Bedeutungslosigkeit abzusinken, war allen wohl bewußt. Ebenso herrschte Einigkeit in der Diagnose, daß man unbedingt etwas tun müsse. Dennoch zogen nicht alle Vorstandsmitglieder an einem Strang. Die Arbeit litt unter den Meinungsdifferenzen über den einzuschlagenden Weg, unter den Befürchtungen, parteipolitisch vereinnahmt zu werden, und unter persönlichen Animositäten. Diese waren schon bei der Wahl Geers zum Vorsitzenden am 9. Dezember 1991 deutlich geworden, denn er erhielt nur fünf Ja-Stimmen bei zwei Enthaltungen und zwei Gegenstimmen. Letztendlich führten all diese Zerwürfnisse dazu, daß sich Geer, Bogumil und Köhne-Lindenlaub in der Mitgliederversammlung vom 22. März 1993 nicht wieder zur Wahl stellten. Geer begründete seinen Rückzug damit, daß seine »Vorschläge zur Erweiterung der Zielsetzungen des Vereins und die daraus folgenden Organisationsänderungen (Öffentlichkeitsreferent im Vorstand, geschäftsführender Vorstand) mehrheitlich abgelehnt« worden seien.[17]

Der Rücktritt des Vorsitzenden und zweier Vorstandsmitglieder erzwang eine abermalige Erneuerung des Vorstandes. Gewählt wurden 1993 Dr. Gunther Annen, PD Dr. Paul Derks, Gerda Holfort und Andreas Koerner. Es waren nicht alles Neulinge in der Vereinsarbeit. Annen hatte dem Vorstand bereits von 1988 bis 1990 angehört, während Derks von 1986 bis 1989 als Schatzmeister tätig gewesen war. Danach gab er – ohne Sitz im Vorstand – die Essener Beiträge heraus.

Zum neuen Vorsitzenden wählte der Vorstand am 5. April Dr. Gunther Annen (*1928).[18] Der Sohn eines in Karnap unterrichtenden Volksschullehrers hatte an der TH Karlsruhe Bauingenieurwesen studiert und sich auf den Wasserbau spezialisiert. Seit 1956 bei Emschergenossenschaft und Lippeverband tätig, wurde Annen 1974 zum Vorstandsvorsitzenden der beiden Wasserverbände bestellt. Seine Pensionierung im Jahre 1992 erlaubte ihm, die Geschäfte des Historischen Vereins zu führen und sich der historischen Forschung zu widmen. Früchte seines gründlichen Aktenstudiums und seiner wasserwirtschaftlichen Kenntnisse sind zwei umfangreiche Aufsätze über »Erich Zwiegert und die Gründung der Emschergenossenschaft« (EB 110 – 1998) und die »Anfänge der Essener Stadtentwässerung« (EB 113 – 2001).

---

16 StA Essen 412–18, S. Haeger an Vorstand Historischer Verein, 3.3.1986.
17 StA Essen 412–33, Geer an Vorstand Historischer Verein, 4.2.1993.
18 StA Essen 412–27, Niederschrift der Vorstandssitzung v. 5.4.1993.

Gunther Annen verstand es, Ruhe in den Verein zu bringen. Der ständige Wechsel im Vorstand nahm ein Ende, und die Zwistigkeiten, die soviel Kraft absorbiert und die Vereinstätigkeit gehemmt hatten, gehörten der Vergangenheit an.

Die Vorschläge, die in den Vorstandssitzungen unter dem Vorsitz von Wefelscheid und Geer zur Verbesserung der Öffentlichkeitsarbeit diskutiert worden waren, sahen u. a. vor:
- die Pressearbeit zu intensivieren,
- ein Mitteilungsblatt mit Informationen zu Vereinsaktivitäten und Stellungnahmen zu aktuellen historischen Themen herauszubringen,
- ein corporate design für den Verein zu entwickeln,
- ein Vereinssignet zu kreieren,
- das äußere Erscheinungsbild der Essener Beiträge gefälliger zu gestalten und
- die Geschichte des Vereins herauszugeben.

Alle Maßnahmen waren ausgerichtet auf das Ziel, den Verein zu stärken und mehr Mitglieder zu gewinnen.[19] Einiges, was hier diskutiert wurde, war nicht neu. Bereits 1980 hatte das Vorstandsmitglied Siegfried Boeckhorst ähnliche Vorschläge unterbreitet, die aber nicht weiter verfolgt worden sind.[20] Auch der neue Vorstand unter Annen erkannte die Notwendigkeit zur Erneuerung und leitete einige Schritte ein:
1. Ab dem Jahre 1996 erschien ein farbiger, auffallender Flyer mit dem Halbjahresprogramm, den nicht nur die Mitglieder erhielten, sondern der in großer Zahl Verbreitung fand und u. a. im Museum, in der Stadtbücherei und im Stadtarchiv auslag.
2. Die Vereinszeitschrift bekam einen neuen Namen. Statt des langen Titels »Beiträge zur Geschichte von Stadt und Stift Essen« heißt sie ab Heft 106 (1994) »Essener Beiträge«. Die Essener Beiträge änderten auch ihr Äußeres, indem 1996 (EB 108) ein Bild auf dem Titel zu sehen war.
3. Versuche, die Pressearbeit zu forcieren, wurden zwar unternommen, aber in einer Großstadt wie Essen ist das kulturelle Angebot derart groß, daß sich beim eingeschränkten Platz in der Lokalpresse natürliche Grenzen ergeben.

19 StA Essen 412–27, Niederschriften der Vorstandssitzungen v. 17.5.1991, 14.10.1991, 9.12.1991 u. 29.4.1992.
20 StA Essen 412–19, Boeckhorst an Bogumil, 2.12.1980 – Anlage: Anregung zur Öffentlichkeitsarbeit.

ESSENER BEITRÄGE

Beiträge zur Geschichte von Stadt und Stift Essen

108. HEFT 1996

HISTORISCHER VEREIN
FÜR STADT UND STIFT ESSEN E.V.
gegründet 1880

Abb. 48: Essener Beiträge 1996

4. Recht beliebt bei den Mitgliedern und wirksam bei der Werbung sind die erstmals 1995 durchgeführten Reisen des Vereins, die ein Wochenende in Anspruch nehmen und nach Braunschweig (1995), Konstanz (1996), ins Lipper Land (1997) und nach Trier (1998) führten. Beibehalten und in der Zahl vergrößert wurden die Tages- und Halbtagesfahrten, die Besichtigungen in der näheren Umgebung und die Besuche von Ausstellungen.
5. Das Angebot an Vortragsveranstaltungen wurde erweitert.

Das Programm des Jahres 1997, das stellvertretend für andere stehen mag, spiegelt die Vielfältigkeit des Angebots wider. Die sieben Vorträge deckten ein breites zeitliches Spektrum ab, denn es wurden behandelt: Die Sintflut – im Licht von geologischen Erkenntnissen und mythologischen Deutungen (Alexander Tollmann), die Kolonien der Griechen im Mittelmeerraum (Charlotte Trümpler), die Rolle der stehenden Heere innerhalb der frühneuzeitlichen Gesellschaft (Jutta Nowosattko), August Brust und der Gewerkverein der christlichen Bergarbeiter (Claudia Hiepel), Oberbürgermeister Zweigert und die Gründung der Emschergenossenschaft (Gunther Annen), der Architekt Ernst Bode, Leiter des Essener Hochbauamtes von 1920–1934 (Thorsten Ebers) und die Arbeiterschaft im »Dritten Reich« (Klaus Wisotzky). Der Vortrag von Ursula Koch »Franken und Sachsen zwischen Rhein und Teutoburger Wald?« diente der Vorbereitung der Mehrtagesfahrt ins ehemalige Fürstentum Lippe. Die Tagesfahrten führten 1997 nach Duisburg mit Besichtigung der archäologischen Ausgrabungen und ins ehemalige kaiserlich-freiweltliche Stift Thorn in der Nähe von Roermond. Stadtteilführungen durch Borbeck und den Essener Südwesten sowie Besichtigungen der Ausstellungen »Transit« (Ruhrlandmuseum) und »Geschichte der Gaswirtschaft« (Gaseum) vervollständigten das vielseitige Programm.

All diese Aktivitäten waren zum Teil erfolgreiche Versuche, die Stagnation zu überwinden. Sie litten darunter, daß nur geringe Finanzmittel zur Verfügung standen und daß die Vereinstätigkeit ehrenamtlich ausgeübt wird. So nahm der Vorstand die Schaffung eines corporate design und die Entwicklung eines Vereinssignets nicht in Angriff.

Die Essener Beiträge behielten ihren Stellenwert als Publikationsorgan, in dem nach wie vor bedeutende Aufsätze zur Essener Stadtgeschichte erschienen. Für den Zeitraum 1984 bis 1995 sind vor allem die Arbeiten von Paul Derks zu erwähnen. Die in jeder Hinsicht vorbildliche Untersuchung zu den Siedlungsnamen der Stadt Essen ist zu einem unentbehrlichen Werk für die Ersterwähnungen der Essener Stadtteile und für deren Namensdeutung geworden.[21] Seine kritische Sichtung der Quellen über die Gründung des Stiftes und die daraus gefolgerte These, daß nicht der Bischof von Hildesheim Altfrid, sondern die als erste Äbtissin bezeugte Gerswid die Gründerin gewesen sei, haben eine lebhafte Diskussion ausgelöst. Wenngleich die Mehrheit der Forscher Derks nicht gefolgt ist – sie sehen in dem Stift eine Familiengründung, an der beide, Altfrid und Gerswid, beteiligt waren –, so hat die Abhandlung den Anstoß gegeben, sich wieder intensiv mit der Frühgeschichte des Stiftes zu beschäftigen, und Gerswid aus dem Dunkel der Vergangenheit geholt und ihren Anteil an der Gründung gewürdigt.[22]

Neuland beschritt Ute Braun mit ihrer Untersuchung der Testamente der Essener Stiftsdamen. Sie kritisierte, daß die »Frauen als Hauptträgerinnen solcher Einrichtungen in der historischen Forschung kein Thema« seien. Dies gelte auch für die Lokalforschung, die die Äbtissinnen und Stiftsdamen bisher »stiefväterlich« behandelt hätte.[23] Braun forderte einen »neuen, kritischen Ansatz zur Erforschung der Damenstifte«,[24] und löste dieses Postulat für das Stift Essen mit ihrem Aufsatz, der bisher geltende Urteile über die Fürstinnen-Äbtissinnen revidierte, und mit ihrer Dissertation[25] selbst ein.

Auch die Essener Beiträge der Jahre 1985 bis 1995 deckten abermals ein breites Spektrum ab. Kunsthistorische Abhandlungen[26] stehen neben detail-

---

21 Die Siedlungsnamen der Stadt Essen. Sprachliche und geschichtliche Untersuchungen, in: EB 100 (1985), S. 1–241. Siehe dazu die Rezension von Walter Hoffmann, in: Rheinische Vierteljahrsblätter 53 (1989), S. 262 ff. Siehe auch Der Ortsname Essen, in: EB 103 (1989/90), S. 27–51 u. In pago Borahtron. Zu einigen Ortsnamen der Hellweg- und Emscherzone, in: EB 99 (1984), S. 1–78.

22 Gerswid und Altfrid. Zur Überlieferung der Gründung des Stiftes Essen, in: EB 107 (1995), S. 1–190. – Kritisch dazu Schilp, Gründung und Anfänge; ders., Altfrid oder Gerswid, ders., 852 – Gründung; Jan Gerchow, Geistliche Damen und Herren. Die Benediktinerabtei Werden und das Frauenstift Essen (799–1803), in: Essen. Geschichte einer Stadt, hrsg. v. Ulrich Borsdorf, Essen 2002, S. 58–167, S. 71–75.

23 Frauentestamente. Stiftsdamen, Fürstinnen-Äbtissinnen und ihre Schwestern in Selbstzeugnissen des 17. und 18. Jahrhunderts, in: EB 104 (1991/92), S. 11–99, S. 14.

24 Ebenda, S. 88. – Siehe auch Ute Braun, Hochadelige Frauen des kaiserlich-freiweltlichen Damenstiftes Essen. Neue Fragestellungen, in: Bea Lundt (Hrsg.), Vergessene Frauen an der Ruhr. Von Herrscherinnen und Hörigen, Hausfrauen und Hexen – 800–1800, Köln u. a. 1992, S. 51–75. In diesem Beitrag zeigt sie an einigen Beispielen, »wie vorurteilsbeladen gegenüber den Stiftsdamen die Essener Geschichtsschreibung bisher vorgegangen ist«. Daraus – so ihre Schlußfolgerung – werde deutlich, »wie notwendig die weibliche Blickrichtung ist«. Ebd., S. 57 u. 58.

25 Ute Küppers-Braun, Frauen des hohen Adels im kaiserlich-freiweltlichen Damenstift Essen (1605–1803), Münster 1997.

26 Edith Birr, Die sieben freien Künste auf flämischen Wandteppichen des 17. Jahrhunderts. Interpretationen zu einer Bildteppichreihe in der Villa Hügel in Essen, in: EB 102 (1988), S. 1–82.

lierten wirtschaftsgeschichtlichen Studien[27]; literarhistorische Untersuchungen[28] neben Erinnerungen[29]. Die Architekturgeschichte[30] kam ebenso zu ihrem Recht wie die Schulgeschichte[31]. Zwar blieb Essen das zentrale Untersuchungsgebiet, doch einige wenige Aufsätze überschritten die Stadtgrenze.[32]

Archäologische Aufsätze gehörten schon immer zum Programm der Essener Beiträge, doch sie erschienen in unregelmäßigen Abständen. Mit den »Berichte(n) zu archäologischen Beobachtungen in Essen«, von Detlef Hopp und seinen Mitautoren verfaßt und erstmals in den Essener Beiträgen 105 (1993) zu lesen, wurden sie zum festen Bestandteil der Zeitschrift. Der Grund für die Einrichtung dieser Rubrik ist in dem Kampf zu sehen, den der Historische Verein zusammen mit vielen anderen für die Festanstellung eines Stadtarchäologen führte. Die Notwendigkeit, eine solche Stelle zu schaffen, war angesichts der zahlreichen Funde auf Essener Stadtgebiet nicht zu bestreiten, doch vorerst erlaubte die finanzielle Lage der Stadt keine Neuanstellungen. Indem sich eine breite Öffentlichkeit, bestens unterstützt von der Lokalpresse, für den Stadtarchäologen einsetzte – auch der Historische Verein führte Gespräche mit dem Oberstadtdirektor, der Baudezernentin, dem Vorsitzenden der SPD-Fraktion und dem Kulturdezernenten[33] –, gelang es, Detlef Hopp zunächst mit Hilfe von Sponsorengeldern befristet einzustellen, bis sich bei der Stadtverwaltung die moralische Verpflichtung ergab, die befristete Stelle in eine dauerhafte umzuwandeln.

Zum Erfolg der Kampagne trug nicht zuletzt die von der WAZ gestartete Aktion »Rettet die Stadtmauer« bei. Die Entdeckung von einigen Mauerresten aus dem 13. Jahrhundert am Pferdemarkt nahm die Zeitung zum Anlaß, einen Spendenaufruf zu veröffentlichen. Mit den eingegangenen Geldern sollten

27 Jürgen Lindenlaub/Renate Köhne-Lindenlaub, Unternehmensfinanzierung bei Krupp. 1811–1848, in: EB 102 (1988), S. 83–164.

28 Astrid Bold, Der Scheinwerfer. Blätter der Städtischen Bühnen Essen, in: EB 103 (1989/90), S. 119–150.

29 Wilhelm Alff, Aus meiner Schulzeit – Streifzüge der Erinnerung, in: EB 103 (1989/90), S. 159–174.

30 Andreas Benedict, Das Amerika-Haus in Essen: Architektur der 50er Jahre zwischen Tradition und Moderne, in: EB 105 (1993), S. 101–209.

31 Franz-Josef Wehnes, Schulkinder als Fabrikarbeiter: Über die Geschichte der Kettwiger Fabrikschule, in: EB 105 (1993), S. 31–59.

32 Helmut Gabel, Politische und soziale Konflikte in rheinischen und westfälischen Kleinterritorien vor dem Reichskammergericht, in: EB 103 (1989/90), S. 69–86; Irmgard Hantsche, Die Veränderung der politischen Landkarte am Niederrhein im Zeitalter der Französischen Revolution, in: ebd., S. 87–117.

33 StA Essen 412–27, Niederschrift der Vorstandssitzung v. 29. 11. 1993.

Teile der Stadtmauer freigelegt und dauerhaft sichtbar gemacht werden.[34] Die Anregung fand große Resonanz. Die Sparkasse gehörte zu den ersten, die eine namhafte Summe zusagten, während der Kulturdezernent Oliver Scheytt einen Arbeitkreis Stadt-Archäologie ins Leben rief.[35] Zu den Befürwortern der Aktion zählte auch der Historische Verein, dessen Geschäftsführer erklärte: »Die Archäologie erhält damit endlich die Aufmerksamkeit, die ihr seit Jahren gebührt. ... Der Historische Verein stellt sich für eine Zusammenarbeit innerhalb einer zu gründenden Arbeitsgruppe selbstverständlich zur Verfügung.«[36] Der Verein übernahm es, das Sonderkonto »Rettet die Stadtmauer« treuhänderisch zu verwalten, auf dem sich nach kurzer Zeit bereits 80.000 DM angesammelt hatten. Doch leider ließ sich kein zur Präsentation geeigneter Mauerrest finden. Daher diente das Geld zur Finanzierung des »Archäologisch-historischen Pfads« in der Innenstadt, der am 13. Dezember 1996 der Öffentlichkeit übergeben wurde.[37] An 16 Stellen wurden mit Fotos, alten Ansichten und Erläuterungstexten versehene Schautafeln installiert, die über die wichtigsten Ergebnisse archäologischer Ausgrabungen informieren und die Gestalt und die Geschichte von – zumeist verschwundenen – historischen Gebäuden vor Augen führen.[38]

Daß die Schriftleitung der Essener Beiträge der Stadtarchäologie jährlich Raum für ihre Berichte zugestand, war also nicht allein aus taktischen Gründen geschehen, sondern das Interesse der Leserschaft an archäologischen Neuigkeiten nahm zu, wie es auch die gut besuchten alljährlichen Präsentationen im Rathausfoyer unter Beweis stellen.[39]

Die letztendlich erfolgreiche Kampagne für die Stadtarchäologie bildete einen Schwerpunkt in der Vereinsarbeit der 1980er/1990er Jahre, eine zweite Konstante ist in der kritteligen Begleitung des neu konzipierten Ruhrlandmuseums zu sehen.

Das Ruhrlandmuseum sollte nach der Pensionierung von Bechthold im Jahre 1976 umgewandelt werden, wobei die Industrie- und Sozialgeschichte des Ruhrgebiets den Kern der neuen Ausstellung bildete. Die von einem Team

---

34 WAZ v. 20.4.1995.
35 WAZ v. 21.4.1995.
36 WAZ v. 22.4.1995.
37 WAZ v. 14.12.1996.
38 Siehe NRZ v. 14.12.1996; Detlef Hopp (Hrsg.), Stadtarchäologie in Essen, Bottrop – Essen 1999, S. 30–33; Harald Polenz, Götter, Gräber, Grubengold. Archäologie im Ruhrgebiet, Essen 2000, S. 43–53.
39 Hopp, Stadtarchäologie; ders., Angeschnitten. Eine Zeitreise durch 200.000 Jahre Stadtgeschichte, Essen 2004.

Abb. 49: Die Arbeiterküche – Teil der Dauerausstellung im Ruhrlandmuseum Essen

um Heinz Reif konzipierte Dauerausstellung »Vom Ruhrland zum Ruhrgebiet« fand überregionale Beachtung, nicht allein wegen der inhaltlichen Ausrichtung auf die moderne Sozialgeschichte, sondern vor allem wegen der ästhetischen Umsetzung. Das Museum hatte »innovative Präsentationsformen mit Objektensembles und inszenierten Bildräumen« eingesetzt.[40] Allerdings bedeutete die Konzentration auf das Industriezeitalter einen »Bruch mit der bisherigen Sammlungs- und Ausstellungskonzeption des Hauses«.[41]

Bei den konservativ eingestellten Mitgliedern des Historischen Vereins stieß die Neukonzeption auf Mißfallen, sie vermißten nicht nur die Geschichte des Stiftes sowie der mittelalterlichen und frühneuzeitlichen Stadt, sondern ihnen paßte die ganze Richtung nicht. Wilfried Vogeler beklagte in einem Leserbrief an die WAZ, daß die alte Idee des Ruhrlandmuseums, »an der Geschichte des Essener Raumes von der Vorzeit bis heute die Gesamtentwicklung des Ruhrgebietes zu verfolgen«, leider aufgegeben worden sei.[42]

40 Jamin/Kerner, Gegenwart der Dinge, S. 277.
41 Ebd., S. 276.
42 WAZ 2.3.1983.

Wenngleich das Unbehagen über die Neuausrichtung weiterhin schwelte, konnte sich der Verein zu keiner Stellungnahme aufraffen, zu sehr war er mit den eigenen Problemen beschäftigt.

Nicht nur der Historische Verein trauerte den alten Zeiten des ortsgeschichtlichen Museums nach, auch in der Öffentlichkeit wurde die Forderung nach einem Stadtmuseum wieder stärker diskutiert. Der zutreffenden Argumentation von Ulrich Borsdorf, seit 1986 Direktor des Ruhrlandmuseums, daß nicht genügend ausstellungswürdiges Material in den Depots vorhanden sei, um die Epochen des vorindustriellen Zeitalters adäquat darstellen zu können, widersprachen die Vorstandsmitglieder des Historischen Vereins vehement. Sie verwiesen auf die in Erinnerung gebliebenen Ausstellungsstücke, die noch in dem Vorgängerbau zu sehen gewesen waren. So beschloß der Vorstand am 9. Dezember 1991, »ein Memorandum zum Thema Stadtmuseum zu erstellen und die Erinnerungen an die entsprechenden Museumsstücke zu sammeln«.[43] Die Forderung nach einem stadtgeschichtlichem Museum bekräftigte der Vorsitzende Thomas Geer auf der Mitgliederversammlung am 26. März 1992, und er bat alle Mitglieder, die ihnen bekannten Objekte zu melden.[44]

Das Memorandum hat der Historische Verein trotz des Beschlusses nicht verfaßt. Vielleicht, weil deutlich wurde, daß die Stadt kein Stadtmuseum finanzieren wollte. In der Folgezeit kam es zu einer Annäherung zwischen Ruhrlandmuseum und Historischem Verein.[45] Zum einen war die ständige Präsentation durch eine vorindustrielle Abteilung erweitert worden. Zum anderen realisierte Jan Gerchow als Kurator für das Mittelalter und die Frühe Neuzeit 1995 die beeindruckende Ausstellung »Die Mauer der Stadt« mit einem lesenswerten Katalog[46], die den Erwartungen der Mitglieder entsprach und sie mit der stärkeren Ausrichtung auf die Moderne versöhnte.[47]

Spätestens 1997 mit der Wahl von Jan Gerchow in den Vorstand war das alte harmonische Verhältnis von Museum und Verein wieder hergestellt.

43 StA Essen 412-27, Niederschrift der Vorstandssitzung v. 9.12.1991.
44 StA Essen 412-29, Protokoll der Mitgliederversammlung.
45 Die Vorstandssitzung vom 14. Juni 1994 fand im Ruhrlandmuseum statt, bei der Ulrich Borsdorf dem Vorstand das Team des Museums vorstellte und einen Einblick in die Museumsarbeit gab. StA Essen 412-27, Niederschrift der Vorstandssitzung.
46 Die Mauer der Stadt. Essen vor der Industrie 1244 bis 1865, hrsg. v. Jan Gerchow u. dem Ruhrlandmuseum, Bottrop – Essen 1995.
47 Jan Gerchow wurde bei den Vorbereitungen zur Ausstellung aktiv von den Vorstandsmitgliedern unterstützt. Siehe auch seine spezielle Danksagung an Wilfried Vogeler im Katalog. Mauer der Stadt, S. 15.

8. Der Historische Verein heute

Gunter Annen war es in seiner Amtszeit als Vorsitzender zweifelsohne gelungen, den Verein zu konsolidieren und wiederzubeleben, was sich nicht allein an der Vielzahl der angebotenen Veranstaltungen ablesen läßt, sondern auch an der Mitgliederentwicklung, die ein geringes Plus aufwies. Daher war das Bedauern groß, als er 1999 ankündigte, den Vorsitz niederlegen zu wollen. Die Lücke war nicht leicht zu schließen, da kein »geborener« Nachfolger im Vorstand bereitstand.

Es waren für den Verein besonders glückliche Umstände, daß sich in Nordrhein-Westfalen mit den Kommunalwahlen 1999 die Stadtverfassung änderte und die sog. Doppelspitze, bestehend aus dem Oberbürgermeister als dem politischen Repräsentanten der Stadt und dem Oberstadtdirektor als dem Leiter der Verwaltung, abgeschafft wurde. In Essen endete damit die Amtszeit des Oberstadtdirektors Hermann Hartwich, der keinerlei Ambitionen auf den Oberbürgermeisterstuhl gehabt hatte.

Abb. 50: Hermann Hartwich

Hartwich, an Geschichte leidenschaftlich interessiert, war auf Anfrage gerne bereit, den Vorsitz im Historischen Verein zu übernehmen, doch er verknüpfte damit einen Wunsch. Er wollte nicht nur vom Vorstand erkoren werden, sondern die Mitglieder sollten ihn direkt wählen. Letzteres ließ sich erst nach einer Satzungsänderung drei Jahre später verwirklichen, doch bei der Wahl von Hartwich in den Vorstand im Jahre 2000 war allen Mitgliedern bewußt, daß damit die Übernahme des Vorsitzes verbunden war.

Die Wahl erwies sich als ein wahrer Glücksgriff. Dank der Reputation und des Bekanntheitsgrads des neuen Vorsitzenden gewann auch der Verein an Bedeutung. Dies unterstrich die Aufnahme von Hartwich in das Organisationskomitee für das Jubiläum »1150 Jahre Stift und Stadt Essen«, das im Jahre

2002 gefeiert wurde.[1] Zudem verfügte der Oberstadtdirektor a. D. über viele persönliche Kontakte, die bei den anstehenden Projekten von großem Nutzen waren.

Der Vorsitzende wurde und wird unterstützt durch eine harmonisch arbeitende Mannschaft, die eine gute Mischung darstellt aus erfahrenen und jungen Vorstandsmitgliedern, aus historisch interessierten »Laien« und »Berufshistorikern«. Sie alle bringen ihre Kompetenzen und Kontakte in die Vorstandsarbeit ein, die aus den unterschiedlichen Talenten Nutzen zieht.

Der Stadtarchivar Dr. Klaus Wisotzky, der 1995 die Nachfolge von Bogumil angetreten hatte, wurde bereits ein Jahr später in den Vorstand berufen. 1997 übernahm er die Herausgabe der Essener Beiträge und wurde 1998 zum stellvertretenden Vorsitzenden ernannt. Die beschwerliche Aufgabe der Schatzmeisterin erfüllte Gerda Holfort bis zum Jahre 2004, als sie diese an den Kriminalbeamten im Ruhestand Peter Spoor abgab. Als Geschäftsführer war der Archivar der Stadtwerke Jürgen Malone tätig, der 2005 von Dr. Thomas Dupke abgelöst wurde. Die Aufgabe des Schriftführers erledigt gewissenhaft der Bibliothekar Andreas Koerner, der zugleich im Kultur-Historischen Verein Borbeck tätig ist und dort die Borbecker Beiträge herausgibt.

Nachdem Jan Gerchow wegen seines Wechsels nach Frankfurt ausgeschieden war – er wurde Direktor des dortigen Stadtgeschichtlichen Museums –, bilden im Jubiläumsjahr die Riege der Beisitzer: Dr. Birgitta Falk, Leiterin der Domschatzkammer in Essen, Dr. Ute Küppers-Braun, Historikerin an der Universität Duisburg-Essen, Carsten Plewnia, Geschichtsstudent an der Heinrich-Heine-Universität Düsseldorf, Karlheinz Rabas, einer der Sprecher der Arbeitsgemeinschaft Essener Geschichtsinitiativen, Hans Schippmann, Direktor der Viktoriaschule, sowie Susanne Haeger und Gerda Holfort als kooptierte Beisitzer.

Der neue Vorstand führte einerseits die normale Vereinstätigkeit fort, er war aber andererseits bemüht, neue Wege zu beschreiten.

Das vielfältige Angebot der Veranstaltungen, über die das jeweilige Halbjahresprogramm informierte, bestand weiterhin aus Vorträgen, Ausstellungsbesuchen mit speziellen Führungen, Eintageswanderungen und -exkursionen sowie aus den Mehrtagesfahrten. Der Versuch, mit einer geführten Fahrradtour durch den Essener Norden neue Interessentenkreise anzusprechen, erwies sich als nicht erfolgreich. Da zuwenig Anmeldungen vorlagen, mußte die Tour schweren Herzens abgesagt werden.

---

1 Zum Jubiläum siehe Borsdorf u. a., 2002 – Essen feiert.

Bei den Vorträgen ist auch im neuen Jahrtausend eine bunte Vielfalt zu beobachten, wobei der Verein auf aktuelle Ereignisse[2] und die anstehenden Jubiläen[3] achtete. Doch er setzte bewußt auch einige Akzente und Schwerpunkt. Die Jahreshauptversammlung wurde ab dem Jahre 2000 jeweils von dem Vortrag eines namhaften Lehrstuhlinhabers eingeleitet:

Jürgen Reulecke, Die Zukunft der Geschichtsvereine (2000);
Klaus Tenfelde, Sozialer Wandel im Ruhrgebiet (2001);
Rainer Walz, Hexenverfolgung – Mythos und Realität (2002);
Lothar Gall, Die Firma Krupp nach 1945 (2003);
Christoph Nonn, An der Ruhr stimmen die Kohlen nicht mehr. Die Ruhrbergbaukrise 1958–1969 (2004).

2002 begann die Reihe »Essener Köpfe« mit Vorträgen über Theophanu (Referent: Torsten Fremer), Theodor Reismann-Grone (Stefan Frech), Dore Jacobs (Mark Roseman) und Philipp Müller (Ernst Schmidt). Sie wurde fortgesetzt mit biographischen Beiträgen über Salomon Samuel (Michael Zimmermann), Friedrich Hammacher (Stefan Przigoda), Alfred Fischer (Joachim Driller) und Margarethe Krupp (Ralf Stremmel). Einen zweiten Schwerpunkt bildete die frühe Stiftsgeschichte, wobei der Historische Verein von den Kontakten zum Ruhrlandmuseum und zum Arbeitskreis zur Erforschung der Frauenstifte profitierte. Über ihre neuesten Forschungsergebnisse berichteten u. a. Hedwig Röckelein (Reliquientranslationen vom 9. bis 11. Jahrhundert nach Essen), Katrinette Bodarwé (Kommunikation und Ausbildung. Das Damenstift Essen als Zentrum im frühen Mittelalter), Klaus Lange (Die Baugeschichte der Münsterkirche im 10. und 11. Jahrhundert) und Klaus Gereon Beuckers (Der Marsus-Schrein der Essener Stiftskirche und die Entstehung des Typus der rhein-maasländischen Reliquienschreine).

Stärkere Beachtung als zuvor fanden die Weimarer Republik, die NS-Zeit und die Nachkriegsgeschichte. Der Ruhraufstand 1920 (Berthold Petzinna) und die Ruhrbesetzung 1923 (Gerd Krumeich), das Arbeitserziehungslager Flughafen Essen/Mülheim (Gabriele Lotfi) und das Kriegsende 1945 (Klaus Wisotzky) wurden ebenso behandelt wie die soziale Entwicklung der Stadt Essen nach

2 Als die Entschädigung der ehemaligen Zwangsarbeiterinnen und -arbeiter in der Öffentlichkeit heftig und kontrovers diskutiert wurde, referierte Klaus Wisotzky am 21. Juni 2006 über die Situation in Essen.
3 Z.B. informierte am 21. Januar 2003 Gert Dethlefs über die Säkularisation vor 200 Jahren, und Hans Theo Grütter nahm am 17. Februar 2005 die Gründung des Ruhrlandmuseums vor 100 Jahren zum Anlaß, die Geschichte der Essener Museen Revue passieren zu lassen.

1945 (Peter Strohmeier/Klaus Wermker) oder die süditalienischen Arbeitsmigranten (Yvonne Rieker), um nur einige Beispiele zu nennen.
Die Einleitung zu den Ausführungen von Mark Roseman über Dore Jacobs
wird sicherlich vielen in Erinnerung bleiben. Einige der von Jacobs entwickelten Bewegungstänze führten Schülerinnen der nach ihr benannten Schule im
Foyer des Hauses der Technik vor. Ein besserer Auftakt zu dem glänzenden
Vortrag war nicht denkbar. So zählte der Abend, der zudem bestens besucht
war, zu den Höhepunkten in der langen Reihe der Veranstaltungen.

Auch die Essener Beiträge haben sich gewandelt, äußerlich und innerlich.
Eine erste Veränderung ergab sich durch den Beschluß, die einzelnen Aufsätze
stärker zu bebildern. Die Maßnahme, die erstmals in Band 113 (2001) umge-
setzt wurde, fand Gefallen bei den Mitgliedern. Der Folgeband erschien dann
als Hardcover und in einer neuen Farbe – ein kräftiges Blau löste das Tauben-
Blau ab. Auch diese Neuerungen hießen die Mitglieder gut. Ob die nochmalige
Veränderung im Jubiläumsjahr Anklang finden wird, bleibt abzuwarten. Der
Verein hat die langjährige Diskussion über ein einheitliches corporate design
beendet und für eine einheitliche Gestaltung votiert, in die sich auch die Essener Beiträge einfügen müssen.

Inhaltlich haben die Essener Beiträge einen ähnlichen Wandel vollzogen wie
die Vortragsveranstaltungen, indem vermehrt Beiträge zum Druck kamen, die
sich mit den unterschiedlichsten Aspekten der NS-Zeit auseinandersetzten.
Im Band 112 (2000) porträtierte Klaus Wisotzky den Schriftsteller Richard
Euringer, der 1933 zum Leiter der Stadtbibliothek ernannt wurde und der eine
verhängnisvolle Rolle bei der Bücherverbrennung in Essen gespielt hatte. Die
Verfolgung und Ermordung der Essener Sinti und Roma ist Thema der ein-
gehenden Abhandlung von Michael Zimmermann im selben Band, während
Ernst Schmidt die Bluttat am Montagsloch darstellte, bei der im März 1945 die
Polizei 35 inhaftierte Zwangsarbeiter ohne Gerichtsurteil erschossen hatte.
Eine detaillierte Dokumentation zu allen Luftangriffen auf Essen während des
Zweiten Weltkriegs legte Norbert Krüger vor (EB 113 – 2001), und Martin Feyen
widmete sich der Verfolgung von »Rassenschande« im Ruhrgebiet (EB 115 –
2003). Auch die Zeit nach Kriegsende fand stärkere Berücksichtigung. Sabine
Voßkamp analysierte in ihrer Magisterarbeit auf sozialstatistischer Basis die
Veränderungen in der Essener Sozialstruktur, die die Bergbaukrise ausgelöst
hatte, und schilderte eingehend den Wandlungsprozeß im katholischen Milieu
(EB 115 – 2003). Weitere Beiträge beschäftigten sich mit der Geschichte der Päd-
agogischen Hochschule 1962–1972 (EB 111 – 1999), der Demonstration gegen
Remilitarisierung am 11. Mai 1952, während der ein Demonstrant erschossen
wurde, und den italienischen Arbeitsmigranten (EB 114 – 2002). Trotz die-

ser neuen Akzentsetzung fehlten die Aufsätze zum Mittelalter und zur Frühen Neuzeit keineswegs. Erwähnt seien: Monika Fehse, Essener Beginen im 15. Jahrhundert (EB 109 – 1997), Stefan Hirschmann, Friedrich Hugenpoet – Ein Schreiber und Illuminator aus der Benediktinerabtei Werden (EB 110 – 1998), Kay Peter Jankrift, »Myt dem Jammer der Pestilenz beladen«. Seuchen und die Versorgung Seuchenkranker in Essen vom späten Mittelalter bis zum Beginn der Frühen Neuzeit (EB 111 – 1999) und Ute Küppers-Braun, Zwangstaufen, Kindesentführung und Tumulte bei Beerdigungen (EB 115 – 2003). Hinzu kommt die wichtige, von Hermann Burghard bearbeitete und eingeleitete Edition der zwei Aufnahmebücher der Kaufleutegilde, die im Jahre 1449 einsetzen und bis 1791 fortgeführt wurden. Nicht nur für die Essener Wirtschaftsgeschichte, sondern auch für Genealogen ist damit eine wertvolle Quelle leicht zugänglich (EB 111 – 1999).

Die Resonanz auf die Essener Beiträge war stets positiv sowohl bei den Mitgliedern als auch bei der Lokalpresse, die regelmäßig über den neu erschienenen Band berichtete. Allerdings übertraf ein Aufsatz in der Außenwirkung alle anderen. In Band 114 (2002) erschien unter dem Titel »Von der Vaterschaft freigekauft« ein kleinerer Beitrag von Burkhard Beyer, in dem er die Herkunft und die Biographie von Wilhelm Alfried Löbbert schilderte. Die große Aufmerksamkeit, die der Aufsatz erfuhr, rührte daher, daß Löbbert ein unehelicher Sohn von Alfred Krupp war, eine Tatsache, die der Krupp-Forschung bis dahin unbekannt war. »Die Bauerstochter und der Fabrikant« titelte die NRZ am 11. Februar 2003.[4] Die Nachfahren der Familie Löbbert, bei denen die Darlegungen auf besonders großes Interesse stießen, konnten weitere Dokumente zur Verfügung stellen, so daß Burkhard Beyer im nächsten Band einen Nachtrag lieferte.

Mit der Herausgabe der Essener Beiträge, mit den Vorträgen und Exkursionen bewegte sich der Historische Verein in alten Bahnen, auch wenn inhaltlich neue Akzente gesetzt wurden. Neuland beschritt der Verein aber im Jahre 2002, als er im Rahmen des Jubiläums »1150 Jahre Stift und Stadt Essen« in Zusammenarbeit mit dem Stadtarchiv einen Geschichtswettbewerb zum Thema »Zwangsarbeit in Essen« ausschrieb.[5] Dadurch sollten Schülerinnen und Schüler angeregt werden, sich mit diesem düsteren Kapitel der deutschen und der Essener Geschichte zu beschäftigen. Zur Vorbereitung des Wettbewerbs

---

4 Siehe auch WAZ v. 11.2.2003 »Krupps unehelicher Sohn«.
5 Zum folgenden siehe Klaus Wisotzky, Zwangsarbeit in Essen. Erfahrungen mit dem Geschichtswettbewerb für Schülerinnen und Schüler, in: Industriedenkmalpflege und Geschichtskultur 2002/2, S. 61–63; EB 114 (2002), S. 269 u. 115 (2003), S. 407–410.

Abb. 51: Umschlag der Broschüre Zwangsarbeit in Essen

wurde ein 56seitiges Begleitheft[6] erstellt, in dem Themenvorschläge, eine Quellenübersicht, Literaturhinweise und eine ausführliche Einführung in das Thema zu finden waren. Das Heft, das alle Lehrerinnen und Lehrer der Fächer Geschichte, Politik etc. kostenlos erhielten, fand allgemein großen Anklang, wobei die Anfragen aus ganz Deutschland kamen. So wurde es auch der Pressemappe der bundesweiten Initiative »Spuren suchen – Brücken bauen« beigefügt. Die erste Auflage von 1.000 Exemplaren war schnell vergriffen, weshalb der Historische Verein nochmals 750 Stück nachdrucken ließ.

Der Wettbewerb, bei dem Preise in Höhe von insgesamt 10.000 DM ausgeschrieben waren, startete am 26. März 2001 im Essener Ratssaal. Nach der Begrüßung durch den Oberbürgermeister Dr. Wolfgang Reiniger referierte Prof. Dr. Ulrich Herbert von der Universität Freiburg, der wohl beste Kenner der Materie. Geworben wurde durch Plakate und Flyer, und sehr hilfreich war die Unterstützung seitens der Lokalpresse.

Die Teilnehmer hatten mit großen Schwierigkeiten zu kämpfen, denn die Quellenlage für Essen ist recht desolat. Um so höher waren der Einsatz und das Engagement der 11 Preisträger zu bewerten, die all diese Hürden überwunden hatten.

Die Preisverleihung fand am 16. Juni 2002 in der Luisenschule statt, ein geschichtsträchtiger Ort, denn die Schule diente von 1942 bis Kriegsende als städtisches Zwangsarbeiterlager. Mit einem 1. Preis wurden zwei Projekte der Gesamtschule Holsterhausen ausgezeichnet, ein Film der Projektgruppe aus den Klassen 8 und 9 sowie eine Gesamtarbeit der Klasse 6a, bestehend aus Zeichnungen, Nachbildungen einer Lagersituation, Interviews und Dokumentation. Die Qualität der eingegangenen Arbeiten war derart überzeugend, daß sich der Historische Verein ermutigt fühlte, zu seinem Jubiläumsjahr einen zweiten Wettbewerb zu starten.

Da die Ausstellung »Krone und Schleier. Kunst aus mittelalterlichen Frauenklöstern« im Ruhrlandmuseum das Jahr 2005 in Essen – historisch gesehen – prägen sollte, nahm der Verein dies zum Anlaß, als Thema des Wettbewerbs »Frauen in Essen« zu wählen.[7] Wiederum erschien eine Broschüre mit Themenvorschlägen – erarbeitet von Jan Gerchow und Klaus Wisotzky – und zwei

---

6 Zwangsarbeit in Essen, bearb. v. Klaus Wisotzky, hrsg. v. Historischen Verein u. Stadtarchiv Essen, Essen 2001.
7 Zum folgenden siehe Klaus Wisotzky, »Frauen in Essen« – Der Geschichtswettbewerb des Historischen Vereins Essen, in: Industriedenkmalpflege und Geschichtskultur 2004/2, S. 74 f.

Frauen in Essen

Zweiter Geschichtswettbewerb für Schülerinnen und Schüler

Ausgeschrieben vom Historischen Verein für Stadt und Stift Essen in Verbindung mit dem Ruhrlandmuseum und dem Stadtarchiv Essen

Abb. 52: Flyer FRAUEN IN ESSEN

Aufsätzen[8] zur Einführung. Zudem konnte Prof. Dr. Bea Lundt zur Eröffnung gewonnen werden, deren Vortrag die Essener Beiträge übernahmen.[9]

Wie beim ersten Mal fand auch der zweite Wettbewerb großen Anklang, wobei es starke Unterschiede zwischen den einzelnen Schulen gab. War es zuvor die Gesamtschule Holsterhausen, die sehr stark engagiert war, so jetzt das Mädchengymnasium Borbeck, das die meisten Teilnehmer stellte und die meisten Arbeiten einreichte und daher den erstmals ausgeschriebenen Schulpreis gewann. Mehr als 40 Beiträge wurden eingesandt, von Schülerinnen und Schülern beinahe aller Jahrgangsstufen. Gleichfalls waren die unterschiedlichen Schulformen beteiligt: Realschule, Gesamtschule, Gymnasium und Berufskolleg. Den ersten Preis sprach die Jury Maike Dedering und Kim Schesna, zwei Schülerinnen der Klasse 6c des Mädchengymnasiums Borbeck, zu, die sich eingehend mit der Geschichte der Fürstäbtissinnen beschäftigt hatten. Ihre Beiträge, mit Liebe und viel Sorgfalt zusammengestellte Mappen, versehen mit Fotos und Zeichnungen, beeindruckten durch ihre eigenständigen Texte, aber auch durch die ansprechende Gestaltung.

Aus eigener Kraft hätte der Verein die beiden Geschichtswettbewerbe nicht realisieren können. Nur dank der großzügigen Förderung v.a. durch die Sparkasse Essen konnten die Begleithefte gedruckt und kostenlos abgegeben werden, ließen sich die Preise ausschreiben, um Kinder und Jugendliche für ein

8 Ute Küppers-Braun, Liebesbriefe einer Äbtissin. Elisabeth von Bergh-s'Heerenberg, Äbtissin der freiweltlichen Damenstifte Essen und Freckenhorst (1605–1614) u. Julia Paulus, Erziehung, Ausbildung, Arbeit und Politik. Geschichte von Frauen im 19. und 20. Jahrhundert.
9 Männer und Frauen in der Stadt, in: EB 116 (2004), S. 353–361.

historisches Projekt zu begeistern.[10] Daher sei an dieser Stelle ein herzlicher Dank ausgesprochen.

Erinnerungsmale sind auch die »Stolpersteine«, die der Kölner Künstler Gunter Demnig seit 2004 in Essen verlegt und mit denen er an die Opfer des NS-Regimes erinnert. Der Text, der auf den 10 × 10 × 10 cm großen Betonsteinen mit einer verankerten Messingplatte zu lesen ist, beginnt mit den Worten »Hier wohnte«. Es folgen dann der Name, die Lebensdaten – soweit bekannt – und die Todesumstände. Verlegt werden die Steine zumeist vor dem Haus, in dem die Opfer vor ihrer Deportation oder vor ihrem Tode gewohnt haben. Für Demnig ist die Verankerung im öffentlichen Straßenraum besonders wichtig. Man soll darüber »stolpern«. Die Erinnerungsmale liegen nicht fernab, sondern das Gedenken wird »in unsere Lebensmitte gerückt«.[11]

Mit seiner »Erinnerungsarbeit« begann Demnig 1997 in Köln, wo inzwischen mehr als tausend Stolpersteine verlegt worden sind.[12] In Essen griff die Idee der Ex-Oberbürgermeister Peter W. Reuschenbach auf, der den Historischen Verein als Kooperationspartner und Organisator gewann. Im März 2004 wandte sich Reuschenbach an die Öffentlichkeit mit der Bitte, das Projekt mit einer Spende – ein Stein kostet 95 Euro – zu unterstützen.[13] Der Aufruf stieß auf große Resonanz, und die ersten Einzahlungen auf das vom Historischen Verein eingerichtete Sonderkonto erlaubten recht schnell die Verlegung der ersten Steine, die am 18. Mai erfolgte. Erinnert wurde an Alfred, Emma, Leo und Walter Cussel, die als Juden ins KZ Izbica deportiert worden waren, und an den Bergwerksdirektor der Zeche Victoria Matthias, Walter Ricken, der wegen seiner regimekritischen Äußerungen denunziert und dann hingerichtet worden war.[14]

Wer sich an dem Projekt beteiligt, hat auch die Möglichkeit, die Patenschaft für eine bestimmte, von ihm ausgewählte Person zu übernehmen. So stiftete der Historische Verein für sein langjähriges Vorstandsmitglied Salomon Heinemann und dessen Ehefrau Anna zwei Steine, die in der Zweigertstraße verlegt werden.

Das Projekt wird den Verein in den kommenden Jahren weiter beschäftigen. Auf seiner Internet-Seite sollen demnächst die Lebenswege der Ermordeten in

---

10 Kommentar einer Mutter: »Wir konnten das Wort Fürstäbtissin bald gar nicht mehr hören, so oft wurde uns von dem Projekt erzählt.«
11 Wolfgang Jorzik, Stolpern, heißt auch darauf stoßen.
12 Siehe Nicolaus Neumann, Der Spurenleger, in: art 9/2004, S. 80–85.
13 NRZ v. 23.3.2004; WAZ v. 3.4.2004; NRZ v. 7.4.2004; WAZ v. 7.4.2004.
14 NRZ v. 19.5.2004; WAZ v. 19.5.2004.

Kurzbiographien beschrieben werden. Ebenso gibt es bald den Überblick, wo überall im Stadtgebiet man über die Erinnerungsmale »stolpern« kann.

Der Historische Verein, der das dunkelste Kapitel der deutschen Geschichte solange ignoriert hat, engagiert sich nun in der Hoffnung, daß die Beschäftigung mit den Opfern der NS-Gewaltherrschaft dazu beiträgt, die Zivilcourage und das Engagement für ein demokratisches Zusammenleben zu stärken.

Die Unterstützung durch Dritte war auch bei einem anderen Jubiläumsprojekt unabdingbar, bei der Erweiterung des archäologischen Pfades.[15] Dieser hatte stark unter dem zeittypischen Vandalismus gelitten. Die Informationstafeln waren zerkratzt, besprüht und teils ganz zerstört worden. Eine Erneuerung war also unumgänglich. Der Historische Verein wollte sich nicht auf die Renovierung der Tafeln beschränken, sondern sein Wunsch zielte auf eine Erweiterung des archäologischen zu einem historischen Pfad durch die Innenstadt. Dazu mußten weitere Tafeln, die auf bedeutende Orte und Gebäude aus dem 19. und 20. Jahrhundert verweisen, geschaffen werden.

Letztendlich ließ sich das Vorhaben verwirklichen, weil sich genügend Sponsoren und Kooperationspartner fanden, die zur Realisierung beitrugen.[16] Am 11. September, am Tag des offenen Denkmals, eröffnete Oberbürgermeister Wolfgang Reiniger den neuen historischen Pfad. Erhalten normalerweise Geburtstagskinder ein Präsent, so hat der Historische Verein den Brauch umgekehrt und der Stadt und der Bevölkerung ein Geschenk gemacht, mit dem sie hoffentlich noch lange Freude haben werden und das auch den Auswärtigen die Stadtgeschichte näher bringt.

Wenn ein 60jähriger einem Geschichtsverein beitritt, dann senkt er sogleich das Durchschnittsalter. Was sich wie ein Witz anhört, ist leider bittere Realität. Auch beim Historischen Verein Essen beträgt das durch eine Umfrage ermittelte Durchschnittsalter 63 Jahre. 75 Prozent seiner Mitglieder sind vor 1950 geboren worden.[17] Diese Überalterung, mit der alle historischen Ver-

---

15 Zum archäologischen Pfad siehe oben S. 201.

16 Es waren dies: Alfred und Cläre Pott-Stiftung, Bezirksvertretung I, Entsorgungsbetriebe Essen, E.ON Ruhrgas AG, Kulturstiftung Essen, Messe Essen, Rheinisch-Westfälische Verlagsgesellschaft mbH/Neue Ruhr-Zeitung Essen, RWE Rhein-Ruhr AG, Sparkasse Essen, Stadtwerke Essen AG sowie die Leserinnen und Leser der Westdeutschen Allgemeinen Zeitung. Ihnen allen sei auch an dieser Stelle herzlich gedankt!

17 Die Aussagen wurden aufgrund einer Fragebogenaktion gemacht. Von den 300 Mitgliedern haben 114 den Fragebogen ausgefüllt zurückgeschickt. Wenngleich also alle Angaben dieses und der folgenden Kapitel nur einen Annäherungswert darstellen, so verfügen sie dennoch über eine gewisse Aussagekraft.

eine zu kämpfen haben, läßt sich kaum überwinden. Ein Patentrezept hat der Historische Verein leider nicht gefunden.

Unterstellen wir der durchgeführten Umfrage eine gewisse Repräsentativität, dann hat sich die Sozialstruktur des Vereins im Vergleich zum Kaiserreich und zu den 1920er Jahren grundlegend gewandelt. Er ist nicht mehr der Verein, den das Essener Wirtschaftsbürgertum prägt. Nur noch 15 der 114 antwortenden Mitglieder gehören der Gruppe Kaufleute/Industrielle an, während die Gruppe der Lehrer und des Verwaltungspersonals 17 bzw. 21 Nennungen zu verzeichnen hat. Stärker vertreten sind die technischen Berufe (13) und die Angestellten (7). Als Arbeiter hat sich niemand in die Fragebogen eingetragen. Kennzeichnend ist zudem die Professionalisierung im Bereich Geschichte, die sich auch in der Statistik niederschlägt. Mit 15 Personen in den Bereichen Universität, Archiv, Museum besitzt diese Gruppe einen ebenso großen Anteil an der Mitgliedschaft wie die der Kaufleute und Industriellen. Die Daten zeigen, daß der Verein nunmehr von den Mittelschichten getragen wird. Es gehört beim Spitzenpersonal der Wirtschaft, bei den Vorstandsmitgliedern der in Essen ansässigen großen Unternehmen, leider nicht mehr zum guten Ton, sich dem Historischen Verein anzuschließen. Die Manager der Konzerne engagieren sich eher beim Museum Folkwang oder im Freundeskreis Theater und Philharmonie Essen e.V..

Mußte in den vergangenen Jahren eine Stagnation bei der Mitgliederzahl, wenn nicht gar ein leichter Rückgang konstatiert werden, so hat das Festjahr dem Verein einen Aufschwung beschert, wie er nicht für möglich gehalten wurde. Nicht nur der Oberbürgermeister füllte den Antrag auf Mitgliedschaft aus, gleich ihm taten es im Jahre 2005 85 andere, so daß der Verein zum Jahresende 386 eingeschriebene Mitglieder aufwies, eine Marke, die seit Ende des Zweiten Weltkrieges noch nicht erreicht wurde. Ursächlich dafür waren sicherlich die ausführliche Berichterstattung in der Lokalpresse über die Jubiläumsaktivitäten, die breit gestreute Verteilung des Jubiläumsprogramms, aber auch das neue zeitgemäße corporate design, das Karsten Moll für die Plakate, das Programm, die Werbeflyer, die Homepage und das Briefpapier entworfen hatte.

Die »Festwochen« zum 125jährigen Bestehen des Vereins begannen am 11. September 2005 mit der Eröffnung des Denkmalpfades und einer sich daran anschließenden, bestens besuchten Talkshow mit Wulf Mämpel, die unter dem Motto »Zukunft braucht Herkunft« stand. Dem Auftakt folgte die Vortragsreihe »Vereine in Essen«, bei der Klaus Nathaus, Thomas Dupke, Uwe Wick, Wulf Mämpel, Gerhard Hofmann und Klaus Wisotzky referierten. Die Konferenz »Bildungsvereine im Ruhrgebiet« am 21. Oktober 2005 beendete den

Abb. 53: Oberbürgermeister Dr. Reiniger wird Mitglied des Historischen Vereins

wissenschaftlichen Teil des Jubiläumsprogramms.[18] Der folgende Tag stand ganz unter dem Zeichen der Freude und des Feierns. Der Festakt mit der Begrüßung durch den Vorsitzenden Hermann Hartwich, den Grußworten des Oberbürgermeisters Dr. Wolfgang Reiniger, des Prälaten Dieter Schümmelfeder und des Superintendenten Helmut Keus sowie der großartigen Festansprache von Prof. Dr. Jürgen Reulecke über »Geschichtsvereine und Erinnerungskulturen heute und morgen«[19], eingerahmt von den Darbietungen des Mädchenchores am Essener Dom unter der Leitung von Prof. Raimund Wippermann, bildete den Höhepunkt des Vereinsjubiläums, zu dem auch das Geschichtsfest, bei dem sich Essener Geschichtsinitiativen und -vereine[20] im Foyer der VHS präsentierten, und die Vorführung historischer Filmdokumente zur Essener Stadtgeschichte durch Paul Hofmann beitrugen. Die vielen Gäste, die trotz strömenden Regens gekommen waren, werden es nicht bereut haben. Der Festtag stand, vom Wetter abgesehen, unter einem guten Stern und wird wohl allen in bester Erinnerung bleiben.

18 Referenten waren Prof. Dr. Otto Dann, Dr. Ulrike Laufer, Prof. Dr. Manfred Rasch, PD Dr. Ralf Stremmel, PD Dr. Michael Zimmermann und Martin Rapp.
19 Der Festvortrag wird im nächsten Band der Essener Beiträge veröffentlicht werden.
20 Die Geschichtsvereine und -initiativen hatten den Historischen Verein schon in den Wochen zuvor tatkräftig unterstützt, indem sie Stadtteilführungen und Vorträge angeboten hatten.

9. Impressionen von der 125-Jahr-Feier

Abb. 54: Der Mädchenchor am Essener Dom

Abb. 55: Der Vorsitzende des Historischen Vereins, Hermann Hartwich

Abb. 56: Oberbürgermeister Dr. Wolfgang Reiniger

Abb. 57: Prälat Dieter Schümmelfeder

Abb. 58: Superintendent Helmut Keus

Abb. 59: Der Festredner, Prof. Dr. Jürgen Reulecke

Abb. 60: Der ehemalige Vorsitzende Dr. Gunther Annen im Gespräch mit Dr. Klaus Wisotzky

Abb. 61: Am Stand des Historischen Vereins: Dr. Thomas Dupke, Susanne Haeger, Dr. Ute Küppers-Braun und Inge Schröder

Abb 62: Dr. Thomas Dupke, Geschäftsführer des Historischen Vereins

Abb. 63: Karsten Plewnia bei der Werbung neuer Mitglieder

Abb. 64– 69: Das Stadtarchiv und die Essener Geschichtsvereine feiern mit ...

SCHLUSS

Ziehen wir eine Bilanz nach 125 Jahren Vereinsarbeit, so überwiegt trotz aller Kritik im einzelnen das Positive. Der Historische Verein zeichnete sich nicht nur durch seine wissenschaftlichen Leistungen aus, sondern auch durch sein bürgerschaftliches Engagement.

➤ Er war Mitbegründer des ortsgeschichtlichen Museums, in dessen Besitz seine Sammlungen übergingen.

➤ Er kämpfte seit seiner Gründung für ein hauptamtlich besetztes Stadtarchiv. Bis 1936, als seine Bemühungen endlich Erfolg zeitigten, waren es die Vorsitzenden oder Vorstandsmitglieder, die die ehrenamtliche Betreuung der städtischen Archivalien übernahmen.

➤ Seine Büchersammlung bildete den Grundstock für die stadtgeschichtliche Abteilung der Stadtbibliothek, die vermehrt wurden durch den Schriftentausch des Vereins und vor allem durch die testamentarisch verfügte Schenkung der Grevelschen Bibliothek.

An diesen Einsatz zugunsten der Stadt knüpfte der Verein in der jüngsten Vergangenheit wieder an. Er unterstützte und unterstützt tatkräftig die Realisierung des zukünftigen »Haus der Essener Geschichte«, das 2008 sein Domizil in der Luisenschule finden soll.[1] Der Vereinsvorsitzende übernahm auch gerne den Vorsitz im gesellschaftlichen Beirat für das neue Institut. Der Verein »schenkte« der Öffentlichkeit den erweiterten Denkmalpfad in der Innenstadt, und er fühlt sich verantwortlich für die Organisation der »Stolpersteine«.

Dieses Engagement ist nicht gering einzuschätzen, doch noch größeren Verdienst erwarb sich der Verein durch die Herausgabe der Essener Beiträge, die seit 1881 kontinuierlich erscheinen. 117 Bände zeugen nicht allein vom Fleiß der Lokalhistoriker, sondern sie sind unverzichtbare Bausteine der Stadt- und Stiftsgeschichte. Jeder Forscher, der über ein Thema der Essener Geschichte arbeitet, muß auf die Essener Beiträge zurückgreifen, ja auch jede Forscherin, selbst wenn sie – zurecht – die Vernachlässigung der Essener Frauen in der Vereinszeitschrift beklagt. Natürlich besitzen nicht alle Beiträge ihren Wert bis heute, viele waren zeitgebunden, sind durch neuere Kenntnisse überholt, dennoch ist der Forschungsertrag insgesamt sehr hoch einzuschätzen. Die

---

1 In das »Haus der Essener Geschichte« werden eingebracht: das Stadtarchiv mit seinen umfangreichen und bedeutenden Beständen, das Archiv Ernst Schmidt, das sich zur Zeit im Ruhrlandmuseum befindet, die umfangreichen Zeitungsbestände der Stadtbibliothek, die stadtgeschichtliche Abteilung der Stadtbibliothek, die neue Dauerausstellung »Essen im Nationalsozialismus« (Arbeitstitel) und die Bibliothek der Westdeutschen Gesellschaft für Familienkunde – Bezirksgruppe Essen.

Essener Beiträge waren und sind daher das gewichtigste Publikationsorgan zur Essener Geschichte.

Trotz dieses positiven Urteils bleiben Desiderate zu beklagen. Die Geschichte der Essener Arbeiterschaft und der Arbeiterbewegung wurde sehr stiefmütterlich behandelt. Gleiches gilt auch für die Geschichte der Weimarer Republik und der NS-Zeit. In allen Bereichen gibt es noch vieles aufzuarbeiten. Erstaunlicherweise trifft dies auch für die Sozial- und Kulturgeschichte des Essener Bürgertums zu, obwohl der Historische Verein doch ein durch und durch bürgerlicher Verein war. Dennoch wissen wir kaum etwas über die Lebensweise der Bürger, über ihre Organisationen und über ihre politischen Einstellungen.[2]

In den letzten Jahren hat die Krupp-Forschung einen erfreulichen Aufschwung genommen.[3] Doch das Hauptaugenmerk der Studien lag auf der Unternehmensentwicklung. Das Verhältnis der Gußstahlfabrik zur Stadt, die sich gerne mit den Beinamen »Kanonenstadt« und »Waffenschmiede des Reiches« schmückte, wurde hingegen nur in Ansätzen thematisiert. Auch in diesem Bereich wartet viel Arbeit auf die Forschung.

Mit den Essener Beiträgen, aber auch mit den Vortragsabenden und den Exkursionen, hat der Historische Verein erheblich zur Vermehrung und Verbreitung der lokalhistorischen Kenntnisse beigetragen, und er war maßgeblich an der Essener Geschichtsschreibung beteiligt. Die für ihre Zeit Maßstäbe setzenden Stadtgeschichten von Ribbeck und Jahn stammen aus der Feder des Vorsitzenden bzw. eines wichtigen Vorstandsmitglieds. Gleiches gilt für die anläßlich des Stadtjubiläums 2002 erschienene Darstellung »Essen – Geschichte einer Stadt«, fast alle an ihr Beteiligten sind Mitglieder des Vereins. Sie haben damit das Geschichtsbild entscheidend geprägt und damit auch zur lokalen Identität beigetragen, wie es sich der verdienstvolle Oberbürgermeister Zweigert von der Stadtforschung erhofft hatte.

Die Vorsitzenden und die Vorstandsmitglieder begnügten sich bis in die Ära Mews hinein nicht mit der Geschichtsforschung und der Kenntnisvermittlung, sie wollten darüber hinaus die Vaterlandsliebe erwecken bzw. verstärken, sie sahen in der Heimatgeschichte eine Möglichkeit zum Ausgleich

---

2 Erfreuliche Ausnahme: Thomas Dupke, Die Unternehmerfamilie Baedeker und das Essener Bürgertum im 19. Jahrhundert, in: Dorothea Bessen/Klaus Wisotzky (Hrsg.), Buchkultur inmitten der Industrie. 225 Jahre G. D. Baedeker in Essen, Essen 2000, S. 114–148; für Kettwig siehe Ulrich S. Soénius, Wirtschaftsbürgertum im 19. und frühen 20. Jahrhundert. Die Familie Scheidt in Kettwig, Köln 2000.

3 Aus der Vielzahl der Publikationen seien nur genannt: Klaus Tenfelde (Hrsg.), Bilder von Krupp. Fotografie und Geschichte im Industriezeitalter, München 1994; Gall, Krupp; Lothar Gall (Hrsg.), Krupp im 20. Jahrhundert, Berlin 2002.

sozialer Spannungen oder – nach dem Zweiten Weltkrieg – die »Heilkräfte für unser bedrohtes, entwurzeltes und irrendes Volk« (Mews). Die weiterführenden Legitimierungen der Vereinsaktivitäten zeigen das politische Eingespanntsein des Vereins, obwohl er sich nach außen stets unpolitisch gab. Im Kaiserreich war seine national-konservative Einstellung nicht zu übersehen, ebenso finden wir zahlreiche Bekenntnisse zum NS-Staat. Diese Verstrickungen in das System wurden aber in den 1950er und 1960er Jahren nicht thematisiert, vielmehr versuchte die Vereinserzählung den Eindruck zu erwecken, als sei der Historische Verein mit der Gleichschaltung oder gar einem Verbot bedrängt worden. Es hat lange – zu lange – gedauert, bis sich der Verein mit den »braunen Jahren« auseinandersetzte. Das Schweigen wirkte sich nachteilig aus, denn andere Institutionen in der Stadt griffen diese die Öffentlichkeit interessierenden Themen auf.

Heute sind wir bescheidener geworden. Wir haben uns keine politischen oder gesellschaftlichpolitischen Ziele gesetzt, auch wenn wir hoffen, zur »Historisierung des Bewußtseins« (Jürgen Reulecke) unser Scherflein beizutragen. Anläßlich des Stadtjubiläums 2002 ist konstatiert worden, daß intensiver denn je in Essen »ein kontinuierlicher, professioneller Diskurs um Vergangenheit, Erinnerung und Geschichte« stattfände, »der einer Großstadt sehr gut ansteht«.[4] Der Historische Verein kann ein nicht ganz unbedeutender Part dieses Diskurses sein.

4 Borsdorf u. a., 2002 – Essen feiert, S. 21.

Quellen- und Literaturhinweise[1]

Historisches Archiv Krupp

FAH. 21/2203
WA 4/1069

Stadtarchiv Essen

Bestand 45-	Aktenabgaben nach 1945
Bestand 102	Akten der Stadt Essen 1815–1945
Bestand 140	Personalakten
Bestand 141	Lehrerpersonalakten
Bestand 412	Historischer Verein für Stadt und Stift Essen
Bestand 615	Nachlaß Feldens
Bestand 652	Nachlaß Reismann-Grone
Bestand 703	Nachlaß Mews
Bestand 1049	Stadtbibliothek

Allgemeiner Deutscher Sprachverein, 25 Jahre Vereinsarbeit im Zweigverein Essen 1889–1914, Essen 1914

ALTE SYNAGOGE (Hrsg.), Ein Haus, das bleibt. Aus Anlass 20 Jahre ALTE SYNAGOGE Essen, Essen 2000

Karlheinz Arens, Franz Arens, in: Heimatstadt Essen – Jahrbuch 1959/60, S. 85–87

Wilhelm Astrath, In memoriam: Prälat Dompfarrer Domkapitular Josef Zaunbrecher – Rendant Oberregierungsrat Dr. Wilhelm Lucke, in: MaH 44 (1991), S. 66–72

Paul Brandi, Essener Arbeitsjahre, in: EB 75 (1959), S. 5–110

Klaus von Baudissin, Zwischen Heimatmuseum und Folkwang-Museum, in: Heimat. Stadthaus für Volkstum, Geschichte und Kultur des Ruhrgebiets, Essen 1937, S. 14–15

Marie-Luise Baum, Hundert Jahre Bergischer Geschichtsverein 1863–1963, in: Zeitschrift des Bergischen Geschichtsvereins 80 (1963), S. 1–31

Birgit Beese, Heilige Äbtissinnen, liebeskranke Stiftsdamen und sächsische Jungfrauen – Die Rezeption Essener Äbtissinnen des Mittelalters in der Geschichts- und Heimatforschung, in: Bea Lundt (Hrsg.), Vergessene Frauen an der Ruhr. Von Herrscherinnen und Hörigen, Hausfrauen und Hexen – 800–1800, Köln u. a. 1992, S. 273–322

Hedwig Behrens, Mechanikus Franz Dinnendahl (1775–1826), Erbauer der ersten Dampfmaschinen an der Ruhr. Leben und Wirken aus zeitgenössischen Quellen, Köln 1970

Felix Wilhelm Beielstein, Hermann Hagedorn †, in: Essen. Starkes Herz der deutschen Lande, Essen 1952, S. 342 ff.

---

[1] Aufgeführt ist nur die Sekundärliteratur.

Else Beitz, »Das wird gewaltig ziehen und Früchte tragen!« Industriepädagogik in den Großbetrieben des 19. Jahrhunderts bis zum Ersten Weltkrieg dargestellt am Beispiel der Firma Fried. Krupp, Essen 1994

Reinhold Biese, Meine Verdrängung aus dem Direktorat des Königl. Gymnasiums in Essen (Ruhr), Bunzlau 1913

Erich Bockemühl, Hermann Hagedorn als Mensch und Dichter, in: Heimatstadt Essen – Jahrbuch 1953, S. 95–102

Ulrich Borsdorf/Heinrich Theodor Grütter/Oliver Scheytt, 2002 – Essen feiert, in: Ulrich Borsdorf/Heinrich Theodor Grütter/Oliver Scheytt (Hrsg.), Gründerjahre. 1150 Jahre Stift und Stadt Essen, Essen 2005, S. 7–23

Max Braubach, Landesgeschichtliche Bestrebungen und Historische Vereine im Rheinland, Düsseldorf 1954

Ute Braun, Hochadelige Frauen des kaiserlich-freiweltlichen Damenstiftes Essen. Neue Fragestellungen, in: Bea Lundt (Hrsg.), Vergessene Frauen an der Ruhr. Von Herrscherinnen und Hörigen, Hausfrauen und Hexen – 800–1800, Köln u. a. 1992, S. 51–75

Reinhard Brenner/Klaus Wisotzky (Hrsg.), Der Schlüssel zur Welt. 100 Jahre Stadtbibliothek Essen, Essen 2002

Gabriele B. Clemens, Sanctus amor patriae. Eine vergleichende Studie zu deutschen und italienischen Geschichtsvereinen im 19. Jahrhundert, Tübingen 2004

Gabriele B. Clemens, Katholische Traditionsbildung und Geschichtskultur. Der Historische Verein für den Niederrhein im preußischen König- und deutschen Kaiserreich, in: Der Historische Verein für den Niederrhein 1854–2004. Festschrift zum 150jährigen Bestehen = Annalen 207, S. 81–124

Christoph Cornelissen, »Schuld am Weltfrieden«. Politische Kommentare und Deutungsversuche deutscher Historiker zum Versailler Vertrag 1919–1933, in: Gerd Krumeich (Hrsg.), Versailles 1919, Essen 2001, S. 237–258

Walther Däbritz, Bruno Kuskes Lebensgang und Lebenswerk, in: Rudolf Darius/Albert Paß (Hrsg.), Europa. Erbe und Auftrag. Eine Festschrift für Bruno Kuske zum 29. Juni 1951, Köln 1951, S. 17–33

Helmut Dahm, Hanns Joachim Maßner †, in: Monatshefte für Evangelische Kirchengeschichte des Rheinlandes 31 (1982), S. 335–337

Erwin Dickhoff, Essener Köpfe, Essen 1985

Erwin Dickhoff, Die Entnazifizierung und Entmilitarisierung der Straßennamen, in: EB 101 (1986/87), S. 77–104

Burkhard Dietz u. a. (Hrsg.), Griff nach dem Westen. Die »Westforschung« der völkisch-nationalen Wissenschaften zum nordwesteuropäischen Raum (1919–1960), 2 Bde., Münster u. a. 2003

Karl Ditt, Vom Heimatverein zur Heimatbewegung. Westfalen 1875–1915, in: Westfälische Forschungen 39 (1989), S. 232–255

Karl Ditt, Die deutsche Heimatbewegung 1871–1945, in: Heimat. Analysen, Themen, Perspektiven, Bonn 1990, S. 135–154

Thomas Dupke, Die Unternehmerfamilie Baedeker und das Essener Bürgertum im 19. Jahrhundert, in: Dorothea Bessen/Klaus Wisotzky (Hrsg.), Buchkultur inmitten der Industrie. 225 Jahre G. D. Baedeker in Essen, Essen 2000, S. 114–148

Thomas Dupke, Kohle, Krupp und die Kommunalentwicklung. Die Karriere eines Landstädtchens – Essen 1803 bis 1914, in: Essen. Geschichte einer Stadt, hrsg. v. Ulrich Borsdorf, Essen 2002, S. 266–367

Thomas Dupke, Vom Wiederaufbau zum Strukturwandel – Essen 1945 bis 2000, in: Essen. Geschichte einer Stadt, hrsg. v. Ulrich Borsdorf, Essen 2002, S. 468–554

Essener Gewerbeverein, Bericht über dessen Thätigkeit während der ersten 25 Jahre seines Bestehens 1865–1890, erstattet von A. Heinecke, Essen 1890

Festschrift zur Jahrhundertfeier des Gymnasiums am Burgplatz in Essen, Essen 1924

Wolfram Fischer, Herz des Reviers. 125 Jahre Wirtschaftsgeschichte des Industrie- und Handelskammerbezirkes Essen – Mülheim – Oberhausen, Essen 1965

Stefan Frech, Theodor Reismann-Grone (1863–1949). Ein radikaler Nationalist zwischen Kaiserreich und Entnazifizierung, in: EB 114 (2002), S. 35–57

Tita Gaehme/Karin Graf (Hrsg.), Rote Erde. Bergarbeiterleben 1870–1920. Film – Ausstellung – Wirklichkeit, Köln 1983

Lothar Gall, Krupp. Der Aufstieg eines Industrieimperiums, Berlin 2000

Lothar Gall (Hrsg.), Krupp im 20. Jahrhundert, Berlin 2002

Jan Gerchow, Geistliche Damen und Herren. Die Benediktinerabtei Werden und das Frauenstift Essen (799–1803), in: Essen. Geschichte einer Stadt, hrsg. v. Ulrich Borsdorf, Essen 2002, S. 58–167

Jan Gerchow, Essener Ratsglocke, in: Mathilde Jamin/Frank Kerner (Hrsg.), Die Gegenwart der Dinge. 100 Jahre Ruhrlandmuseum, Essen – Bottrop 2004, S. 50 f.

Jan Gerchow, Königskette der Essener Schützengilde, in: Mathilde Jamin/Frank Kerner (Hrsg.), Die Gegenwart der Dinge. 100 Jahre Ruhrlandmuseum, Essen – Bottrop 2004, S. 140 f.

Jan Gerchow, 1244 – Mauerbau und Stadtgründung, in: Ulrich Borsdorf/Heinrich Theodor Grütter/Oliver Scheytt (Hrsg.), Gründerjahre. 1150 Jahre Stift und Stadt Essen, Essen 2005, S. 43–63

Jan Gerchow/Ruhrlandmuseum (Hrsg.), Die Mauer der Stadt. Essen vor der Industrie 1244 bis 1865, Essen 1995

Die Gesellschaft »Verein« in Essen 1828–1928, Essen 1928

Hans von Glümer, Der Kruppsche Bildungsverein 1899–1929, Essen 1929

Heinz Grewe, Das Essener Heimatmuseum (Stadthaus »Heimat«) und seine kulturpflegerischen Aufgaben, in: Heinrich Wefelscheid/Otto Lüstner (Hrsg.), Essener Heimatbuch, 2. Aufl. Essen 1938, S. 249–258

Heinz Grewe, Sonderausstellungen und Neuerwerbungen des Essener Heimatmuseums, in: Heimatkalender für Groß-Essen 4 (1942), S. 61–71

Wilhelm Haumann, Chronik der Gesellschaft Erholung e. V. in Essen 1879–1949, Essen 1949

Hermann Heimpel, Geschichtsvereine einst und jetzt, Göttingen 1963

Ulrich Helbach, Der Historische Verein für den Niederrhein in der Nachkriegszeit (1945–1979), in: Der Historische Verein für den Niederrhein 1854–2004. Festschrift zum 150jährigen Bestehen = Annalen 207, S. 185–260

Friedrich-Wilhelm Henning, Bruno Kuske (1876–1964), in: ders. (Hrsg.), Kölner Volkswirte und Sozialwissenschaftler, Köln – Wien 1988, S. 69–96

Wilhelm Henning, Geschichte der Stadtverordnetenversammlung von Essen (1890–1914), Diss. Köln 1965

Arnd Hepprich, Anton Lehnhäuser. Aus dem Leben und Wirken des Steeler Historikers, in: Stela historica 1 (2005), S. 4–11

Walther Hermann, Walther Däbritz, in: Tradition 8 (1963), S. 233–238

Der Historische Verein für den Niederrhein 1854–2004. Festschrift zum 150jährigen Bestehen = Annalen des Historischen Vereins für den Niederrhein 207 (2004)

Heinz Hoffmanns, Der Historische Verein, in: 1200 Jahre Werden 799–1999, Essen o. J. (1999), S. 154 f.

Detlef Hopp (Hrsg.), Stadtarchäologie in Essen, Bottrop – Essen 1999

Detlef Hopp (Hrsg.), Angeschnitten. Eine Zeitreise durch 200.000 Jahre Stadtgeschichte, Essen 2004

Gustav Ihde/Hans-Werner Wehling, Hans Spethmann und die Geographie – Aspekte einer schwierigen Beziehung, in: Hans Spethmann, Das Ruhrgebiet im Wechselspiel von Land und Leuten, Wirtschaft, Technik und Verkehr, unveränderter Nachdruck hrsg. v. Gustav Ihde u. Hans-Werner Wehling, Essen 1995, S. XI–LXXIX

Robert Jahn, Das Essener Stadtarchiv, in: EB 61 (1941), S. 19–43

Mathilde Jamin/Frank Kerner (Hrsg.), Die Gegenwart der Dinge. 100 Jahre Ruhrlandmuseum, Essen – Bottrop 2004

Martin Kamp, Der Bredeneyer Lehrer Robert Jahn, in: Erfahrungen – Begegnungen – Herausforderungen. 100 Jahre Goetheschule Essen 1899–1999, hrsg. v. Vera Bittner u. Patrick M. Goltsche, Essen 1999, S. 139–141

Siegfried Kirchheimer, Als das Jahrhundert begann. Aus den Jugenderinnerungen eines alten Esseners in New York, in: Heimatstadt Essen – Jahrbuch 1974, S. 131–138

Arndt Kleesiek, »Siegfrieds Edelsitz« – Der Nibelungen-Mythos und die »Siegfriedstadt« Xanten im Nationalsozialismus, Münster 1998

Franz Körholz, Geleitworte zum Erscheinen des 17. Vereinsheftes und Rückblick auf die Tätigkeit des Vereins und das Vereinsleben in dem Zeitraum von 1919–29, in: Beiträge zur Geschichte des Stiftes Werden 17 (1929), S. 65–78

Franz Körholz, Dr. P. Jacobs †, in: Beiträge zur Geschichte des Stiftes Werden 17 (1929), S. 79–85

Andreas Koerner, Die Geschichte der Stadtbibliothek Essen von der Gründung bis zum Ersten Weltkrieg, in: Reinhard Brenner/Klaus Wisotzky (Hrsg.), Der Schlüssel zur Welt. 100 Jahre Stadtbibliothek Essen, Essen 2002, S. 10–35

Hans G. Kösters, Essen Stunde Null. Die letzten Tage März/April 1945, Düsseldorf 1982

Norbert Krüger, Die Luftangriffe auf Essen 1940–1945. Eine Dokumentation, in: EB 113 (2001), S. 159–328

Heinz Josef Kramer, Das Stift Essen. Münzen und Medaillen, Münster 1993

Georg Kunz, Historische Vereine im 19. Jahrhundert zwischen regionaler Geschichtskultur und Provinzialintegration, in: Westfalen 39 (2001), S. 9–31

Stefan Laux, Zwischen Konservatismus und Konjunkturwissenschaft: Der Düsseldorfer Geschichtsverein und die rheinischen Geschichtsvereine im Nationalsozialismus (erscheint demnächst in den Blättern für deutsche Landesgeschichte)

Maria Lehnhäuser, Mein Onkel, der Steeler Heimatforscher Anton Lehnhäuser, in: 1050 Jahre Steele, hrsg. v. Arbeitskreis Steeler Geschichte, Essen 1988, S. 22–31

Herbert Lepper, Der »Aachener Geschichtsverein« 1933–1944, in: Zeitschrift des Aachener Geschichtsvereins 101 (1997/98), S. 267–302

Die Marktkirche in Essen. Festschrift aus Anlaß der Wiedereinweihung der Marktkirche am 30. Oktober 1952, Essen 1952

Hanns-Joachim Maßner, Rückblick, in: 25 Jahre gemeinsam vor Ort in Werden/Heidhausen 1947–1972, o. O. 1972, S. 4–34

Hanns-Joachim Maßner, Hundert Jahre Historischer Verein für Stadt und Stift Essen 1880–1980, in: EB 95 (1980), S. 11–24

Eugene McCeary, Essen 1860–1914, Diss. Yale 1963 (MS)

Friedrich Meisenburg, Die Ehrenbürger der Stadt Essen, in: Heimatkalender der Stadt Essen 1 (1939), S. 87–101

Friedrich Meisenburg, Alte Kesselhaken im Essener Heimatmuseum, in: EB 62 (1947), S. 99–112

Karl Mews, Der Werdegang der heimischen Industrie, in: Heinrich Wefelscheid/Otto Lüstner (Hrsg.), Essener Heimatbuch, Frankfurt 1925, S. 106–150

Karl Mews, 50 Jahre Historischer Verein für Stadt und Stift Essen, in: EB 48 (1930), S. 1–13

Karl Mews, Georg Humann, in: EB 50 (1932), S. I-V

Karl Mews, Heinz Kunolt †, in: EB 54 (1936), S. 5–9

Karl Mews, Otto Krawehl († 1936), in: EB 55 (1937), S. 171–180

Karl Mews, Überblick über die Geschichte der Stadt und ihrer Wirtschaft, in: Hans Spethmann (Hrsg.), Die Stadt Essen. Das Werden und Wirken einer Großstadt an der Ruhr, Berlin 1938, S. 17–34

Karl Mews, Zum 60jährigen Bestehen des Historischen Vereins, in: EB 60 (1940), S. 5–9

Karl Mews, Rückblick – Ausblick, in: EB 62 (1947), S. 5–9

Karl Mews, Unsere gute Stadt Essen, in: Heimatstadt Essen – Jahrbuch 1948, S. 100–107

Karl Mews, Georg Humann, der Entdecker des Essener Münsters, in: MaH 2 (1949), S. 6 f.

Karl Mews, Franz Arens, in: MaH 2 (1949), S. 162–164

Karl Mews, Vom 60. zum 70. Geburtstag, in: EB 65 (1950), S. 3–11

Karl Mews, Gesellschaft Verein Essen 1828–1953, Essen 1953

Karl Mews, Die Essener Marktkirche, in: EB 78 (1962), S. 5–17

Carl Meyer, Geschichte des ehemaligen freiweltlichen adligen Damenstifts und der Bürgermeisterei Stoppenberg, Essen 1925 4. erweiterte Auflage

Eduard Mühle, Hermann Aubin und der »Deutsche Osten«, in: Hartmut Lehmann/Otto Gerhard Oexle (Hrsg.), Nationalsozialismus in den Kulturwissenschaften, Bd. 1, Göttingen 2004, S. 531–591

Nicolaus Neumann, Der Spurenleger, in: art 9/2004, S. 80–85

Victor Niemeyer, Lebenserinnerungen eines Siebzigjährigen, Berlin 1937

Lutz Niethammer, Ego-Histoire? und andere Erinnerungsversuche, Wien – Köln – Weimar 2002

Lutz Niethammer, Ernst Schmidt zum 80. Geburtstag, in: EB 116 (2004), S. 7–17

Marlene Nikolay-Panter, Geschichte, Methode, Politik. Das Institut für geschichtliche Landeskunde der Rheinlande 1920–1945, in: Rhein. Vierteljahrsblätter 60 (1996), S. 233–262

Klaus Pabst, Geschichtszeitschriften und Geschichtsvereine im Rheinland seit 1815, in: Kurt Düwell/Wolfgang Köllmann (Hrsg.), Rheinland-Westfalen im Industriezeitalter. Bd. 1: Von der Entstehung der Provinzen bis zur Reichsgründung, Wuppertal 1983, S. 317–336

Klaus Pabst, Deutsche Geschichtsvereine vor dem Ersten Weltkrieg, in: Geschichtsvereine. Entwicklungslinien und Perspektiven lokaler und regionaler Geschichtsarbeit, hrsg. v. der Thomas-Morus-Akademie Bensberg, Bensberg 1990, S. 9–32

Klaus Pabst, Landesgeschichte und Geschichtsvereine im Rheinland, in: Geschichte im Westen 7 (1992), S. 28–39

Klaus Pabst, Die »Historikerschlacht« um den Rhein, in: Jürgen Elwert (Hrsg.), Historische Debatten und Kontroversen im 19. und 20. Jahrhundert, Stuttgart 2003, S. 70–81

Klaus Pabst, Vom Ersten zum Zweiten Weltkrieg. Der Historische Verein für den Niederrhein in der Zeit der beiden Weltkriege, der Weimarer Republik und des Nationalsozialismus (1914–1945), in: Der Historische Verein für den Niederrhein 1854–2004. Festschrift zum 150jährigen Bestehen = Annalen 207, S. 125–184

Harald Polenz, Götter, Gräber, Grubengold. Archäologie im Ruhrgebiet, Essen 2000

Fritz Pudor, Walter Däbritz, in: Lebensbilder aus dem Rheinisch-Westfälischen Industriegebiet 1962–1967, Baden-Baden 1977, S. 29–34

Manfred Rasch, Zur Entstehung von Geschichts- und Heimatvereinen in den preußischen Provinzen Rheinland und Westfalen zwischen Wiener Kongreß und Ende des Ersten Weltkrieges, in: 900 Jahre Mülheim an der Ruhr 1093–1993, Mülheim 1993, S. 333–361

Manfred Rasch, Von Festschrift und Hagiographie zur theorie- und methodengeleiteten Darstellung? Unternehmens- und Unternehmergeschichtsschreibung zur Stahlindustrie im Ruhrgebiet in den letzten hundert Jahren, in: Ferrum 74 (2002), S. 15–48

Konrad Repgen, Max Braubach. Leben und Werk, in: Annalen des Historischen Vereins für den Niederrhein 202 (1999), S. 9–42

Jürgen Reulecke, Die Zukunft der Geschichtsvereine, in: Forum Industriedenkmalpflege und Geschichtskultur 2000/2, S. 13–21

Konrad Ribbeck, 25 Jahre der Tätigkeit des Historischen Vereins für Stadt und Stift Essen 1880–1905, in: EB 26 (1905), S. 183–202

Konrad Ribbeck, Zu Wilhelm Grevels 80. Geburtstag, in: EB 36 (1917), S. I–VIII

Konrad Ribbeck, Zum Gedächtnis von Franz Arens, in: EB 39 (1921), S. 36–40

Friedrich Rosenbauer, Geschichte des Helmholtz Realgymnasiums Essen. Als Festschrift zu seiner sechzigjährigen Jubelfeier verfaßt, Essen 1924

Ruhrlandmuseum (Hrsg.), Die Erfindung des Ruhrgebiets. Arbeit und Alltag um 1900. Katalog zur sozialhistorischen Dauerausstellung, Essen – Bottrop 2000

Schatten über der Altstadtgemeinde, in: Die Marktkirche in Essen. Festschrift aus Anlaß der Wiedereinweihung der Marktkirche am 30. Oktober 1952, Essen 1952

Thomas Schilp, Überlegungen zur Stadtwerdung, in: Jan Gerchow/Ruhrlandmuseum (Hrsg.), Die Mauer der Stadt. Essen vor der Industrie 1244 bis 1865, Essen 1995, S. 82–92

Thomas Schilp, Gründung und Anfänge der Frauengemeinschaft Essen, in: EB 112 (2000), S. 30–63

Thomas Schilp, 852 – Gründung des Stifts Essen?, in: Ulrich Borsdorf/Heinrich Theodor Grütter/Oliver Scheytt (Hrsg.), Gründerjahre. 1150 Jahre Stift und Stadt Essen, Essen 2005, S. 25–41

Bernd Schmalhausen, Schicksale jüdischer Juristen aus Essen 1933–1945, Bottrop – Essen 1994

Andrea Schmidt, Klaus Graf von Baudissin. Kunsthistoriker zwischen Weimarer Republik und Drittem Reich, Magisterarbeit Universität Heidelberg 1991 (MS)

Ernst Schmidt, Vom Staatsfeind zum Stadthistoriker. Rückblick auf mein bewegtes Leben, Essen 1998

Ferdinand Schmidt, Wilhelm Grevel zum Gedächtnis, in: Heimatblätter 1 (1919/20), S. 3 f.

Hubert Schmitz, Theodor Imme und sein Wirken, in: EB 55 (1937), S. 153–170

Johann Schmitz, Antonius Kardinal Fischer. Erzbischof von Köln. Sein Leben und Wirken, Köln 1915

Ernst Schröder, Zur Erinnerung an Friedrich Meisenburg, in: EB 83 (1968), S. 111–127

Ernst Schröder, Karl Mews (15.12.1884–29.7.1973). Ein Lebensbild, in: EB 89 (1974), S. 5–33

Hermann Schröter, Beigeordnete der Stadt Essen bis zum Jahre 1933, in: Heimatstadt Essen – Jahrbuch 12 (1960/61), S. 29–48 u. 13 (1961/62), S. 87–103

Hermann Schröter, Robert Jahn, in: Der Archivar 16 (1963), Sp. 326 ff.

Hermann Schröter, Hans Theodor Hoederath. Ein Nachruf, in: EB 83 (1968), S. 103–110

Hermann Schröter, Die Essener Museen und ihre Geschichte, in: MaH 24 (1971), S. 1–86

Hermann Schröter, Geschichte und Schicksal der Essener Juden, Essen 1980

Erich Schumacher, Dr. Gerhard Bechthold, in: EB 103 (1989/1990), S. 1–7

Wilhelm Sellmann, Drei Väter der Essener Geschichte: Kindlinger, Grevel und Ribbeck, in: Die Heimatstadt Essen – Jahrbuch 1960, S. 43–46

Wilhelm Sellmann, Der Tauschverkehr des Historischen Vereins für Stadt und Stift Essen, in: EB 79 (1963), S. 51–71

Wilhelm Sellmann, Aus der Werkstatt eines Bibliographen, in: Heimatstadt Essen – Jahrbuch 1974, S. 120–124

Wilhelm Sellmann, Wilhelm Grevel, in: Heimatstadt Essen – Jahrbuch 1988, S. 37–40

Wilhelm Sellmann, Das Schicksal der Grevel-Sammlung, in: Heimatstadt Essen – Jahrbuch 1990, S. 53–57

Wilhelm Sellmann, Essener Bibliographie, Bd. 3: Namen- und Titelverzeichnis, Essen 1991

Ulrich S. Soénius, Wirtschaftsbürgertum im 19. und frühen 20. Jahrhundert. Die Familie Scheidt in Kettwig, Köln 2000

Ralf Stremmel, Margarethe Krupp (1854–1931) – Eine verhinderte Unternehmerin?, in: Bewegen – Verbinden – Gestalten. Unternehmer vom 17. bis zum 20. Jahrhundert. Festschrift für Klara van Eyll zum 28. September 2003, hrsg. von Ulrich S. Soénius, Köln 2003, S. 129–146

Ralf Stremmel, 100 Jahre Historisches Archiv Krupp. Entwicklungen, Aufgaben, Bestände, München – Berlin 2005

Klaus Tenfelde (Hrsg.), Bilder von Krupp. Fotografie und Geschichte im Industriezeitalter, München 1994

Klaus Tenfelde, 1850–1873. Essen wird Industriestadt, in: Ulrich Borsdorf/Heinrich Theodor Grütter/Oliver Scheytt (Hrsg.), Gründerjahre. 1150 Jahre Stift und Stadt Essen, Essen 2005, S. 65–87

Wilhelm Treue, Conrad Matschoß 100 Jahre, in: Technikgeschichte 38 (1971), S. 87–92

Helmuth Trischler, »An der Spitze der Lohnarbeiterschaft«. Der Bergmann im Spannungsfeld von nationalsozialistischer Arbeitsideologie und bergbaulicher Tradition, in: Der Anschnitt 41 (1989), S. 29–37

Gerlinde Viertel, Vom Rettungshaus zum Unternehmen. Die Düsselthaler Anstalten unter Johannes Karsch (1891–1913), in: Theodor Strohm/Jörg Thierfelder (Hrsg.), Diakonie im deutschen Kaiserreich (1871–1918), Heidelberg 1995, S. 273–292

Wilfried Vogeler, Dr. Hermann Schröter zum Gedenken, in: EB 104 (1991/1992), S. 5–9

Was tut not? Zur Aufklärung über Werden, Wesen und Ziele der Vereinigung »Der Deutsche Arbeiter«. Rede des Kameraden Dr. K. Mews auf der ersten Hauptversammlung der Vereinigung »Der Deutsche Arbeiter« in Bochum am 20. Februar 1927

Hans-Werner Wehling, »Auf andersartigen Pfaden zu neuen Erkenntnissen«. Leben und Werk Hans Spethmanns, in: EB 114 (2002), S. 59–72

Joseph Weier, Dr. Hermann Schröter und »Das Münster am Hellweg«, in: MaH 39 (1986), S. 130–132

Franziska Wein, Deutschlands Strom – Frankreichs Grenze. Geschichte und Propaganda am Rhein 1919–1930, Essen 1992

Alfred Wendehorst, 150 Jahre Gesamtverein der deutschen Geschichts- und Altertumsvereine, in: Blätter für deutsche Landesgeschichte 138 (2002), S. 1–66

Horst A. Wessel, 125 Jahre Düsseldorfer Geschichtsverein. Kontinuitäten im Wandel politischer und gesellschaftlicher Rahmenbedingungen, in: Düsseldorfer Jahrbuch 75 (2004/2005), S. 13–44

Klaus Wisotzky, Vom Kaiserbesuch zum Euro-Gipfel. 100 Jahre Essener Geschichte im Überblick, Essen 1996

Klaus Wisotzky, Im Dienste der NS-Ideologie. Die Stadtbücherei in den Jahren 1933 bis 1945, in: Reinhard Brenner/Klaus Wisotzky (Hrsg.), Der Schlüssel zur Welt. 100 Jahre Stadtbibliothek Essen, Essen 2002, S. 58–75

Klaus Wisotzky, Die Jahre der Gewalt – Essen 1914 bis 1945, in: Essen. Geschichte einer Stadt, hrsg. v. Ulrich Borsdorf, Essen 2002, S. 368–467

Klaus Wisotzky, Zwangsarbeit in Essen. Erfahrungen mit dem Geschichtswettbewerb für Schülerinnen und Schüler, in: Industriedenkmalpflege und Geschichtskultur 2002/2, S. 61–63

Klaus Wisotzky, Der »blutige Karsamstag« 1923 bei Krupp, in: Gerd Krumeich/Joachim Schröder (Hrsg.), Der Schatten des Weltkrieges: Die Ruhrbesetzung 1923, Düsseldorf 2004, S. 265–287

Klaus Wisotzky, Nicht nur ein Musentempel – Die Geschichte des Saalbaus, in: EB 116 (2004), S. 171–226

Klaus Wisotzky, »Frauen in Essen« – Der Geschichtswettbewerb des Historischen Vereins Essen, in: Industriedenkmalpflege und Geschichtskultur 2004/2, S. 74 f.

Jürgen Zimmerer/Joachim Zeller (Hrsg.), Völkermord in Deutsch-Südwestafrika. Der Kolonialkrieg (1904–1908) in Namibia und seine Folgen, Berlin 2003

Michael Zimmermann, Zur Geschichte der Essener Juden im 19. und im ersten Drittel des 20. Jahrhunderts, in: Jüdisches Leben in Essen 1800–1933, hrsg. v. ALTE SYNAGOGE, Essen 1993, S. 8–72

Michael Zimmermann, 1150 Jahre Stift und Stadt Essen: Die neue Suche nach einem alten Ursprung, in: Paul Münch (Hrsg.), Jubiläum, Jubiläum ... Zur Geschichte öffentlicher und privater Erinnerung, Essen 2005, S. 145–167

Zum Gedächtnis an Herrn Pastor Johannes Karsch, Düsseldorf 1913

PERSONENINDEX[1]

---

1 Nicht aufgenommen wurden die Autorinnen und Autoren der Sekundärliteratur.

Anhang

Die Vortragsveranstaltungen des Historischen Vereins 1880–2005

1880	16. Dezember	Seemann, Der Bauernsturm von 1662
		Grevel, Das Gerichtswesen im Stift Rellinghausen
		Müllers, Die Marmorsäule in der Münsterkirche

1881	3. Februar	Heidemann, Über die Verhältnisse der Juden im Mittelalter, speziell im Stift Essen
		Grevel, Über die Anfänge der Gußstahlfabrikation im Kreise Essen
	18. März	Fischer, Die Baugeschichte der Essener Münsterkirche
	10. November	Heidemann, Über den Einzug der Äbtissin Francisca Christina im Jahre 1726
		Seemann, Noch einmal der Bauernsturm von 1662
	15. Dezember	Karsch, Über die Zustände Rellinghausens zur Zeit des 30jährigen Krieges

| 1882 | 16. November | Seemann, Über die Äbtissinnen von Essen |

1883	16. Januar	Heidemann, Die Jesuiten als Administratoren der St. Johannispfarre (1667–1774)
	20. Februar	Heidemann, Der Konvent im Kettwig bis zu dessen Umwandlung in ein Kapuzinerkloster
	13. März	Grevel, Über das Militärwesen im Stift Essen, T. 1
	27. März	Grevel, Über das Militärwesen im Stift Essen, T. 2
	11. Dezember	Seemann, Über den Jülich-Cleveschen Erbfolgekrieg mit besonderer Berücksichtigung der Lokalgeschichte Essens

| 1884 | 25. November | Waldthausen, Über den Schwanenkamp bei Essen |

| 1885 | 13. November | Waldthausen, Über das Privatleben der letzten Fürstäbtissin Maria Kunigunde |

1886	22. Januar	Seemann, Über einige Hexenprozesse im Stifte Essen
	26. Februar	Karsch, Aus der Geschichte der ev. Gemeinde zu Rellinghausen
	9. November	Grevel, Der Reichstag zu Steele unter Otto d. Gr. 938

| 1887 | 25. Februar | Baumann, Der Festzug der Essener Schützenkorps nach Welheim |

1888	7. Februar	Goossens, Die Schicksale der Stadt Essen während des 30jährigen Krieges (1629)
	13. März	Geuer, Der Kampf um die Vogtei des Stiftes Essen
	14. Dezember	Goossens, Über die Geschichtsschreiber Essens
		Geuer, Die Anfänge der Städteverfassung in Deutschland, mit besonderer Berücksichtigung Essens

1889	7. Februar	Karsch, Die Zustände im Stift Rellinghausen beim Ausgange des 16. Jahrhunderts
	28. November	Arens, Das Kapitel des Stiftes Essen, T. 1
1890	21. März	Arens, Das Kapitel des Stiftes Essen, T. 2
	16. Mai	Geuer, Die strittige Äbtissinnenwahl des Jahres 1426
1891	13. März	Arens, Das Kapitel des Stiftes Essen, T. 3
		Geuer, Die Verfassung der Stadt Essen im 17. u. 18. Jahrhundert
1892	19. Februar	Geuer, Zur Geschichte des Essener Stadtrats
1894	30. Januar	Ribbeck, Die Geschichte des Essener Gymnasiums im 16. Jahrhundert bis zur Einführung der Reformation
	2. März	Schroeder, Meina von Oberstein (1489–1521)
	23. April	Arens, Die Wappen des Stiftes und der Stadt Essen
	20. November	Schorn, Essener Erinnerungen aus den 30er und 40er Jahren
1895	27. November	Ribbeck, Das Essener lutherische Gymnasium bis zum Anfang des 18. Jahrhunderts
1896	24. Februar	Arens, Das Hospital zum hl. Geist, bis zum Jahre 1803
1897	22. Januar	Ribbeck, Die Blüte des Essener lutherischen Gymnasiums unter Joh. Heinr. Zopf (1719–1774)
		Baedeker, Über die Anfänge des Buchdrucks in Essen und dessen Entwickelung im 18. Jahrhundert
	26. März	Arens, Das Essener Siechenhaus in Rüttenscheid und seine Kapelle
	13. Oktober	Schorn, Zur Etymologie des Namens Essen und anderer rheinischer Ortsnamen
		Arens, Über den liber ordinarius der Essener Stiftskirche
		Ribbeck, Die Glanzzeit des Essener Stifts unter den sächsischen und salischen Kaisern
		(Festsitzung zu Ehren des Hist. Verein für den Niederrhein)
1898	28. Januar	Borchardt, Essen im Zeitalter des 30jährigen Krieges
	17. März	Arens, Das Essener Kettenbuch, eine Quelle zur Wirtschafts- und Kulturgeschichte des Mittelalters
	18. November	Arens, Ein kirchlicher Fastnachtsbrauch der Essener Bürger im Mittelalter
		Borchardt, Eine Rheinreise eines Essener Ratmannes im Jahre 1686

1899	10. März	Meyer, Der Stoppenberger Schleierstreit, eine Episode aus der Geschichte des freiweltlichen Damenstifts Stoppenberg
	28. März	Tille, Der Essener Hof in Königswinter
		Ribbeck, War Essen eine freie Reichsstadt?
	13. Dezember	Ribbeck, Die Entwickelung der Stadt Essen im 19. Jahrhundert

1900	12. Februar	Waldthausen, Die Regalien der Fürstäbtissin von Essen
	3. April	Wächtler, Häuser und Straßen im alten Essen
	17. April	Waldthausen, Die Schiffbarmachung der Ruhr. – Die Opposition der Gewerken bei der Einführung der preußischen Bergwerksverwaltung. – Das Essener mechanische Genie, Franz Dinnendahl
	6. November	Tille, Deutsches Städtewesen im Mittelalter

1901	15. Januar	Waldthausen, Zur Geschichte der Essener Verkehrsverhältnisse
	15. Februar	Waldthausen, Geschichte des Postwesens in Stadt und Stift Essen
		Wiedfeldt, Der Gußstahlfinder Friedrich Krupp als Essener Stadtrat
	12. November	Arens, Das alte Armenhaus in der Königsstraße und dessen Vergangenheit
		Ribbeck, Kulturgeschichtliche Mitteilungen aus Essener Stadtrechnungen des 15. und 16. Jahrhunderts

1902	14. Januar	Borchardt, Essen vor hundert Jahren
	14. Februar	Korn, Die Essener Juden während des Mittelalters
	25. Februar	Korn, Die Essener Juden vom Ausgange des Mittelalters bis zur Aufhebung des Stifts
	12. Dezember	Ribbeck, Das Stift Essen und die Kölner Erzbischöfe im 13. Jahrhundert

1903	6. Februar	Hertzler, Über die älteren Hausinschriften der Bürgermeisterei Stoppenberg
		Brockes, Die Bauart des westfälischen und fränkischen Bauernhauses
	26. Oktober	Borchardt, Über das Krankenwesen in Essen zur Zeit des 30jährigen Krieges
		Wiedemann, Die Kluse bei Baldeney
	9. Dezember	Tille, Über die Geschichte des Zeitungswesens, mit besonderer Rücksicht auf die Essener Zeitungen

| 1904 | 15. März | Imme, Die Ortsnamen des Kreises Essen, T. 1 |
| | 22. März | Imme, Die Ortsnamen des Kreises Essen, T. 2 |

1910	4. Februar	Heinemann, Das eheliche Güterrecht im alten Essen
		Ribbeck, Essener Familiengeschichten aus dem 15. und 16. Jahrhundert
	18. März	Imme, Das alte Essener Volkstum
	2. Juli	Ribbeck, Die Geschichte Borbecks und seines Schlosses
	28. Oktober	Ribbeck, Ein Abenteuer der Essener Schützen im Jahre 1466
1911	13. Januar	Imme, Singspiele aus Essens vergangenen Tagen
		Ribbeck, Die Landwehren der Essener Gegend, ihre frühere Bedeutung und ihre noch vorhandenen Spuren
	21. Februar	Mews, Essen in den Berichten von Reisenden und Geographen vergangener Zeiten
	5. April	Büscher, Aus der Kleinstadt unserer Väter und Großväter
	6. November	Ribbeck, Äbtissin Mathilde
		Arens, Die ersten Versuche zur Gründung einer Niederlassung der Jesuiten in Essen
	12. Dezember	Heiligenthal, Die Anlage der deutschen Städte im Mittelalter
1912	2. Februar	Imme, Kulturbilder aus den letzten Jahrzehnten vor dem wirtschaftlichen Aufschwung
	4. November	Schmidt, Über die Wahl der Äbtissin Elisabeth vom Berge (1605)
	6. Dezember	Ismer, Der 30jährige Krieg als Ursache des wirtschaftlichen Niederganges der Stadt Essen im 17. und 18. Jahrhundert
1913	31. Januar	Kellen, Friedrich Grillo (1825–1888)
	4. März	Imme, Geburt und Kindheit in Sitte und Volksglauben unsrer Gegend, T. 1
	14. April	Imme, Geburt und Kindheit in Sitte und Volksglauben unsrer Gegend, T. 2
	5. November	Olszewski, Quellen und Hilfsmittel zur Familienforschung
		Ribbeck, Die Bedeutung der Familienforschung für die deutsche Geschichte im allgemeinen und die Essener Stadtgeschichte im besonderen
	26. November	Siebourg, Karl Humann, der Entdecker von Pergamon
1914	20. Januar	Mews, Der Plan des Rhein-Elbe-Kanals und die rhein.-westf. Industrie
1917	16. November	Imme, Die alten Gilden und Nachbarschaften und das Nachbarschaftswesen in Essen und Umgegend
1918	26. April	Ruben, Essen und die Hanse

1919	7. Februar	Imme, Totenbräuche in Alt-Essen und Umgebung
	12. März	Pesch, Glocken und Glockengießer im alten Essen
	26. November	Ribbeck, Wirtschaftliche und soziale Zustände in Essen um die Mitte des 18. Jahrhunderts
1920	2. Februar	Mews, Gustav Natorp
	15. April	Lehnhäuser, Geschichte der Volksschulen in Steele
		Schmidt, Ein Drama in der Lipperheide 1659
	20. November	Däbritz, Die Organisation des Ruhrkohlenbergbaus im Wandel der Zeit
1921	13. Februar	Gedächtnisfeier für Arens und Imme
	12. März	Schmidt, Die Einlagerung der Spanier und der deutschen Reichstruppen in Stadt und Stift Essen 1594–99
	24. November	Wagner, Zur Geschichte des Essener Medizinalwesens vom Mittelalter bis zur Neuzeit
1922	1. Februar	Ribbeck, Die Hessen in Westfalen während des 30jährigen Krieges, mit besonderer Rücksicht auf Stift und Stadt Essen
	4. März	Däbritz, Aus der Entstehungszeit der Essener Banken
	2. November	Aus den Erinnerungen eines alten Essener Beamten (Oberstadtsekretär Felger) 1873–1918
	7. Dezember	Hoederath, Bilder aus der Verfassungsgeschichte des Stiftes Essen, in Anschluß an die Wahlkapitulationen vom 14. bis 18. Jahrhundert
1923	25. Januar	Rotscheidt, Pastor Johannes Mercker (1659–1728). Ein Kapitel aus der Geschichte des Pietismus in der Stadt Essen
	22. Februar	Mews, Ernst Waldthausen
	22. März	Däbritz, Aus der älteren Finanzgeschichte des Kruppschen Werkes
	7. November	Büscher, Die älteren historischen Zeitschriften für den Niederrhein und Westfalen
	24. November	Ribbeck, Aus der Geschichte des Essener Gymnasiums
1924	9. Januar	Mews, Aus den alten Tagen von Bredeney und Schuir
	20. Februar	Ribbeck, Zum Gedächtnis von Albert von Waldthausen
		Michels, Aus dem häuslichen Leben einer Essener Bürgerfamilie im 17. und 18. Jahrhundert
	5. Mai	Lichtbildvortrag: Ribbeck, Stadtplan und Stadtbild des alten Essen
		(auf Einladung des Essener Architekten- und Ingenieursvereins)
	18. November	Ribbeck, Handel und Gewerbe in Essen während des 17. und 18. Jahrhunderts

	2. Dezember	Türck, Dinnendahl und Harkort in ihrer Bedeutung für den Bergbau
	3. Dezember	Schuchardt, Die Kämpfe zwischen Franken und Sachsen unter besonderer Berücksichtigung des Befestigungswesens
1925	30. Januar	Zimmermann, Prinzenreisen zur Zeit Ludwigs XIV.
	5. April	Büscher, Verfassung und Verwaltung von Stift und Stadt Essen um die Wende des 18. Jahrhunderts
1926	1. Februar	Jahn, Die Essener Orts- und Flurnamen als geschichtliche und sprachliche Quellen
	13. Februar	Heuer, Die Baukunst des Deutschen Ritterordens im Preußenlande
	26. März	Kachel, Herberge und Gastwirtschaft im Mittelalter (unter besonderer Berücksichtigung der Stadt Essen)
		Hohlmann, Die alten Essener Gaststätten und ihre urwüchsigen Wirte
	15. November	Lohmann, Französische Emigranten im Fürstentum Essen – Der Weißquast in der Münsterkirche in Essen
	14. Dezember	Lehnhäuser, Die Münzen der Äbtissinnen von Essen
1927	15. Januar	Vogeler, Einblicke in die Tätigkeit des Essener Ratsgerichtes vor dem 30jährigen Kriege
	15. März	von Glümer, Essen zur Zeit des Großherzogtums Berg
	18. November	Ribbeck, Essen in der Biedermeierzeit
	7. Dezember	Schmidt, Nikolaus Kindlinger als Essener Stiftsarchivar
1928	24. Januar	Wildschrey, Siedelung und Boden in Urzeit und Frühzeit
	24. Februar	Reismann-Grone, Siegfried in Westfalen
	30. März	Gedenken an Büscher
		Grimmelt, Die Musik im Gottesdienste der Essener Münsterkirche im Mittelalter
	22. Juni	Wahle, Das Verhältnis Niedersachsens zum Rheinlande in vor- und frühgeschichtlicher Zeit
		(Museum für Natur- und Völkerkunde)
	5. Oktober	Ribbeck, Das Deutschtum an der Weichsel in alter und neuer Zeit
	26. Oktober	Kahrs, Ausgrabungsergebnisse des früheren und späteren Mittelalters in und bei Essen
	20. November	von Glümer, Braunschweiger Bürgertestamente im späten Mittelalter
		Ribbeck, Über Essener Testamente aus acht Jahrhunderten
1929	25. Januar	Däbritz, Johann Wilhelmi und sein Kreis
	15. März	Burkart, Als man in Duisburg noch Doktor wurde

		Böhmer, Ein Gang über den alten Friedhof am Kettwiger Tor
	8. November	Ribbeck, Groß-Essen in vergangenen Tagen
	13. Dezember	Burkart, Die alte Reichsabtei Thorn in Limburg und ihre Beziehungen zum Essener Stift
1930	14. Februar	Däbritz, Unternehmerpersönlichkeiten und Unternehmertypen des rheinisch-westfälischen Industriebezirks
	13. März	Mews, Heinrich Heintzmann
	10. Dezember	Ermeling, Aus der Geschichte Altenessens
1931	13. Januar	Stieren, Die sogenannte merowingisch-fränkische Kultur Westfalens und des nördlichen Rheinlands
	2. Februar	Teudt, Germanische Heiligtümer
	9. März	Lappe, Der Lebensabend des Freiherrn von Stein auf Kappenberg
	23. März	Böhmer, Nachrichtendienst und Postwesen in alter Zeit
	6. November	von Glümer, Geschichte des Kruppschen Bildungsvereins
	3. Dezember	Mews, Notzeiten im alten Essen
1932	28. Januar	Michels, Zur Geschichte des Hofs und der Bauernschaft Huttrop
	26. Februar	Lehnhäuser, Grenzstreitigkeiten zwischen Stift Essen und Grafschaft Mark
	18. März	de Vries, Die Landtage des Stifts Essen
	18. November	Michels, Bilder aus dem 30jährigen Kriege
	9. Dezember	Kraft, Die Herrschaft Hardenberg und ihre Beziehungen zu Essen
1933	24. Februar	Lappe, Siechenhäuser in Rheinland und Westfalen
	31. März	Spethmann, Der Ruhrkampf 1923–25
	25. Oktober	Kraft, Bürger und Häuser in Essen vor 100 Jahren
	8. Dezember	Däbritz, Die Anfänge des Essener Buchdrucks
1934	5. Februar	Spethmann, Die Entwicklung des Ruhrgebiets von den Römertagen bis zum Aufkommen der Großindustrie
	9. März	Mews, Ein Kampf um Ehre und Recht (eine Aufgabe neuzeitlicher Geschichtsforschung)
	26. Oktober	Kares, 100 Jahre Essener Burggymnasium, ein Ausschnitt aus der Geschichte des preußischen Schulwesens und seiner Soziologie
	30. November	Böhmer, Gewerbe, Handel, Industrie in Essen
1935	4. Januar	Kuhlendahl, Die Reformationsversuche in Essen und die erste reformierte Gemeinde (1563–1571)

25. Februar	Jahn, Streiflichter auf Essens Frühzeit vor der Gründung des Stifts	
25. Mai	Musik in der Stadt Essen vor 100 Jahren	
4. November	Michels, Aus alten Erbprotokollen des Essener Stadtarchivs	
7. und 14. Nov.	Brepohl, Zur Vorgeschichte des Ruhrgebiets *(Akademische Kurse)*	
6. Dezember	Jahn, Fug und Unfug in der Namenkunde	
16. Dezember	Döring, 700 Jahre Essener Theater *(Akademische Kurse)*	

1936	**13. Januar**	Glasmeier, Widukinds Erbe *(Akademische Kurse)*
	7. Februar	Spethmann, Die neuen Ausgrabungen in Xanten und ihre grundsätzliche Bedeutung
	6. März	Lappe, Königshöfe und Reichsleute am Hellweg
	17. April	Lehnhäuser, Das Steeler Bürgerbuch
	30. Oktober	Claas, Die technischen Kulturdenkmale Deutschlands unter vorzugsweiser Berücksichtigung von Rheinland und Westfalen
	17. November	Dietzsch, Besichtigung des neuen Huyssenstifts
	20. November	Kahrs, Aus der Vorzeit des Ruhrlandes

1937	**22. u. 29. Jan.**	Grewe, Brauchtum und Sitte in Vergangenheit und Gegenwart *(Vortragsamt der Stadt Essen)*
	18. Februar	Mews, Mit einem rheinischen Adelsgeschlecht (Manderscheidt-Blankenheim) durch drei Jahrhunderte Essener Geschichte
	19. März	van de Loo, Alt-Essener Hofesrecht
	22. Oktober	Dickmann, Deutscher Eisenkunstguß um 1800
	19. November	Spethmann, Armin, ein deutscher Nationalheld
	10. Dezember	Lehnhäuser, Plaudereien über Alt-Steele

1938	**19. Januar**	van de Loo, Neues zur Gründungsgeschichte Essen
	23. Februar	Meisenburg, Die Stadt Essen in den Revolutionsjahren 1848/49
	23. März	Jahn, Der Steeler Hoftag 938
	21. Oktober	Mews, Essen und das Reich
	29. November	Lappe, Grenzumgänge und Schnadjagden

1939	**20. Januar**	Reismann-Grone, Siegfried
	14. Februar	Jahn, Das Stadtarchiv und sein wechselvolles Schicksal
	24. März	Feldens, Alte Essener Glocken
	1. Oktober	Schmitz, Essener Wochenspeisezettel aus der Kriegszeit
	3. Dezember	Jahn, Die Frühgeschichte Werdens und die Heimatfrage des »Heliand«

1940	**4. Februar**	Brandi, Erich Zweigert und die Entwicklung der Stadt Essen
	25. Februar	Grewe, Ernst Honigmann, ein Pionier des Ruhrbergbaues vor 100 Jahren
	28. April	Kahrs, Essen im Spiegel vorgeschichtlicher Forschung

	27. Oktober	Mews, Essener Geschichtsschreibung und ihre Aufgaben für die Zukunft
	1. Dezember	Jahn, Das alte Gildewesen als Keimzelle ländlicher und städtischer Volksgemeinschaft
1941	26. Januar	Spethmann, Neue Forschungen über den Essen-Werdenschen Bergbau
	16. März	Vollmer, Die Niederlande und das Reich
	12. Oktober	Bacmeister, Der Aufstieg des Ruhrgebiets im 19. Jahrhundert
	30. November	Lappe, Oberhof, Eigenkirche, Freiheit, Stadt
1942	25. Januar	Mews, Ein Jahrtausend Essen und die Niederlande
	14. März	Jahn, Der Großraum Essen in der Frühzeit und seine Eingliederung in das alte Reich
	19. April	Spethmann, Forschungen über den Entwicklung des Ruhrbergbaues
	7. November	Meisenburg, Das deutsche Schützenwesen als Wehr- und Kulturgemeinschaft
	28. November	Vermeulen, Die Baugruppe Essen-Werden. Die Baukunst in den Niederlanden in salisch-staufischer Zeit
1943	21. Februar	Jahn, Die Frühzeit von Rellinghausen
1944	20. Februar	Kahrs, Die Burg von Essen
1946	27. November	Jung, Der Wiederaufbau des Essener Münsters
1947	29. Januar	Mews, Als Essen Großstadt wurde
	25. Juli	Jahn, Werden und Essen in reichsgeschichtlicher Schau (*Historischer Verein für den Niederrhein*)
1948	13. März	Kraft, Aus der älteren Geschichte der Familie von Waldthausen
	28. April	Potthoff, Aus Rellinghausens Vergangenheit
	30. Oktober	Mews, Reichs- und Heimatgeschichte um das Jahr 1248
	13. November	Jahn, Essens Stadtwerdung vor 700 Jahren (1244)
1949	28. Januar	Jahn, Der Stadt Rechenschaft. Was die Stadtrechnungen der mittelalterlichen Stadt Essen erzählen
	23. Februar	Klein, Niederrheinische Malerei im Essener Raum
	23. Mai	Drögereit, Die sächsisch-angelsächsischen Beziehungen vornehmlich zur Zeit der Christianisierung; Werden und der Heliand
	28. Oktober	Meisenburg, Die Essener Volks-Halle, eine demokratische Zeitung aus den Jahren 1849/50
	7. Dezember	Schmelcher, 50 Jahre RWE

1950	**8. März**	Jahn, Neue Beiträge zur Geschichte von Stoppenberg
	10. Mai	Kreutzberger, Essener Baudenkmäler
	28. Oktober	X, Der Essener Münsterschatz
	8. November	Drögereit, Die kulturelle Bedeutung des Werden-Essener Raums zur Karolingerzeit
1951	**21. Februar**	Mews, Ein Jahrtausend Essener Theatergeschichte
	28. März	Ohnsorge, Vom Sinn der mittelalterlichen Kaiserpolitik (Neue für die Essener Heimatgeschichte wichtige Forschungsergebnisse zur karolingisch-sächsischen Kaiseridee)
	25. April	Brandt, Neue Ausgrabungen zur Vorgeschichte des Ruhrgebiets
	7. November	Mews, Von F. Harkort bis Albert Vögler. Neuschottland – Ein Beitrag zur Rheinisch-Westfälischen Industriegeschichte
1952	**30. Januar**	Aders, Nünnings »Historia Essendiensis« und ihre Bedeutung für die Essener Geschichtsforschung
	22. April	Drögereit, Von Alfrid bis Theophanu. Aus Essens Gründungs- und Glanzzeit
	8. Dezember	Mews, Vor 150 Jahren
1953	**29. Januar**	Norpoth, Kosmas und Damian als Ärzteheilige und Essener Stadtpatrone
	21. Februar	Weigel, Aufbau und Wandlungen der Grundherrschaft des Frauenstifts Essen
		Steinbach, Der geschichtliche Weg des wirtschaftenden Menschen in die soziale Freiheit und Verantwortung *(Institut für geschichtliche Landeskunde)*
	15. April	Jahn, Geschichtliche Beziehungen zwischen Essen und den Niederlanden. Zum Andenken an den in Essen geborenen niederländischen Seehelden Jan van Galen
	21. Oktober	Schröder, Krupp und die Entstehung des Industriereviers
1954	**27. Januar**	Mews, Die bürgerliche Gesellschaft zu Essen
	24. März	Weigel, Wandlungen sozialer Bedingungen vom Mittelalter zur Gegenwart
	8. Dezember	Mews, Konrad Ribbeck zum Gedenken
		Drögereit, Werden und Essen in karolingischer und ottonischer Zeit
1955	**23. Februar**	Brandt, Im Paradies der Urmenschen und die Ur-Anfänge der Kunst
	30. März	Schröder, Die Entstehung der Kruppschen Konsumanstalt
	29. Juni	Schröter, Grundzüge der Wirtschaftsentwicklung der Stadt Essen

	26. Oktober	Braubach, Entwicklung der landesgeschichtlichen Bestrebungen und historischen Vereine am Niederrhein mit besonderer Berücksichtigung des Essener Raums
1956	**25. Januar**	Hanstedt, Sonderheiten des Rhein. Westf. Wirtschaftsgebietes
	29. Februar	Wissig, Das Essener Theater von 1892–1914, seine Förderer (F. Grillo und F. A. Krupp) und die städtische Kulturpolitik
	2. Mai	Heyn, Entwicklung, Verlagerung und strukturelle Wandlungen der Bevölkerung in Essen seit 1939
	27. Juni	Bechthold, Das Ruhrland vor 100 Jahren
	26. Oktober	Schimmel, Auch der Fernsprecher hat seine Geschichte. Über seine Bedeutung für Essen und seine Wirtschaft im Vergleich mit anderen Städten
	30. November	Gärtner, Die Alteburg (Werden) im Lichte neuester Forschung
1957	**18. Januar**	Spethmann, 800 Jahre Ruhrbergbau
	25. Februar	Meyer, Hofrat Dr. G. Fl. H. Brüning
	2. Oktober	Wurmbach, Erntegerät und Erntebräuche in Westfalen (RLM)
	23. Oktober	Mews, Essens Apotheken und Apotheker vom Mittelalter bis zur Neuzeit
	27. November	van de Loo, Luidger und Alfrid. Zwei Großgestalten am Beginn der Ruhrländischen Geschichte an der Schwelle der Ottonischen Kaiserzeit
1958	**26. Februar**	Wurmbach, Bäuerliches Backen und Backwerk in Westfalen (RLM)
	18. März	Gärtner, Neue Forschungs- und Grabungsergebnisse im Raum der Alteburg
	13. Juni	Schramm, Die Staatssymbolik des Mittelalters: Kronen, Reichsäpfel und Throne (Goethegesellschaft)
1959	**15. Januar**	Wülfrath, Rheinische, insbesondre Essener Kommerzienräte
	13. März	Heyn, Gestalt und Funktion der Ruhr im Wandel der Zeiten
	8. Mai	Reinirkens, Kupferdreh – Name, Ruhrschiffahrt und Eisenbahn
	21. Mai	Fischer, 5000 Jahre Kunst aus Indien (Westdt. Gesellschaft für FK)
	25. November	Wülfrath, Die Leistungen der Krupp-Huyssen-Sippung in Essen um 1714 im Zeichen der Pax-Britannica
1960	**22. März**	Weigel, Die Essener Bauerschaft Rotthausen
	20. April	Mews, Hofapotheker Dr. F. W. Flashoff
1961	**22. Februar**	Glöckner, Ruhrburgenfahrt von der Quelle bis zur Mündung
	15. März	Inge Schröder, Zur Geschichte Haarzopfs von 1215–1915

	14. Juni	Kettering, Aus der Musikgeschichte des Essener Stifts
	21. November	Ullmann, Wesen und Bedeutung alter Waffenschmiedekunst
	7. Dezember	Herrendrodt, Die Bedeutung der Bergischen Ringwälle für die Besiedlung des Bergischen Landes
1962	24. Januar	Schröder, Otto Wiedfeldt
	15. November	Jacquart, Der Essener Bürgermeister Jonas von Basserodt (1602–1635)
1963	27. Februar	Ortmann, Westwerke und Krypten in Nordwest-Europa unter Berücksichtigung der Grabungen in Essen, Werden und Paderborn
	20. März	Wallmichrath, Aus der Geschichte der Familiengründungen Essen und Wildeshausen
	30. September	Mews, Dr. Reismann-Grone
1964	30. Januar	Elbern, Byzantinische Kunst in Elfenbein und Edelmetall
	9. März	Drögereit, Der Heliand, Herkunft und Entstehungszeit auf Grund hilfswissenschaftlicher und historischer Begebenheiten
1965	10. Februar	Schröter, Essen und die Kolonialfrage. Gründung und Geschichte der Sigi-Pflanzungsgesellschaft in Deutsch-Ost-Afrika
	18. März	Kreutzberger, Arbeiten der städtischen Denkmalspflege
	28. April	Keller, Kultur und Kunst der Kelten (RLM)
	1. Dezember	Benac, Die Illyrierfrage im Lichte der Vorgeschichte (RLM)
1966	23. März	Bechthold, Bericht über die neuentdeckte Germanische Siedlung in Überruhr
	27. April	Müller, Täufer in Stadt und Stift Essen (1532–1615)
1967	28. Juni	Binding, Karolingische Burgen am Niederrhein (mit besonderer Berücksichtigung der Grabungsergebnisse in Schloß Broich und Hochelten)
	8. November	Bechtold, Karl Mews – sein Wirken für Stadtgeschichte und Historischem Verein
		Mews, Vier Jahrzehnte Historischer Verein im Spiegel der Zeitgeschichte
	6. Dezember	Pirlinger, Ein fränkisches Fürstengrab aus Krefeld-Gellep und die spätrömisch-fränkische Besiedlung des Rheinlandes
1968	31. Januar	Bögli, Die Geschichte der Wasa
	28. Februar	Eversberg, Neue Ausgrabungen und Wiederherstellungsarbeiten in der Burgruine Altendorf

20. März	Kirrinis, Beziehungen zwischen Rheinland und Westfalen und dem deutschen Osten	
24. April	Korbick, Essen in Film und Bild (Aus der Arbeit der Schulbildstelle)	
16. Oktober	Inge Schröder, Geschichte des Essener Volksschulwesens	
11. Dezember	Scholten, Töpferkunst am Niederrhein vor 200 Jahren	

1969	**15. Januar**	Stampfuß, Germanen am Rhein
	12. Februar	Lange, Die Entwicklung des Bergmannshauses unter besonderer Berücksichtigung des Ruhrgebietes
	18. März	Fichtner, Sozialeinrichtungen der Stadt Essen
	16. April	Behrens, Franz Dinnendahl und seine Beziehungen zum Freiherrn von Romberg
	14. Mai	Goebel, Aus 1100 Jahren Borbecker Geschichte
	18. Juni	van Eyll, Ernst Waldthausen und sein Wirken in der Essener Industrie
	24. September	Zantop, Die Höhlenmalereien der Eiszeit (*VDI Essen*)
	8. Oktober	Langnickel, Mit dem Luftschiff LZ 129 – Hindenburg – nach Südamerika
	27. Oktober	Schoeps, Preußen gestern und morgen
	6. November	Vogeler, Essener Bürgermeister des 18. Jahrhunderts und ihre Frauen
	10. Dezember	Ankel, Zur historischen Interpretation vorgeschichtlicher Funde

1970	**18. Februar**	Croon, Führungsschichten des Ruhrgebietes im 19. Jahrhundert
	11. März	Klein, Rheinisches Steinzeug im 15.–18. Jahrhundert
	15. April	Schumacher, Tacitus und die Germanen
	13. Mai	Klesse, Glaskunst zwischen Renaissance und Historismus
	15. Juli	Cohen, Christen und Juden zu Beginn der Reformation
	16. September	Joachim, Mexiko gestern und heute
	17. November	Vogel, Frankreichs Deutschlandpolitik nach dem Zweiten Weltkrieg
	9. Dezember	Decker, Römische Mosaiken im Rheinland

1971	**20. Januar**	Kohl, Die Niederlande und Nordwestdeutschland im 16. Jahrhundert
	24. Februar	Trier, Das vor- und frühgeschichtliche Haus in Nordwestdeutschland
	24. März	Heinrich, Neue Funde diluvialer Großsäuger und des einzeitlichen Menschen im Emschertal
	21. April	Schüttrumpf, Naturwissenschaftliche Methoden in der Ur- und Vorgeschichtsforschung
	27. Mai	op ten Höfel, Burgen an der mittleren und unteren Ruhr

15. September	Sponheuer, Die Gewehrfabrikation in Essen und Steele im Rahmen der technikgeschichtlichen Entwicklung der Handfeuerwaffen in der vorindustriellen Zeit	
18. November	Rieth, Alte Inschriften an Essener Bauernhäusern	
3. Dezember	Schagemann, Die Kunst, Glas zu machen	

1972

19. Januar	Bechthold, Großstadt und Großstadtmensch – biologisch gesehen *(Biologische Gesellschaft)*
1. März	Bohnsack, Alt-Hamburg *(Institut für Vor- und Frühgeschichte Bonn)*
28. März	Budde-Irmer, Die Geschichte eines Hauses und seiner Menschen
12. April	Brandt, Der Klerus des Stiftes Essen im Spätmittelalter, ein Beitrag zur Vorreformationsgeschichte
3. Mai	Winkelmann, Alt-Paderborn z. Zt. Karls und Ottos des Großen
20. Juni	Illert, Worms im frühen und hohen Mittelalter *(Institut für Vor- und Frühgeschichte Bonn)*
20. September	Rieth, Bäuerliche Haus- und Fachwerkformen im Essener Raum, ihre Herkunft und Bedeutung
11. Oktober	Weber, Augusta Vindelicum und das frühe Augsburg *(Institut für Vor- und Frühgeschichte Bonn)*
7. November	Morsey, Die Wirtschaftspolitik unter Reichskanzler Heinrich Brüning
6. Dezember	Maßner, Werden im 15.–18. Jahrhundert im Spiegel des evangelischen Gemeindearchivs
13. Dezember	Winkelmann, Alt-Münster *(Institut für Vor- und Frühgeschichte Bonn)*

1973

17. Januar	Hauser, Das geistige Preußen
14. Februar	Ahrens, Trier, Kaiser- und Bischofsstadt – von der Antike zur Gegenwart *(Institut für Vor- und Frühgeschichte Bonn)*
13. März	Eschelbach, Die Technik der Jahrhundertwende, eine historisch-technische Betrachtung
25. April	Leiermann, Werdener Land – heute noch
14. November	Ahrens, Antike Künstler und Kunsthandwerker und ihre Arbeitsmethoden *(Institut für Vor- und Frühgeschichte Bonn)*
10. Dezember	Engels, Die Nemeter. Neue Forschungen über die Germanen auf dem linken Rheinufer im 1. Jahrhundert n. Chr. *(Institut für Vor- und Frühgeschichte Bonn)*
12. Dezember	Sponheuer, 75 Jahre RWE

1974

14. Januar	Beckmann, Forschungen am Römischen Main-Limes *(Institut für Vor- und Frühgeschichte Bonn)*

11. Februar	Gollub, Die fränkische Besiedlung des Trierer Landes
	(Institut für Vor- und Frühgeschichte Bonn)
13. Februar	Friederichs, Der Maler Januarius Zick und seine Bedeutung für Essen
27. März	Ankel, Neue vorgeschichtliche Funde am Niederrhein
	(Institut für Vor- und Frühgeschichte Bonn)
20. Mai	Kmiecinski, Neue archäologische Forschungen in ehemaligen Burgen des Deutschen Ritterordens
	(Institut für Vor- und Frühgeschichte Bonn)
25. September	Sponheuer, Kräwinklerbrücke – ein altes Wasserkraftwerk des RWE
9. Oktober	Kirrinnis, Kants Beitrag zur Kenntnis der Erde
18. November	Polenz, Keltische Fürstengräber im Rhein-Main-Gebiet
	(Institut für Vor- und Frühgeschichte Bonn)
9. Dezember	Spindler, Der hallstattzeitliche Fürstengrabhügel Magdalenenberg bei Villingen im Schwarzwald
	(Institut für Vor- und Frühgeschichte Bonn)

1975	13. Februar	Maßner, Gemeindediakonie und evangeische Krankenhäuser – gestern und heute
	12. März	Schumacher, Altsteinzeitliche Felsbilder und Kleinkunst Südwest-Europa
	16. April	Ohm, Islamisches und venezianisches Glas
	12. November	Behrens, Franz und Johann Dinnendahl, die Erbauer der ersten Dampfmaschinen an der Ruhr
	17. November	Decker, Mainz in römischer und fränkischer Zeit
		(Institut für Vor- und Frühgeschichte Bonn)
	10. Dezember	Leiermann, Schönes altes Werdener Land – heute noch

1976	28. Januar	Korzius, Antike Münzfunde Westfalens *(Essener Münzfreunde)*
	16. Februar	Herrmann, Vorgeschichtliche Burgwälle im oberen Franken
		(Institut für Vor- und Frühgeschichte Bonn)
	11. März	Schröter, Die Kapuzinerkirche in Essen – Geschichte und Inventar
	27. Oktober	Weier, Zur Geschichte des Kulturkampfes in Essen
	25. November	Friedrichs, Essens Burgen und feste Häuser
	15. Dezember	Küppers, Die ottonischen Kunstwerke aus dem Besitz der Münsterkirche Essen

1977	26. Januar	Sponheuer, Die Prinz-Wilhelm-Bahn im Deilbachtal
	16. März	Drögereit, Die Ebstorfer Weltkarte und das Weltbild des Mittelalters
	25. Mai	Krüger, Essen im Luftkrieg 1940–45
	7. Dezember	Bogumil, Essens Kampf um Anerkennung als Reichsstadt

	14. Dezember	Pothmann, Die Gründung der Eisenhütte »Neu-Essen«. Ein wirtschaftliches Unternehmen der Äbtissin Maria Kunegunda
1978	**8. März**	Budde-Irmer, Kloster Thorn
	17. Mai	Budde-Irmer, Die Essener Stadtbürgerfamilie Gummich
	14. Juni	Polenz, Tut-Ench-Amun
	14. Dezember	Petry, Geschichten von Avignong bis Zwolle. Aus den großen Prozessen des Stiftes Essen im Mittelalter
1979	**11. April**	Schumacher, Neue archäologische Untersuchungen in Werden-Alteburg und Stadtmauer
	9. Mai	Günther, Die Megalithgräber der Jungsteinzeit in NRW und in Nordhessen
	6. Juni	Müller, Kommunale Heraldik im Lande NRW
	15. November	Schröter, Geschichte und Schicksal der Essener Juden
1980	**19. März**	Tromnau, Die Rentierjäger der späten Eiszeit in Nordwestdeutschland
	15. April	Brüggemeier, Die Familie im 19. Jahrhundert
	8. Oktober	Peukert, Jugend-Opposition im 3. Reich
	26. November	von den Brincken, Raum und Zeit in der Geschichtsenzyklopädie des hohen Mittelalters
1981	**6. Mai**	Sponheuer, Die Geschichte der Ruhrschiffahrt
	10. Juni	Diederich, Das Siegel als Kleinkunstwerk
	23. September	Maßner, 12 Jahre Kirchenkampf in Essen 1933–1945 nach den Presbyteriumsprotokollen
	9. Dezember	Schichtel, Die Entwicklung des Fachwerkhauses im Essener Raum
1982	**17. März**	Höckmann, Minoische Schiffe
	22. September	Schulte, Zwischen Krieg und Frieden – Essen im Jahre 1945 (vornehmlich nach britischen Quellen)
	3. November	Petry, Zur älteren Baugeschichte des Essener Münsters
1983	**14. April**	Nagel, Der Kampf um die Staats- und Kommunalsymbole im Rheinland und in Westfalen 1933–1945
	5. Mai	Wehnes, Aus der 300jährigen Geschichte der Pierburger Schule (1676–1845)
	3. November	Sonnenschein, Das Westfälische Freilichtmuseum technischer Kulturdenkmale
1984	**11. Mai**	Freynik, Die Anfänge der Sozialdemokratie in Essen
	28. Juni	Falck, Denkmalpflege in Essen – das Beispiel Kray

9. September	Krüger, Essen brennt – Die Luftangriffe auf das Ruhrgebiet vor 50 Jahren am Beispiel Essens	
21. Oktober	Reichart, Der Fall Katharina Koch – Eine Spurensuche im frühen 17. Jahrhundert	
11. November	Kibbert, Burgen und Ritter am Rhein – Der Rhein als europäischer Strom	
7. Dezember	Zehnder, Das Stadtbild Kölns im Mittelalter	

1994	**20. Januar**	Becker-Romba, Unternehmer-Denkmäler in Essen: Alfred und Friedrich Alfred Krupp
	10. März	Hopp, Die Ausgrabungen 1992/93 im Essener Stadtgebiet
	28. März	Münch, Die Kleine Eiszeit – Klima als historischer Faktor im 16./17. Jahrhundert
	9. Juni	Küppers-Braun, Liebesbriefe einer Äbtissin – Neue Quellen zur Geschichte Elisabeths von Berg (1605–1614)
	8. September	Gehrmann, Fußball im Revier
	13. Oktober	Haberl, Der Bürgerkrieg im ehemaligen Jugoslawien
	10. November	Blasius, Friedrich Wilhelm IV. (1795–1861), »Schicksalsmann« preußisch-deutscher Geschichte im 19. Jahrhundert
	8. Dezember	Lux, Die Essener Stadtrechnungen im Spätmittelalter

1995	**12. Januar**	Derks, Kaiserlicher Glanz in Rellinghausen – Eine Legende. Zur angeblichen Gründung Rellinghausens im Jahre 968
	16. März	Küppers-Braun, »... ich wahr mehr Mensch als du.« Kammermohren im 17. und 18. Jahrhundert
	19. Oktober	Annen, Vom Euphrat zur Emscher – Wasserwirtschaft im Spannungsfeld von Natur und Kultur
	7. Dezember	Herten, Stoppenbergs Geschichte

1996	**13. März**	Wisotzky, Das Essener Stadtarchiv – Geschichte und Perspektiven
	11. April	Walz, Der Hexenwahn im Alltag – Umgang mit verdächtigen Frauen
	13. Juni	Lux, Die Abtei Werden und ihre Umlandbeziehungen im Mittelalter
	12. September	Hallenberger, »Der beste Ruhr-Roman« – Das Essener Literatur-Preisausschreiben 1929
	5. November	Köhn, Die Kreuzzüge im Mittelalter: beiderseits des Mittelmeeres

1997	**18. Februar**	Trümpler, Die Kolonien der Griechen im Mittelmeerraum
	13. März	Wisotzky, Zwischen Integration und Opposition. Die Arbeiterschaft im Nationalsozialismus

	18. April	Nowosattko, Ordnungselement oder Störfaktor. Zur Rolle der stehenden Heere innerhalb der frühneuzeitlichen Gesellschaft
	10. Juni	Koch, Franken und Sachsen zwischen Rhein und Teutoburger Wald?
	23. Oktober	Hiepel, August Brust und der Gewerkverein der christlichen Bergarbeiter
	27. November	Annen, Oberbürgermeister Zweigert und die Gründung der Emschergenossenschaft
1998	29. Januar	Schanetzky, Ein Sieg der Moderne über das Irrationale? Die Geschichte der Stadtsanierung in Steele
	13. März	Schmidt, Die 1848er Revolution in Essen (VHS)
	7. Mai	Asch, Der Dreißigjährige Krieg und der Westfälische Friede als Epochenwende der deutschen und europäischen Geschichte
	17. September	Haas, Stiftsrecht in kirchenpolitischen Umbrüchen – Der letzte Essener Stiftsoffizial A. J. W. Brockhoff
	26. November	Beyer, Die Angestellten bei Krupp bis 1914 – erfolgreicher Paternalismus?
1999	11. März	Schilp, Gerswid oder Altfrid. Gründung und Anfänge der Frauengemeinschaft Essen
	27. Mai	Zimmermann, Berufsverbote, Boykotte, »Arisierungen« und Zwangsarbeit – Die Vertreibung der Juden aus dem Essener Wirtschaftsleben
	30. September	Wisotzky, Der NS-Literat Richard Euringer. Leiter der Essener Stadtbücherei 1933–1937
	18. November	Hiepel, Der Kulturkampf im Ruhrgebiet
2000	9. März	Reulecke, Die Zukunft der Geschichtsvereine
	30. März	Petzinna, Mythos und Wirklichkeit – Der Ruhraufstand 1920 und seine Verarbeitung in Literatur und historischem Gedenken
	11. Mai	Burghard, Das »Stalhauß zu Heijsingen« – Zur Geschichte eines Werdener Adelssitzes
	28. September	Lotfi, Das Arbeitererziehungslager Flughafen Essen/Mülheim
	30. November	Engelbrecht, Rheinland und Westfalen im Umbruch – Das Großherzogtum Berg (1806–1813)
2001	8. Februar	Soénius, Ein Königreich Scheidt? Kettwig und seine führende Unternehmerfamilie
	22. März	Tenfelde, Sozialer Wandel im Ruhrgebiet
	17. Mai	Röckelein, Reliquientranslationen vom 9. bis 11. Jahrhundert nach Essen

	9. Dezember	Stremmel, Margarethe Krupp (1854–1931): ein Leben zwischen Familie, Unternehmen und Öffentlichkeit
2005	13. Januar	Herten, Polnische Zuwanderung in Essen von 1875 bis heute
	17. Februar	Grütter, Versammelte Zeit – 100 Jahre Essener Museen
	17. März	Schraven, Nicht nur Größenwahn – der Abriß des Essener Rathauses 1964/65
	8. April	Klöckner, Das Osterspiel in der Essener Stiftskirche im Spätmittelalter
	4. April	Wisotzky, Das Kriegsende 1945 in Essen – eine Zäsur in der Stadtgeschichte?
	24. Juni	Beuckers, Der Marsus-Schrein der Essener Stiftskirche und die Entstehung des Typus der rhein-maasländischen Reliquienschreine
	15. September	Nathaus, Wie wurden aus Einwohnern Einheimische? Vergesellschaftung in Essener Vereinen 1860–1933
	22. September	Dupke, Katholische Arbeitervereine
	29. September	Wick, Rot-Weiß Essen – vom Vorortklub zum Stadtverein
	6. Oktober	Mämpel, Blick zurück nach vorn – 150 Jahre Theaterförderung in Essen
	13. Oktober	Hofmann, Essener Freimauerer-Logen im Zeitenwandel
	20. Oktober	Wisotzky, Der Historische Verein Essen
	10. November	Lubich, Nach den Römern, vor der Renaissance: Italien im Früh- und Hochmittelalter
	8. Dezember	Haas, Die Reichssynode Duisburg 929

ABBILDUNGSNACHWEIS

Zur Beachtung

Manuskripte (in Maschinenschrift) für die Essener Beiträge nimmt der Leiter des Stadtarchivs, Dr. Klaus Wisotzky, Steeler Str. 29, 45121 Essen (Tel.: 0201/88-41300; email: Klaus.Wisotzky@archiv.essen.de) entgegen.

Beitragszahlungen sowie alle Zahlungen an den Verein bitten wir an den Historischen Verein für Stadt und Stift Essen e.V. zu richten. Sparkasse Essen, Konto 313007, BLZ 360 501 05, Schatzmeister ist Herr Peter Spoor, Henningweg 26, 45149 Essen.

Anfragen an den Historischen Verein richten Sie bitte an:
Historischer Verein für Stadt und Stift Essen e.V.
c/o Stadtarchiv
Steeler Str. 29
45 121 Essen
info@hv-essen.de

Spenden für den Geschichtsverein

können auf das oben angeführte Konto eingezahlt werden. Der Historische Verein für Stadt und Stift Essen e.V. ist vom Finanzamt Essen als gemeinnützig anerkannt und wird eine steuerlich absetzbare Spendenbescheinigung erteilen.

Wir bitten alle Freunde und Gönner, die Aktivitäten des Historischen Vereins durch ihre Spende zu fördern.